藏在地形裡的日本史

從地理解開日本史的謎團

目次

推薦序　提供歷史思考的另一扇門／蔡錦堂　9
江戶時代最大的謎團「忠臣藏」／德川幕府的百年復仇
織田信長與石山本願寺的十年戰爭／提供歷史思考的另一扇門

作者序　傲慢的態度／下層結構的視角／信長、秀吉、家康奢望的易守難攻地形　19
將視線轉移到地形上，即可得出顛覆歷史定論的答案

第1章　關原之戰勝利後，家康為何立即返回江戶？（與巨大敵人的另一場戰鬥）　25
德川的家臣對「轉封到江戶的命令」感到如此憤怒的理由／兩個關東平原
關東「平原」本來是關東「濕地」／家康初來乍見的江戶景象
家康走遍關東發現的「寶物」／改變日本歷史的工程動工了
家康重返江戶之謎／日本史上最偉大的國土規劃者

第2章　信長為何要火燒比叡山延曆寺？（地形所傳達的真正理由）　41
讓人備感壓力的逢坂山隧道／長岡京的「鬼門」／「頸動脈」的地形
桓武天皇的恐懼／火燒比叡山延曆寺／地形所見的歷史
信長對地形的恐懼／比叡山的僧兵

第3章　賴朝為何將幕府設在鎌倉？（日本史上最狹小的首都）　55
一個關於鎌倉的疑問／伊豆的小島／往來於海上的賴朝
銅牆鐵壁般的鎌倉／足不出戶的賴朝／忐忑不安的賴朝
平安京的祕密／名為傳染病的敵人／賴朝遭到謀殺

第4章　蒙古軍真正失敗的原因是什麼？（拯救日本的「爛泥」土壤）　73
沒有輪式車輛文明發展的日本／視牛馬為家族一份子的日本
駕馭牛馬的民族／大陸的暴力／動彈不得的蒙古軍
布滿「泥」和「綠」的國土／東海道是條海路／泥濘的濃尾平原
八世紀前處於同一陣線的日本和越南

第5章　半藏門真的是後門嗎？（德川幕府的百年復仇①）　89
既視感／一幅廣重的畫／從半藏門外出的天皇陛下／半藏門之謎

半藏門的土丘／半藏門眞的是後門嗎？／因地圖而產生的錯覺
甲州街道／家康發現的「易守難攻地形」／遭歷史掩蓋的眞相
第6章 赤穗浪士爲何能成功復仇？（德川幕府的百年復仇②） 111
麴町之謎／平河天滿宮之謎／赤穗浪士埋伏之地
密探時代／潛伏於麴町之謎／吉良家的宅邸遷往本所
吉良家宅邸搬遷的祕密／忠臣藏的最後一幕
第7章 德川幕府爲何要消滅吉良家？（德川幕府的百年復仇③） 127
矢作川河口的古地圖／圍繞著矢作川的爭執／消磨生命的耗鬥
源氏的名門——吉良家／苦等至一六〇五年的家康／三年的空窗期
世襲的征夷大將軍／百年間的忍辱負重／復仇的能量
第8章 赤穗四十七浪士爲何被埋葬在泉岳寺？（德川幕府的百年復仇④） 143
從高輪大木戶到泉岳寺／泉岳寺的立牌／興建泉岳寺的人
站在泉岳寺的交叉口／在高輪大木戶和品川宿之間的泉岳寺
名爲泉岳寺的主題公園／萌生日本人自我認同的一則故事
高輪大木戶搬遷之謎／德川幕府最後的陰謀

第9章 家康進入江戶後，爲何立即開鑿小名木川？（關東壓制作戰和高速「水」路） 161
「鹽路」小名木川／關於小名木川的謎題／從謎題到謎團
爲了運鹽開鑿的河川？／一幅小名木川的圖／一五九〇年統一天下
關東濕地／高速「水」路／佃島的祕密

第10章 江戶爲何能確保一百萬居民的飲用水？（被遺忘的水庫「溜池」） 179
廣重的《虎之門外的葵坂》／「溜池」／在玉川引水渠完成之前
江戶的都市建設／支撐著江戶文明的堤防／消失的水庫
搶奪水資源的東京／東京人失去的「基礎建設」和「日本人的精神」

第11章 吉原遊郭爲何要搬遷？（一個關於江戶治水的故事） 193
淺草寺的緣起繪／江戶的中心——淺草
荒川的治水工程是江戶繁榮的關鍵／江戶的治水工程
最安全的淺草／「振袖大火」後的都市改造
守護著江戶的防洪系統／如何維護堤防？
吉原遊郭的搬遷／守護著文化的基礎建設

第12章 誰是最後一位眞正的「征夷大將軍」？（最後一群「狩獵者」） 209
舊約聖經／農耕民族壓迫遊牧民族的證據／日本列島上稻作共同體
來自稻作共同體的侵略／最後一群「獵人」／山海環繞的中國地方
身爲狩獵民族的物證／毛利家的轉變／餘燼猶存的「攘夷」

第13章 江戶的無血開城爲何能夠實現？（船形塑了日本人心中的一體感） 227
廣重的《神奈川．台之景》／了無生趣的「東海道五十三次」
被忽略的部分／廣重的驚嘆／共享物資的日本人
土地被截斷的日本列島／物資即情報／大政奉還
勝海舟與西鄉隆盛的會談／「船」培育出日本人的自我認同

第14章 京都爲何能成爲首都？（都市繁榮的絕對條件） 241
赤坂見附／「交流」是文明的重心／模擬「日本定都的過程」
日本列島的中心／追溯至京都／「處在交流軸上的都市便會繁榮」
人的交流就是情報的交流

第15章 誕生日本文明的奈良爲何會衰退？（交流軸與都市的盛衰） 257
箱根驛傳最終路線的變更／旅館的客房數全國墊底的奈良／突發奇想

奈良人口數量的變遷／曾經捨棄的問題／日本文明的誕生
千年沉睡／奈良的覺醒

第16章　大阪為何缺少綠地？（權力者的町與庶民的町）　275
德黑蘭的綠地／巴勒維王朝的遺產／北京的綠地
東京的地下鐵地圖／掌權者創造的綠地／缺少綠地的大阪
與權力對峙的「堺市」／自然的守護者

第17章　地質脆弱的福岡為何會發展成大都市？（漂流者最後的棲身之地）　289
成為解謎契機的書／飢人地藏／發展不自然的福岡／危險環伺的福岡
缺乏糧食和能源的福岡／調水／B型肝炎病毒亞種的分布
垃圾洋流分布圖／大量情報匯聚而成的大交流軸

第18章　為何有「兩次遷都」？（首都必須搬遷的時刻）　307
文明的存續／日本的兩次遷都／充滿謎團的平安遷都
奈良盆地成為首都的必然／地貌變遷後的奈良盆地
濕地環繞、開發艱鉅的江戶／厭惡關西的家康
不切實際的東京遷都／合乎現實的北京遷都

推薦序

提供歷史思考的另一扇門

蔡錦堂（前臺灣師範大學臺灣史研究所教授）

江戶時代最大的謎團「忠臣藏」

在教授「日本歷史與文化」時，我很喜歡述說「忠臣藏」的故事，那是眾所周知、發生於一七〇三年（江戶幕府元祿時期）的感人史詩。赤穗四十七浪士為其主君赤穗藩主報仇，在江戶殺了仇敵吉良上野介（擔任幕府與天皇朝廷中介窗口的重要幕僚），並取下吉良的首級，在大雪紛飛中行走至數公里外的泉岳寺祭拜藩主，後為幕府判定全員切腹自殺。

我從小就看過忠臣藏的電影及畫冊，後來在日本留學時，電視台和電影公司也幾乎每年會推出以赤穗浪士為主題的作品，因此非常熟悉這個故事，很喜歡談論它。當然，教授「忠臣藏」故事時，不免談及其名字起源於竹田出雲所寫的人形淨琉璃與歌舞伎的劇本《仮名手本忠臣藏》。我會藉由敘述忠臣藏故事，提到「仮名手本」一詞係出於背誦仮名四十七個字的〈伊呂波歌〉（いろは歌，藉以影射赤穗四十七浪士），以及日本傳統戲劇的人形淨琉璃與歌舞伎。

但是，我從不曾懷疑為何這四十七位浪士能夠出入警備森嚴的江戶，如入無人之地？他們在行動前，戒備江戶周遭的將軍直屬武士旗本們，以及江戶南北奉行以下的密探們，為何沒有察覺？而取得吉良頭顱遊街時，江戶的警備勢力又到哪裡去了？似乎我失去了作為一位歷史學研究者應該有的警覺性。

是的，如同本書《藏在地形裡的日本史》作者竹村公太郎所寫，觀眾看完忠臣藏最後一幕四十七浪士被命令因犯行而切腹，淚流滿面離開劇場之後，在無人注視的舞台上，真正的最後一齣戲才正要悄悄開始，那就是忠臣藏真正的高潮——德川幕府擬「消滅吉良家」的背後陰謀。

哦？是真是假？江戶幕府包庇赤穗浪士，協助他們殺掉幕府重要幕僚吉良上野介，所以四十七浪士中有十六名躲藏在江戶城「正門」半藏門附近的麴町一帶，卻未被駐守的幕府近衛部隊發現。赤穗浪士暗殺吉良上野介，並帶著他的首級遊行至泉岳寺，如入無人之境，這也是幕府暗中協助的？而且幕府的真正目的是要消滅吉良家？半藏門附近麴町的「麴」，另一漢字寫法就是「米花」，如同《名偵探柯南》漫畫中常出現的「米花町」，漫畫中的殺人事件常發生在米花町一帶，卻不見東京警視廳的菁英警察們扮演積極的警戒取締的角色，與忠臣藏中幕府近衛武士們的「不表現」有異曲同工之妙。本書作者竹村公太郎是不是以撰寫名偵探柯南式的推理小說，試圖解開所謂的「江戶時代最大的謎團忠臣藏」？

竹村公太郎是位江戶、東京歷史與地形地理的研究迷，也是江戶時代後期浮世繪名畫家歌川廣重的死忠粉絲，他對廣重的浮世繪「東海道五十三次」及「名所江戶百景」極為喜愛，廣重的浮世繪畫作常成為竹村公太郎解讀江戶歷史地景的重要史料。竹村對忠臣藏謎團的剖析，實際上的起點是解釋江戶城的「正門」並非現在皇居的二重橋或大手門，而是取名自曾保衛德川家康的「忍者」服部半藏宅邸附近的「半藏門」。從廣重的浮世繪以及江戶城周遭地形，提出「半藏門是江戶城正門」的獨特見解後（詳見本書第五章），竹村公太郎開始進一步就他所謂的「江戶時代最大的謎團忠臣藏」進行推論。

德川幕府的百年復仇

作者以第五、六、七、八章合計四章的篇幅，以及「德川幕府的百年復仇」副標題，論述赤穗浪士暗殺吉良上野介之所以能成功，乃是幕府暗中協助的結果。例如赤穗浪士多人潛伏地點為江戶密探滿布的麴町，以及在暗殺事件之前，吉良上野介被幕府命令從戒備森嚴的江戶城內遷移至城外，即江戶與千葉之交的兩國橋對岸的本所松坂町隱居，因為宅邸的遷移，才使襲擊成為可能。而暗殺吉良之後浪士們步行至泉岳寺祭拜赤穗藩主的過程，如果沒有幕府的默許，更是無法順利完成。問題是為何幕府要暗中協助赤穗浪士襲擊吉良上野介？答案就在作者所推論「忠臣藏的最後一幕是消滅吉良家」。德川幕府為什麼要消滅歷代擔任德川幕府與京都天皇朝廷之間重要斡旋橋梁、且為天皇勅使到江戶來的重要禮儀指導官僚的吉良家？

作者在第七章解釋了日本愛知縣矢作川河口的「地形地理」因素——西元一六〇〇年前後，吉良家與德川家領地分別位於矢作川的上游與下游，兩家戰國大名具有爭奪河川水資源、擴張干拓農地與鹽田的利害關係。藉由當年河水利用的長期恩怨以及其他近期的種種原因，竹村公太郎對幕府希望消滅吉良家，以達成「德川幕府百年復仇」的謎團提出了解答（詳細請閱第七章）。

我們再來看看作者在本書前言談到的另外一個歷史事件，那就是戰國時代末期，亟欲統一天下取得「天下人」地位的織田信長與石山本願寺長達十年征戰的歷史故事。

織田信長與石山本願寺的十年戰爭

當我教授日本歷史，學生們最喜歡探討瞭解的時期，戰國時代可算是數一數二。或許是因為電影、戲劇、電玩、小說、漫畫等現代媒介常以戰國時代作為題材，也或許是戰國時期大名下剋上、你爭我奪，變動多元且具戲劇性，因此學生們對這一時代的人物、故事、戰役都很有興致。但是提到織田信長與石山本願寺長達十年（作者在本書使用十一年之說法）的戰爭，學生們就不見得那麼熟悉。不過，如果再提示後來豐臣秀吉所建的大坂城的中心地本丸就是石山本願寺的原址，學生們就會露出願聞其詳的表情。江戶時期著名的一六一四年大坂城冬之陣、一六一五年的夏之陣，就是德川家康兩次攻打豐臣秀吉兒子豐臣秀賴所據守的難攻不落大坂城的戰役。這個原石山本願寺的所在地，關係到戰國時期最後三位天下人——織田信長、豐臣秀吉、德川家康，均矢志奪取佔有的城址。

石山本願寺是以親鸞為開山始祖的淨土真宗（一向宗）本願寺派的本山，寺院沿著所在的上田台地北端小山丘而形成寺町，因此被稱為「小坂」，後改稱「大坂」。戰國時代石山本願寺與朝廷貴族九條家、近衛家等結合，獲得朝廷許可，成為僧界最高位的門跡寺院，除累積巨大財力，也在寺院外圍以壕溝、土堤作為屏障，使寺院武裝城郭化，勢力不遜於軍勢強大的戰國大名。一五七〇年，織田信長曾要求石山本願寺提供軍需資金並退出石山（隔年織田信長亦攻打並燒毀位居京都東北角的天台宗總本山的比叡山延曆寺，詳見本書第二章），但為當時本願寺第十一代宗主顯如拒絕，兩軍因此對決長達十年之久。一五八〇年終於議和，顯如開城退出石山，本願寺寺町被三天三夜的大火燒毀殆盡。

作者竹村公太郎在詮釋石山本願寺竟然能對抗當時強盛的織田信長大軍長達十年之久，最後非戰敗而是議和退出，認為並非如歷史學者所解釋的「本願寺信徒擁有狂熱虔誠的信仰」，而是應從石山本願寺所在的上町台地周遭「地形」來研判，該地周邊的低窪地曾經是

「濕地」，進攻上町台地者會因雙腳陷於泥沼、難以動彈，而成為台地上弓箭手的標靶。這就是石山本願寺或後來的豐臣氏大坂城易守難攻的地形優勢。

嗯，或許石山本願寺或大坂城所在的上町台地周遭濕地之地形優勢，確實是石山本願寺或大坂城易守難攻很重要的因素，所以作者認為「將視線轉移到地形上後，即得出顛覆歷史定論的答案」。我們不得不佩服作者將「地形」與「歷史」搭上線，從地形來解讀尚無法得出確切答案的歷史故事。在這本書中，讀者只要細細品味其內容，將會發現作者提供的種種與地形、氣候、環境或水利工事等基礎建設有關的線索，以及藉這些線索解開歷史謎題的邏輯性與趣味性。

不過，我們也必須要認知，以地形、氣候等因素來詮釋歷史事件，確實是提供了歷史思考與研究的一扇門，但並不是只藉地形、氣候等就可以得出解開歷史的全部答案。以上述織田信長征伐石山本願寺長達十年之久的事例來看，歷史學界除了可以利用本願寺史料研究所編纂的《本願寺史》等文字資料來進行解釋外，也會使用《石山合戰圖》等非文字資料的手繪地圖來解讀。在《石山合戰圖》中，石山本願寺的周遭佈滿了水道，織田大軍與本願寺或親本願寺勢力的征戰，即多次以「水軍」對決，因此織田大軍對應本願寺周遭的濕地或水道，不會只是深陷其中而成為對手弓箭的標靶，而是同樣以水軍對戰。況且在一五七〇年織田信長要求交出石山時，顯如即向全日本的本願寺門徒發出與信長對決的訴求，因此在近江、越前、加賀、伊勢長島、北陸等地到處燃起對抗織田信長的「一向一揆」，也就是各地淨土真宗門徒的集團鬥爭。而且，織田信長較為正式圍攻石山本願寺，是在一五七六年織田所建造的安土城完工之後，並且這當中還夾雜兩軍多次「議和」的戰術使用，因此石山合戰拖延十年之久，上町台地周遭的「濕地」或許只是導致戰事長達十年的原因之一，但並非最主要的因素。作者太過於強調自己專業的「地形」的重要性，而貶低歷史學者的詮釋，無形中也陷入了他在「前言」開頭所使用的日文詞彙「上から目線」（中譯：傲慢的態度）的缺點。

提供歷史思考的另一扇門

然而，我們不得不欣賞理工科出身的作者提供我們對於歷史思考的另一扇門。竹村公太郎是日本東北大學工學院土木工程學系畢業，之後擔任過日本建設省、國土交通省等機關首長，負責水壩、河川等基礎工程的建設。因為工作的關係，他走遍了日本全國，深知日本各地的河川、地形、氣候、環境以及水利工程等基礎建設，加上他對日本歷史的喜愛，以及對江戶、東京地理地形的熟悉，因此從二〇〇五年起即陸續發表了以「地形」為主軸，探討「歷史、文明、文化」的文章與書籍。這本《藏在地形裡的日本史》是以他之前的作品《土地の文明》、《幸運な文明》重新編輯而成的著作，二〇一三年出版不到一年三個月，即已加印二十三刷，可見相當程度受到讀者的喜愛。

全書十八章的章名，作者幾乎都以「為什麼……呢？」（なぜ……か）作為標題，先提出對於日本歷史事件質疑的謎題或謎團，再試圖從作者專業的地形、地理、氣候、環境等去尋找答案，或配合古地圖、廣重的浮世繪，甚至現地觀察調查的方法來解開謎團。這樣的撰寫方式避開了學術性論著的嚴肅無聊，甚為通俗、有條理且有趣，相當類似推理偵探小說如《名偵探柯南》的懸疑寫法，先述說殺人事件，再提出凶手會是誰的疑問，最後邏輯性地尋找出答案，頗能吸引讀者的注意。只不過作者是以「地形」為主要的偵破手法，破案的方式異於歷史學者的人文社會學的模式。當然歷史學者的歷史解題破案方式，傳統的是以文字史料為主的史學詮釋法，近代再加上人類學的田野調查、口述訪談，或社會科學的理論、統計經濟學的計量學理，或非文字資料的寫真、地圖、文物甚或聲音檔的配合來解讀。本書卻以「地形」為主，加上地理、氣候、環境、基礎建設等資料，來破解歷史謎案，可說手法新穎，雖未必能夠百分之百完全邏輯性的解答出「凶手就是誰」，但是為歷史事件之謎團提供了另一扇思考之門，則是毋庸置疑的。

全書十八章，幾乎以日本歷史上的首都或都市場域為討論分析的主題。由於作者本人熟悉江戶、東京，因此書中有八章是以江戶、東京的歷史事件作為謎題來討論。除了前面所述忠臣藏謎團的破解是關於江戶歷史、地理地形外，還有「關原之戰勝利後，為何（德川）家康會立即返回江戶？」「江戶為何能確保一百萬居民的飲用水？」「吉原遊郭為何要搬遷？」

等有趣的謎題。其他則涵蓋奈良、京都、鎌倉、福岡、大阪等首都或都市的謎題，例如「（源）賴朝為何將幕府設在鎌倉？」「蒙古軍真正失敗的原因是什麼？」「誕生日本文明的奈良為何會衰退？」「為何有兩次遷都？」都是相當精彩的「地形」推理。

無論是對日本歷史或其他歷史，以及對地形、地理、環境科學、都市計畫等，甚或對推理偵探小說有興趣的讀者，或許可以帶著閱讀歷史推理小說的心情，來品味這本有別於一般介紹日本歷史的有趣書籍。

作者序

傲慢的態度

昭和四十五年（一九七〇年）我從大學畢業後，被分配道建設省水壩工程的工地現場工作，從栃木縣的鬼怒川水壩開始，我歷經積雪深厚的福島縣會津水壩、首都圈的神奈川丹澤水壩。接著在負責建設行政的業務時，我也在東京、新潟、名古屋、廣島工作，可以說我在全國各地都有生活的經驗。

在二十年來不斷調職期間，我常常對全國各地多樣的地形和氣候感到驚訝。日本列島的中央有中央山脈橫貫，無數河流從山上流下。開車行於日本各地時，我也能感受到，相隔一段不遠的距離，地形和氣候即呈現另一種面貌。以前我就覺得很不可思議，南北縱長三千公里的列島竟然能形成一個統一的國家。

接下來我被分配到長良川河口堰的工作小組，這是一個被民間團體和大眾媒體大肆抨擊為破壞自然環境的工程。我的任務是負責與新聞記者和知識分子碰面，向他們說明，讓他們瞭解長良川河口堰的工程計畫。這是一份有意義的任務，我每天都不眠不休地投入工作。

有一次，我必須要向一位毒舌的社會評論家說明這項工程。在大致聽完我的說明後，那位評論家便開口說：「我終於瞭解長良川河口堰之所以有問題的原因了。竹村君，剛剛三十分鐘的解說中你說了三次『要守護長良川流域居民的生命及財產』，你那種『看不到我手上這顆天下的印籠[1]嗎』的態度，讓我理解到這就是這個計畫的進展會裹足不前的最大原因。」說完他便走人。

我幾乎讀遍這位社會評論家所有的著作，並十分尊敬他，然而我卻被自己尊敬的社會評論家痛斥了一番。我的解說究竟有多傲慢？我的話是否無法打動人心，而是強迫別人接受我的觀點？那位社會評論家尖銳的一席話打醒了我。

當時我已四十三歲。

下層結構的視角

即使灰心喪志，工作還是得做。每天我仍然解說長良川河口堰的計畫，不過我已經拿不出「守護居民的生命財產」這樣的印籠了。因為我知道這個印籠代表的是，以傲慢的態度來強迫他人接受自己的意見。往後我必須在沒有印籠的情況下工作，這對我來說非常困難。

半年後，我向一位著名的文學家解說這個計畫。在道別時，他對我說：「竹村先生的說明非常清楚。」我做夢都沒想過會被人這麼稱讚。我只是緊張地說明長良川的地形、過去發生的災害及河口堰的功能。在回家的路上，我想到像我這種搞基礎建設的人，只要徹底以基礎建設——也就是下層結構——來說明就好了。我不用接觸思想、哲學、社會、文學等上層結構，只要專注於地形和氣象這些自己專業的領域就好了。

對於地形和氣象的知識與經驗，我有自信不會輸給任何人。於是，我細心地整理、歸納地形和氣象的各種現象，並使用這些資料來與其他領域的人溝通。經過以上的事情後，我發現這就是我的使命。

信長、秀吉、家康奢望的易守難攻地形

經過了七年辛苦的工作後，我被調往大阪。工作地點在上町台地前端的大阪城附近。午休時間我在大阪城散步，看到一塊「本願寺遺跡」的看板。本願寺在大阪城的遺跡裡？本本願寺不是在京都嗎？關東長大的我並不曉得，京都的東西本願寺是後來才建的，原來本願寺的根據地在這座大阪城的遺跡裡。

十六世紀，石山本願寺和當時織田信長所率領的十六世紀世界最強軍團持續作戰長達十一年，難分勝敗（最後以離開此地為條件，和平收場）。他們當時的據點就在這個上町台地大阪城的遺跡內。戰國時代上町台地周邊的低窪地曾經是濕地，我這位土木工程的專家當然知

道。進攻這裡的軍隊只要靠近上町台地，便會因為雙腳卡在泥沼中難以動彈，而成為台地上弓箭手的標靶。

我們從歷史中學到，本願寺之所以能堅守十年以上，是因為本願寺信徒擁有狂熱虔誠的宗教信仰。不過，當我們仔細研究本願寺遺跡的地形後，便可知道他們是因為佔據了易守難攻的地形，才能維持不敗。織田信長為了奪取這個據點花了十一年的時間。後來豐臣秀吉在這個易守難攻的地形上蓋了大阪城，並取得天下。之後，德川家康為了攻下秀吉這座易守難攻的大阪城而傷透腦筋。

當我站在上町台地上、觀看周遭的地形時，能切身感受到戰國時代三位豪傑信長、秀吉、家康，為了爭奪這塊易守難攻地形而血戰的意義。在這一瞬間，我的腦海中產生了地形與歷史的全新故事。

將視線轉移到地形上，即可得出顛覆歷史定論的答案

我仔細觀察地形後，發現了歷史全新的面貌。這份驚訝也成為我重新觀察日本各地地形和氣象的原動力。然而，這也是一份需要勇氣的工作。

以地形和氣象為中心來解讀歷史，有時得出的結果與過往大家所熟知的歷史定論有所出入。若要提出這種新的論點，我必須先做好歷史學者會以「外行人」來批判我的準備。然

而，地形和氣象都是不會變動的條件。雖然在詮釋上有各自的自由，但只要立論的基礎建立在地形和氣象這種穩健的條件上，所產生的研究結果就會比較客觀。

懷抱著這樣的覺悟，我寫下了這本書。擔任編輯的中村康教先生十分享受書的內容，讓這本書的編輯作業得以順利地進行。至今我造訪了全國各地，遇見各式各樣的人，把酒言歡時的所見所聞，也成了這本書寫作的材料。

我想在這裡向過去在日本各地相遇的人，以及存在於日本各地的地形致上由衷的謝意。

譯註

1 印籠是一種可以隨身攜帶的容器。如果上面畫有家紋，便可以作為一種身分的象徵。日劇《水戶黃門》中，水戶黃門會拿出自己的印籠來威嚇他人，展示自己的身分。

第1章

關原之戰勝利後，家康為何立即返回江戶？

與巨大敵人的另一場戰鬥

一六〇〇年，德川家康在決定天下大勢的關原之戰中獲勝。三年後，出任征夷大將軍的家康急忙地回到江戶，從此開啟江戶幕府時代。毫無疑問地，江戶幕府開府是大家耳熟能詳的歷史事實，但這個歷史事實卻存在著一個巨大的謎團。

雖然家康從天皇手中接下「征夷大將軍」的稱號，但此時他還稱不上統一天下。當時擔任豐臣家家主的秀賴與在一旁呵護他的淀君，仍坐擁大阪城。此外，向豐臣家效忠的大名，及其他虎視眈眈企圖奪取天下的大名，也雄踞各地。在這樣的情況下，為何家康不把自己的根據地設在能實際掌握天下的京都或名古屋？為何要特地跨越箱根，返回與京都相距五百公里、位於東方窮鄉僻壤的江戶？

歷史學家選擇用人文社會的角度來解釋江戶開府，但我選擇以地理和地形來詮釋這段歷史，在這樣的視角之下，江戶開府的故事便呈現出不同於以往的面貌。

❖──德川的家臣對「轉封到江戶的命令」感到憤怒的理由

一五九〇年，在豐成秀吉的命令下，德川家康轉封到江戶。這是發生在關原之戰十年前的事。即使家康的一生備嘗辛酸，但轉封江戶仍然是一件讓他感到極度痛苦的事情。

一五八三年，家康開始打造甲府城，卻在一五九〇年幾乎快要完工之際，收到派往江戶的命令。當時甲府是連結西日本和東日本，及東海地區靜岡之間的一個重要節點。秀吉將家康趕出甲府後，隨即任命織田信長的遺子，也是自己的養子——羽柴秀勝為此地的負責人。往後的江戶時代，德川幕府也將甲府設為直轄地。由此可知，甲府確實占有非常重要的地理位置。

家康被轉封到江戶的名義，是因為他要擔任討伐北條氏的先鋒，自然得被派往關東六國[1]。據說家康的家臣對這道命令氣憤難平。轉封江戶真的是這麼過分的待遇嗎？為何德川的家臣會如此憤怒？針對上述問題有一種說法是，由於關東長期處於北條氏的支配下，要統治這個地區相當困難。

但我個人卻抱持不一樣的看法。我認為「江戶是一塊非常貧窮、沒有希望的土地」。

圖① 現在的關東地區

圖② 繩紋前期的關東地區
（海平面上升五公尺）

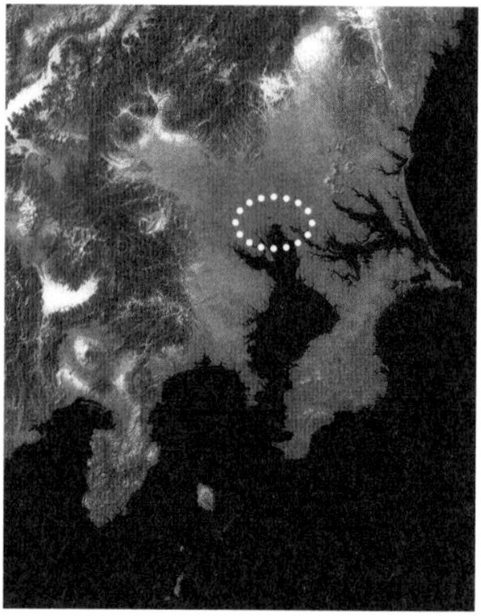

六千年前的海平面較現今高約五公尺，因此當時海水範圍深入了當時的關東地區。
（圖片來源：一般財團法人日本地圖中心）

❖兩個關東平原

過去在討論氣候變遷時，人們常問：「在海平面上升後，未來的日本列島會變成什麼樣子？」因為想要瞭解可能的情況，我用電腦分別繪製了海平面上升五公尺、十公尺、三十公尺後的模擬圖。雖然這只是一時興起而繪製的假想圖，但海平面上升五公尺的狀況可不是空談。過去日本沿海的海平面確實比現在高出了五公尺。圖①是現在關東地區的地形陰影圖，圖②則是關東地區海平面上升五公尺時的地形陰影圖。

大約六千年前的繩紋時代前期，當時的大氣溫度較今日來得高，海平面的高度也隨著升高數公尺，海水因此深入今日關東的內陸地區。這就是所謂的「繩紋海進」[2]。藉由電腦的輔助，我們可將當時的情況以圖②真實重現。調查貝塚[3]的分布情況，是另一種瞭解繩紋時代海岸線的方法；由於貝塚分布在海邊，只要觀察其分布狀況，即可推估出當時海岸線的位置。經過分析後，關東地區的貝塚分布情況與圖②的海岸線確實吻合。

話說回來，圖②還真是令人驚訝。橫濱市、川崎市和千葉縣的沿海地區不用說，連東京東半部到埼玉縣的關東南部都是一片汪洋。這片海域最北端甚至可達今天位於埼玉、栃木、千葉三縣邊境的久喜市舊栗橋町[4]。

「繩紋時代的關東平原沉在海面下」，這張地形圖也開啟了詮釋江戶開府的新角度。

❖關東「平原」本來是關東「濕地」

看到圖②後，我立即注意到一件事：「關東平原上曾經有兩個流域。」說到關東平原，便不可不提利根川。現今的利根川是由發源於北關東群山諸多支流匯集而成，在銚子市[5]出海注入太平洋。學校都有教過，關東平原是由利根川所搬運的泥沙及火山灰堆積而成的沖積平原。若檢視日本國土地理院所製作的地圖，會發現關東平原與利根川流域指的是同一地區。

但是，這與圖②所呈現的關東樣貌完全不同。根據圖②，關東是由兩個流域所構成，一個是流向太平洋的鬼怒川、霞浦流域，另一個則是流入東京灣的利根川、荒川流域。而區分這兩個流域的，是延伸到松戶市、柏市、流山市、野田市，以及位於千葉縣和埼玉縣邊界的下總台地。東邊的下總台地和西邊的武藏野台地之間，形成了一個盆地，繩紋時代的南關東一帶即位於該盆地的底部，而利根川、渡良瀨川、荒川都匯流至此，並形成一個巨大的河口。於是，降在關東平原西北部屏風般山巒中的雨水，便順勢流向位處低窪地帶的南關東地區。

當一五九〇年德川家康進入江戶時，海平面已下降，海岸線也退到今天的位置。利根川就從當初海水退去後的土地上流向江戶灣（現在的東京灣）。利根川所搬運的泥沙，在堆積後也逐漸形成今天的關東平原，但當初這片廣袤的關東地區可不是今天平原這番樣貌。

關東平原曾是一片淹沒在海中的低窪地區，因此排水不佳。在沒有排水管的時代，這裡一旦下雨，便會因雨水無法排洩而淹水。此外，因為利根川、渡良瀨川、荒川匯流進此地，因此這附近一帶的土地短則數日、長則數月都處於積水狀態。由此可知，當時的關東地區不是「平原」，而是一片「濕地」。

❖──家康初來乍見的江戶景象

從平安到鐮倉時代，秩父一族的豪族江戶氏[6]著手開發了江戶。在室町時代，當時擔任扇谷上杉家[7]家宰[8]的太田道灌在江戶築起城郭。城郭位在武藏野台地東邊面海的一座小山丘上，也就是現在皇居的所在地。到了始於應仁之亂的戰國時代，北條氏成功地控制關東一帶。一五二四年，北條氏將上杉氏流放，自此接掌了江戶城。

當時連結東北日本和西日本的路徑有兩條，一條是從今天的福島、栃木、北埼玉、群馬等地所形成的北關東陸路路徑，另一條則是由福島沿著茨城、千葉南下，經房總半島乘船往西向的海路路徑；這兩條路徑都不會經過位在江戶灣深處、武藏野台地東端的江戶。這也是當時江戶之所以人煙稀少的原因。

雖說一五九〇年家康入主江戶城，但當時的江戶城不過是一座荒蕪的小城，實在配不上像家康這種能和有「天下人」之稱的秀吉一決雌雄的角色。此外，從江戶城郭眺望出去的景色也是淒涼至極。這裡放眼望去盡是布滿蘆草的濕地，是一片只要下雨就會積水的不毛之地。

為何秀吉的轉封命令會讓德川家如此嚥不下這口氣？就是因為當時的關東是一個既沒有前景、又無利用價值的惡劣土地。

經過以上的分析，歷史學家所提出的「德川家的武將如此憤怒的理由，是因為他們不想被送到北條氏勢力殘存的地盤」這個論點便不攻自破。家康底下的武將不可能因為這個理由而生氣。對於志在沙場的戰國武將而言，消滅殘存勢力乃是他們的工作，他們理應興奮地準備作戰才是。

但這些武將進入江戶後所看到的是一片無法耕作的廣大濕地，及一座殘破不堪、孤伶伶地佇立在那兒的江戶城郭。他們對這片荒涼的風景感到震驚，因為在這片土地上根本看不到任何希望。這份絕望徹底激怒了德川家的家臣。

❖家康走遍關東發現的「寶物」

據傳，家康在平息眾將的怒火後，才進入荒蕪的江戶。

雖然家康進入了破舊的江戶城郭，但當時他既沒有大事修復江戶城，也未建造任何新的建築物。正式建造江戶城的建築，要等到關原之戰以後。而擁有五層天守閣的江戶城，更要等到第三代將軍家光的時代才完成。此外，江戶市街的都市建設，也是在關原之戰後才開始被認真規劃。

那麼，從一五九〇年到一六〇〇年這段期間，家康究竟在做什麼？

這段期間，家康以打獵[9]為名，徹底巡視了關東一帶。此次的調查結果也促成日後的檢地[10]和知行地[11]劃分等政策。但這次的探勘其實還有更重要的歷史意義。也就是說，家康在這趟關東的實地考察中找了「寶物」！

只要得到這個寶物，天下就能真正地成為囊中物，而且它竟然還沒被任何人發現。這個「寶物」就是日本最廣大、最肥沃、蘊藏豐富水資源又溫暖的「關東平原」。

三千年前，稻米傳入日本。它可儲藏數年且容易計算的特性，讓米成為物資交易的媒介。彌生時代之後，日本人認為有米斯有財，取得稻米因此成了一種掌控權力的途徑。關東平原即是生產稻米的寶地。由於過去這塊寶地一直被埋藏在關東的濕地下，所以仍是一塊尚未落入他人之手的處女地。

家康發現了這塊被埋藏在濕地下的寶地「關東平原」。雖然當時這塊惡劣的土地因利根川和荒川的流入而致排水不佳，只要下雨就會積水。但若將利根川分流導向遠處並提升排水效能，這塊地便能成為肥沃的水田地帶。

雖然家康發現了這個寶物，但仍有必須克服的問題。擋在他面前的課題是：如何完成這個日本史無前例的大規模土地改造工程，透過整治把廣大的濕地變成乾燥的土壤。

利根川是家康必須克服的強勁對手、終須一戰的新敵人。家康洞察到，只要征服這個敵人，就能獲得足以凌駕其他大名的巨大財富，天下自然手到擒來。

❖—改變日本史的工程動工了

自一五九〇年進入江戶，到一六〇〇年關原之戰這十年間，家康在關東一帶不斷調查，並著手進行兩項工程。

其中一個是從一五九二年動工的日比谷入江[12]填補工程。此工程是挖掘附近神田山的土，來填補圍繞在江戶城周遭的濕地。讓武士住在新填補的土地上，並讓填出來的土地往水深較深的海上延伸，以確保船在靠岸時有足夠的深度。這項工程在江戶市中心進行，因此被認為是江戶都市建造的代表案例。事實上，在這項引人注目的江戶灣填補工程之中，有個改變日本歷史的重要工程正在進行。

一五九四年，從江戶往北六十公里處的川俣（現在的埼玉縣羽生市的北部），另一個不為人知的工程開始施工，那就是被稱為「會之川截流」的河川工程。家康清楚這是一項非常重要的工程，證據是：家康任命四男松平忠吉擔任這項工程的負責人，指派他為今天埼玉縣行田市忍城的城主，並且建構可全力施行利根川治水工程及拓展新田地的體制。

「會之川截流」是使關東濕地乾燥化，以成為陸地的第一步。從這一刻開始，一場與大自然的長期搏鬥開始了。然而，由於一五九八年豐臣秀吉去世，戰國武將之間爭奪天下之戰即將展開。這場在關東與大自然的搏鬥只得暫時中斷。

家康重返江戶之謎

一六〇〇年，家康贏得關原之戰，天下即將成為他的囊中物。戰爭結束後，他待在京都伏見，為了獲得征夷大將軍的頭銜，而開始向朝廷展開遊說。直到一六〇三年，家康才成功取得這個頭銜。

此時，一個和家康有關的謎團發生了。

家康取得征夷大將軍頭銜後，馬上返回江戶。一六〇三年，所謂的江戶幕府開府，指的是身為征夷大將軍的家康回到江戶一事，而非於江戶城上掛起「江戶幕府」這塊看板。家康就是在一六〇三年返回江戶。

此時回到江戶，是一個危險的選項，因為豐臣家並未因關原之戰而完全遭到摧毀。在形式上，關原之戰只是家康征討了反叛軍領袖石田三成。豐臣家的當家秀賴與守護在他身旁的淀君，仍坐擁大阪城。此外，向豐臣家效忠及其他虎視眈眈企圖奪取天下的大名，也雄踞各地。

九州有島津家和細川家，中國和四國地區有毛利家與長宗我部家，近畿到北陸一帶有真田家和前田家，東北有伊達家。許多實力強大的大名仍分據全國各地。直到一六一四年，德川家在大阪之戰消滅豐臣家，德川政權的基礎才開始穩固。這十年間，尚處於局勢瞬息萬變的微妙時期，當時打贏關原之戰的家康距離奪取天下還差臨門一腳。

在關西有豐臣家控制的大阪城，以及朝廷這個權威中心所在的京都御所。關西位在能牽制全國大名的重要地理位置。此外，大商人活躍的關西也是聚集國內外物資和情報的中心。關西可以說是統一日本不可或缺的要地，因此，戰國時代可以說是一個爭奪關西的時代。

家康取得征夷大將軍的稱號後，便馬上離開關西這個擁有權威、財富、情報的地區。翻越箱根回到距離京都五百公里遠、廣袤的窮鄉僻壤江戶。歷史學家認為，「在此時期，豐臣家檯面下的實力仍相當穩固，因此家康不選擇直接奪取天下，而是慢慢削弱豐臣家的實力，採取迂迴戰術，所以他才會離開關西。」

這不過是馬後炮的歷史解釋。如果家康因上述理由而離開關西，對他而言還有名古屋這個絕佳的選項。另外，三河和靜岡也是很好的選項。此外還有他曾自己築城的甲府。上述地點都是可以理解的選擇。不過，江戶實在距離日本文明的中心太遙遠了。

就這樣，家康特地千里迢迢地返回曾被自己家臣所憎恨、嫌棄的不毛濕地江戶。

❖日本史上最偉大的國土規劃者

對家康而言，還有一場戰爭正等待著他。他想迅速返回江戶，繼續未完的戰鬥：與大自然的搏鬥。只要將利根川的洪水導向銚子，就能夠獲得廣大的新農田。

家康為了贏得天下，浴血奮戰了五十年。這一次，他為了統治天下，展開一場與大自然的搏鬥。這場艱苦的戰鬥需花費比以往更多的時間和汗水。就年紀而言，家康剩下的時間已不多了。

一六〇四年，回到江戶的隔年，他設計出日後被稱為「手傳普請」[13]的制度。在此制度下，幕府動員各藩大名，利用他們的財力和人力來進行土木工程。藉由「手傳普請」這個制度，與利根川的戰鬥再次開打。幕府重新展開中斷的中條堤建造工程；開鑿赤堀川、江戶川，並截流舊荒川，以及荒川、鬼怒川、小貝川的河道改道工程等。大規模的河川工程逐次展開。

一六二一年，連結利根川和西部流域，長七間（約十三公尺）的赤堀川終於開通。該河川的位置位於圖②以線圈標示的下總台地最狹窄的部分，也就是鑿開今天栗橋和關宿之間的位置。

藉由以上工程，利根川連結到太平洋。從家康的「會之川截流」工程開始過了三十年，此時已是德川幕府第三代將軍家光的時代。一六二五年，赤堀川拓寬約三間（約六公尺）的寬度；一六五四年，赤堀川的河床挖深三間（約六公尺）的深度。經由上述工程，赤堀川終於完全繞過江戶、流向太平洋。此時已到了第五代將軍綱吉的時代，關東真的逐漸從濕地轉變為農地。

根據國際灌溉排水委員會日本委員會出版的《日本灌溉的歷史》，一六〇〇年日本農地的面積約有一百四十萬公頃。到了一百年後的一七〇〇年，快速增加為三倍的三百萬公頃。在此之前一千多年間，日本的農地面積都維持在一百二十到一百四十萬公頃左右。因此，上述一百年間農地的擴張相當驚人。

應仁之亂後，戰國武將為了爭奪農地不斷鬥爭，但這是一場總額在事先就決定好的零和賽局。為了打破這個僵局，秀吉決定侵略朝鮮，但以失敗收場。

家康則試圖以開拓新農田，來打破這場零和賽局。全國各地的大名也開始模仿家康，與河川對抗，開拓新農田。這就是江戶時代。然而，大自然的力量深不可測。日後，利根川的洪水仍然不斷襲擊江戶，奪走許多性命和財產。江戶與利根川的搏鬥久久未停。到了一八〇九年十一代將軍家齊的時代，利根川才終於拓寬到四十間（約七十三公尺）的寬度。

一八六八年，時代已從江戶幕府變成明治政府。明治政府幾乎完全推翻原先江戶幕府的制度，從根本上徹底改造社會制度。不過，這樣的明治政府也從江戶幕府的手上接下繼續和利根川戰鬥的擔子。一八七一年（明治四年），明治政府又展開利根川（赤堀川）的拓寬工程。這項工程持續到大正、昭和，直到現在的平成。

從家康開始的這場戰鬥未在家康一代完成。經過數百年的對抗後，日本才挖出了「關東平原」這塊瑰寶。家康打從根底就是一名戰士，一生中大半時間都在人間的戰場度過，而在人生最後的階段又開始與利根川這個強敵對抗。一六〇三年關原之戰後，家康急忙地從關西趕回江戶，就是因為他想盡早開始這場新的戰鬥。這就是一個圍繞著江戶幕府開府的新故事。

從圖②我們可以清楚地了解「利根川東遷」這項將利根川往東遷移的工程。開鑿下總台地——將關東平原一分為二——最狹窄的部分，利根川就會流向銚子而出海。如此一來，關東不僅免於水患，也可開拓出新的農田。

家康預測到未來數十年、數百年的國土樣貌，毅然決然地啟動這項河川工程。明治時期以後的近代日本，從江戶時代手上接下關東平原這份遺產。在關東平原這個舞台上，日本轉型為近代工業國家。接著在帝國時期，趕上了帝國列強的末班車，免於淪為歐美列強殖民地的命運，直到今天。

日本史上最偉大的國土規劃者正是德川家康。

譯註

1 此處所指關東六國，原為北條氏領地，包含伊豆、相模、武藏、上總與上野、下總的大部分及下野國的一部分。包含今日東京都、埼玉縣、神奈川縣、千葉縣、群馬縣、茨城縣、栃木縣、靜岡縣等地的部分範圍。

2 「繩紋海進」意指繩紋時代日本的海平面高度相較今日來得高。今天日本許多陸地在當時都沉在水裡。

3 先史時代，人民捕食的貝類所堆積成層的遺跡，稱為「貝塚」，其中也蘊含先史人類的遺物。（蔡錦堂註）

4 這裡是已被合併的行政區域，位在今天埼玉縣東部喜久市的北邊。

5 銚子市位在千葉縣東北部。

6 這裡指的是武藏江戶氏。該氏發源於武藏國且為秩父氏支流的一族，是武藏國的國人領主。

7 谷上杉家是室町時代在關東地區割據一方的諸家之一。

8 「家宰」是室町時代武家的一個職務，代替家長管理家政。

9 此處原文為「鷹狩り」，一種以操控老鷹為主的打獵的方式。但中文找不到相對應的字，有看到「鷹狩」這種翻法，但和中文語意不符，因此這裡取「打獵」。

10 檢地是戰國時期以來擁有領土支配權的領主，可對其管轄內的農民保有地進行調查與土地丈量。（蔡錦堂註）

11 江戶時代的將軍、大名等擁有領土支配權的上級武士，給予其家臣土地的使用權，此種只有使用權而無擁有權的封建式家臣團的土地稱為「知行地」。（蔡錦堂註）

12 原文為「入り江」，指海岸或湖的一部分深入陸地所形成的地形，它的規模與深度比「灣」小而淺。中文沒有對應的字詞，因此以原文「入江」表示。

13 日文漢字「手傳」為幫助之意，「普請」為建築、修繕；手傳普請是豐臣秀吉政權以及江戶幕府，命令諸大名提供人力、資材，以協助建築或修繕大規模的城池、堤防、河川等土木建築工事之意。（蔡錦堂註）

第 2 章

信長為何要火燒比叡山延曆寺？

地形所傳達的真正理由

在戰國時代，沒有任何一位武將像織田信長那樣令人生畏。雖然有許多關於信長讓人感到恐懼的故事，但其中一定會被提起的，就是火燒比叡山延曆寺的事件。一五七一年，天下即將落入信長的手裡。這一年，他放火焚毀比叡山延曆寺。據說，不僅僧侶，連女人、小孩都慘遭毒手，寺社付之一炬。

許多說法試圖解釋信長為何做出如此不畏神佛的舉動，例如比叡山的僧侶決意支持淺井家、基督教背後支持信長、信長無法原諒僧侶偏離佛道的行徑、為了獲得寺社商業上的權力等。

以上的說法都是從人文社會的角度而產生的假說。就像人類是複雜的生物一樣，在廣泛的人文社會領域中，不同的領域複雜地交錯重疊，無止境地產生新的觀點。但是，當我們試著以非人文社會的角度，觀察織田信長所處的尾張、琵琶湖周邊和京都等戰場的地理和地形後，就能意外地輕易解開信長火燒比叡山的謎團。

ＪＲ琵琶湖線的電車穿越逢坂山隧道，接著駛入大津站。雖然電車還未抵達南草津站，但我突然從座位上站了起來，如同被人牽引般地下了電車。

電車走了，我獨自走向月台後方，仰望著方才電車穿越逢坂山的山峰。初冬的逢坂山上仍殘留些許楓葉。而聳立在逢坂山右側的巨大山峰，山頂已覆蓋上一層薄薄的雪。那座覆蓋著薄雪的巨大山峰就是「比叡山」。

「原來是這樣啊。」我在月台上輕聲低語。在這一瞬間，一個關於織田信長的新故事誕生了。

❖讓人備感壓力的逢坂山隧道

兩年前，每週我都會到滋賀縣草津市的立命館大學。去程時在京都站下新幹線、轉乘琵琶湖線。電車從京都盆地出發，越過山科後立即進入逢坂山隧道。

兩年前，第一次進入逢坂山隧道時的感覺至今仍記憶猶新。當電車穿過山科後，左右的山峰隨即向我撲來。ＪＲ湖西線漸與國道一號並行，交會成一線後衝進隧道中。當電車準備進入隧道的那一刻，頓時我的胸口有股沉重的壓迫感，壓得我喘不過氣來。

正當我還在思索為何會有這種感覺時，電車便出了隧道，抵達廣闊的琵琶湖南岸的大津。

此時，胸口的壓迫感立即消失。當時我以為這股壓力是來自準備大學授課的緊張感，但事情似乎不是如此。往後，即使我逐漸習慣了大學教學生活，緊張感逐漸緩解，但每當進入逢坂山隧道時，胸口仍然感受到壓力。

這股壓迫感究竟從何而來？是因為這裡的地形既狹窄又昏暗，還是鐵道和道路匯集在一起所形成的壓迫感？

某天，我坐在電車上思考著這件事。當車進入到漆黑的隧道，我突然靈光一閃。穿過隧道的電車抵達大津站時，我立即下車。下車後，我站在大津站月台尾端，比較了逢坂山和比叡山。巨大的比叡山薄雪覆頂，從正上方低頭俯視著矮自己一截的逢坂山。

原來這個地形就是壓迫感產生的原因，而這樣的地形也是織田信長消滅比叡山延曆寺[1]的理由。

❖長岡京的「鬼門」

在風水上，「鬼門」[2]就是東北方。據說鬼門是鬼和龍進出的門戶，而鬼門也支配著一家人的命運。關於延曆寺建造在比叡山的理由，有個說法認為，比叡山是「魔界都市」平安京的鬼門，在上面蓋寺社能為平安京消災解厄。但這個說法有誤。

七九四年，京城被遷往平安京。不過早在六年前（七八八年）的長岡京時代，延曆寺就已經完工。當桓武天皇將京城從大和盆地的平城京遷往長岡京時，他認為必須為長岡京興建延曆寺。

事實上，長岡京的鬼門確實位在東北方。不過那不是宗教層次上的問題，而是因為在現實中，這是一道通往京城的危險之門。桓武天皇為了防衛這道既危險又容易受到入侵的鬼門，而下令在比叡山上建造延曆寺，接著讓延曆寺的僧侶把守這道鬼門、守護長岡京。

對長岡京而言，比叡山不是鬼門，是長岡京的防守要地。比叡山所守護的長岡京的鬼門，其實就是「逢坂」。

「頸動脈」的地形

琵琶湖大致位於南北縱向細長的日本列島的正中央。琵琶湖所在的近畿一帶，則是日本海側和太平洋側彼此最接近的位置。過去琵琶湖曾是日本列島交流的中心。進一步觀察地形後，我們可以發現從琵琶湖南岸的大津翻山前往京都的路上，「逢坂」是一條極為重要的必經之路。

若要從日本海側前往京都，就必須從若狹灣往琵琶湖方向前進，再由位在琵琶湖南岸的大

圖① 逢坂與長岡京、平安京

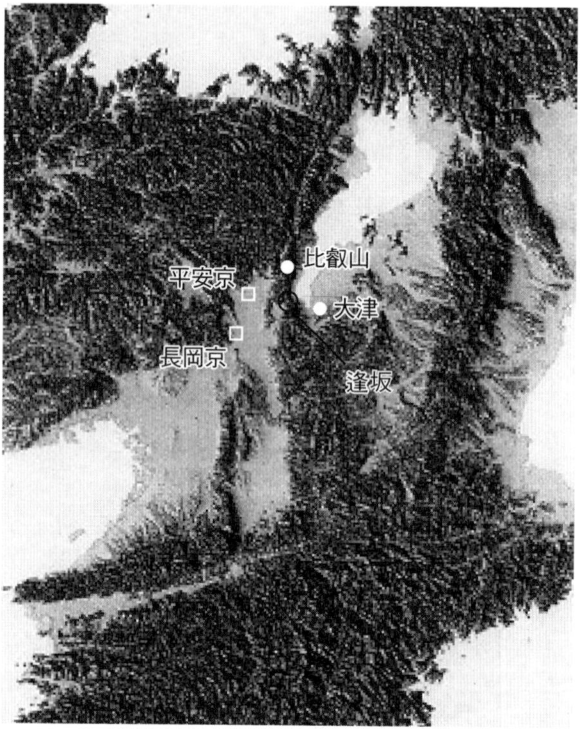

津翻過逢坂、進入京都。如果從中部地區前往京都，則會通過關原到達琵琶湖，但進入京都時還是得從大津翻過逢坂前進。

這條路徑，從古代到二十一世紀的今天都沒有改變。圖①是逢坂的位置。

現在的逢坂可說是匯集日本各條動脈的頸動脈。在畿內[3]和琵琶湖之間，廣大險峻的山地如同屏風般連結在一起。在眾多的山巒中，最靠近畿內的便是逢坂山。

在逢坂山中，東海道新幹線、JR東海道線、北陸線（琵琶湖線及湖西線）、京阪電鐵、國道一號線、名阪高速道路，甚至連琵琶湖引水渠道都集中在這裡。從古到今，逢坂嶺一直是日本列島的東半部進入畿內的入口。

從日本列島的東半部通往畿內入口的逢坂，就是長岡京及京都的鬼門。

❖ 桓武天皇的恐懼

七八四年，桓武天皇將京城從大和盆地——日本文明的發源地——的平安京遷往長岡京。長岡京位於桂川、宇治川、木津川三河所匯流而成的巨椋池畔。不僅水運發達、適合種植稻作，也受惠於淀川流域的森林。

雖然南邊門戶洞開，但那一帶的反對勢力已成功受到壓制，不會有任何威脅。在北邊和東邊則有屏風般相連的丹波山地和比良山地，是相當易於防守的地形。但是，在這個如同鐵壁的屏風中卻存在唯一漏洞，那便是位在東北方的逢坂嶺。

事實上，畿內東北方的反對勢力仍未平定。當地擅長弓術者依然跋扈，在他們襲擊京城的時候，必定會通過逢坂。當時，這些盤據東北、不服管東的人被稱為「夷」。松本健一認為「夷」一字是由「弓」、「一」及「人」所組合而成，字義為「射箭的人」。桓武天皇畏懼這些夷人。

為此，將京城遷往長岡京的那一年，桓武天皇隨即任命大伴弟麻呂為第一代征夷大將軍。一如其名，征夷大將軍就是「征討夷人」的大將軍。畏懼夷人的桓武天皇，派遣武士前往東北方征討夷人。此外，桓武天皇也畏懼敵人從逢坂嶺入侵長岡京，因此將逢坂設為「鬼門」，在逢坂一旁的比叡山上建造延曆寺，命令僧侶把守。此後，延曆寺的僧侶挾著武力守護京城，監視著從逢坂而來的入侵者。

❖──火燒比叡山延曆寺

自桓武天皇任命第一代征夷大將軍後過了八百年。這段期間，做為戰鬥集團的武士不斷累積自己的實力，而征夷大將軍這個稱號的意義也從討伐夷人變成武士的首領。之後，源賴朝成為征夷大將軍，緊接著繼承將軍職位的是足利家。後來日本便進入武士爭權的戰國時代。

一五六〇年，日本發生了震驚全國的大事。支撐著室町幕府足利將軍家、被視為擁有繼承將軍實力的今川義元，在桶狹間的山中遭擊敗，而且是栽在織田信長這位年僅二十六歲的年輕人手上。一五六二年，信長和德川家康結為同盟，統一濃尾、尾張一帶。一五六八年，信長以擁立有求於己的足利義昭為名而上洛[4]。同年，足利義昭就任室町幕府第十五代將軍。

一五七〇年，在姊川的決戰中，信長．家康的聯合軍擊退了控制琵琶湖勢力範圍的淺井．朝倉聯合軍。被擊潰的朝倉軍逃往越前，淺井軍則逃往小谷城。確認敵對勢力撤退後，翌年信長火燒比叡山延曆寺。據說，不僅僧侶，連女人、小孩都慘遭毒手，寺院在熊熊烈火中付之一炬。至於寺社被燒毀到什麼程度，仍有待討論，但信長摧毀比叡山僧侶集團是確實的。

為何信長會做出火燒比叡山延曆寺這種不畏神佛的事呢？

地形所見的歷史

關於信長火燒延曆寺的原因眾說紛紜。例如，因為延曆寺的僧侶決定支持淺井家，為了庇護基督教、僧侶破了佛道的戒律，所以信長決定予以懲罰，還有，信長為了將寺社的商業利益納入自己的口袋中，以及為了打破古代權力的象徵等等。

這些說法都是從人文社會的角度來闡述。從這個角度解釋人類的行為，是沒有標準的。一個人物有許多面向，如果我們聚焦在某一個面上，自然會忽略另一個面向。如果只著重自己所關心的側面，對特定人物的解釋就會產生死角。因為上述理由，人文社會領域中的討論不僅差異性大，也經常沒有結論。

然而，如果從地形、氣象這些支撐人類社會的下層結構來思考，事情就變得比較單純。藉由上述觀點，重新解讀過往由人文社會學科主導的歷史學後，可以提供我們一個簡單理解歷史的新角度。

在信長火燒比叡山這起事件中，留下了一個不解的謎題：為何信長要消滅僧侶？

如前所述，戰國時代的權力關係經常是以人文社會的角度來解釋。但不論是從權力的鬥爭，或是權力平衡關係的角度，都不足以說明為何信長必須屠殺比叡山的僧侶。依據權力關係的角度，信長只要與比叡山達成妥協，即可安定雙方的關係。但是，信長卻選擇徹底屠殺比叡山的僧侶。因為上述人文社會的觀點都無法解釋信長的行為，於是有人將這起事件的原因歸於信長泯滅人性。

若從地形的角度來看，便可輕易地解開這個難題。信長打從心底畏懼逢坂及比叡山的地形。在這樣的恐懼感驅使下，信長不得不徹底消滅比叡山的僧侶集團。

❖信長對地形的恐懼

從比叡山的位置，可高處向下俯瞰京城的入口逢坂。信長無法忍受比叡山及逢坂的地形關係。十六世紀，世界上最強的織田軍團就是如此忌諱逢坂的地形。

不管軍隊的實力如何強大，都無法在樹林茂密的山中發揮原有的實力。日本的山路十分狹窄，寬度大約僅能同時容納一兩匹馬。要越過這樣的山嶺，軍隊的隊伍就必須排成細長的縱隊。如果敵軍從側翼突擊主將所在的部隊、將隊伍截成兩半，軍隊便會失去作用。孤立無援的主將部隊便會輕易地崩潰。

歷史上有一個人最清楚這件事，那就是織田信長。在距離一五七一年的十二年前，信長以少數兵力，在桶狹間之戰中擊敗擁有大軍的今川義元。成為戰場的桶狹間位於山中，信長趁著今川的大軍行經桶狹間隊形散亂時，襲擊主將的部隊。

如果要在戰國時代稱雄，就一定要上洛。為了上洛，就得經過狹窄的逢坂嶺。在逢坂嶺中，比叡山的僧兵如猴子般在山中飛來遁去，隨時迎接入侵者的到來。

狹窄的逢坂嶺地形讓信長回想起桶狹間的情況，也使得信長因恐懼逢坂嶺而裹足不前。

❖比叡山的僧兵

一五六八年，信長擁立足利義昭上洛，正好是火燒比叡山的三年前。

歷史學家認為，信長之所以擁立足利義昭，是為了向其他大名誇耀實力。然而，在我的觀點中，信長因為比叡山的僧兵而如此做。對比叡山的僧兵來說，義昭既是人質也是擋箭牌。足利家是支持朝廷的名門望族，而信長便將與朝廷關係親密的足利家當做擋箭牌。

守護京城的比叡山僧兵也是朝廷的親衛隊。歷史上，不管哪支親衛隊的實力都是有增無減。比叡山的僧兵也一樣，後來壯大為一支勁旅。平安時代的白河法皇說過一句話：「世上不如意之物，鴨川之水、比叡山的山法師、雙六的賭局[5]。」一語道破比叡山僧兵的強悍。

在這群僧兵的監視下，信長以足利義昭為擋箭牌，順利地越過逢坂嶺，成功上洛。這趟旅程對信長而言，就如同通過僧兵的胯下一般。因為恐懼，信長舉步維艱。而這份恐懼感的來源，正是在桶狹間讓今川義元品嚐到的死亡恐懼。

信長控制琵琶湖後，理所當然立即將目標對準比叡山。信長的目的是，能自由地通行京城入口的逢坂嶺。火燒比叡山後，信長流放了足利義昭，徹底摧毀室町幕府。因為此時比叡山的僧兵已經被消滅了，路經逢坂時已無必要將義昭當做擋箭牌。

桓武天皇因畏懼夷人而創造了兩大武裝集團。一個是征討東北夷人的武士集團，另一個是看守和防衛京城的親衛隊——比叡山僧兵集團。八百年後，桓武天皇所催生的討伐軍首領織田信長，通過逢坂向京城進軍。信長因畏懼親衛隊所戍守的逢坂嶺，而裹足不前。

對信長而言，逢坂就是恐怖的鬼門。信長摧毀了守護逢坂這道鬼門的比叡山僧兵。火燒比叡山這一幕，讓天皇的親衛隊從日本歷史中遭到消滅，從此確立了往後日本文明史中，天皇的權威、武士的政治權力和宗教三權分立。

在寒冷的大津站月台上，我望向逢坂山和比叡山，在心中描繪這段故事。下一班電車即將到站，我再次回頭望向披著薄雪的比叡山。這幅景象中，比叡山就好像一位身披白布的巨大僧兵，狠狠地瞪著逢坂。

譯註

1 比叡山延曆寺為平安時代九世紀初，傳教大師最澄於京都東北邊的比叡山所建的日本佛教天台宗總本山。平安後期十一世紀起，延曆寺擁有眾多武裝化的僧兵，被稱為「山法師」，形成足以與崛起的武士集團相抗衡的一大勢力。（蔡錦堂註）

2 依據本章內容，為了守護長岡京，桓武天皇將延曆寺設在比叡山上，理由是為了防衛而非宗教。作者在此使用「鬼門」一詞，是表示過往人們以為延曆寺是為了鎮守平安京的鬼門而建立（宗教上的理由）。但事實上，延曆寺建於長岡京時代，當時是為了防衛用途而設立。因此，比叡山不是長岡京的鬼門，而是它的守護地。因此，這裡加上引號較能傳達出作者的意思。

3 畿內有令制下的山城、大和、河內、和泉、攝津國，大約在今日奈良縣全域、京都府南部、大阪府大部分與兵庫縣東南部。

4 上洛指的是前往京都的意思。現在日本仍使用「上京」一詞，指的是前往東京的意思。

5 雙六是日本奈良時代即有的室內遊戲之一，依擲出骰子的點數，按木盤或紙張上的圖繪進路移動棋子，類似大富翁遊戲。（蔡錦堂註）

第3章

賴朝為何將幕府設在鎌倉？

日本史上最狹小的首都

源賴朝是第一位在日本社會中奠立武士權力的領袖，但他也是歷史上最難理解的領袖之一。其中最令人費解的是，為何他要退守[1]鎌倉？賴朝擊敗宿敵平氏後，得到完全的權力，被任命為征夷大將軍。即使如此，賴朝仍將幕府設在鎌倉，並且「窩」在那裡。從當時朝廷所在的京都來看，鎌倉位於箱根以東，是一塊化外之地。

歷史學家認為，賴朝是為了掃除平家的殘餘勢力及鞏固防守，才將據點設在鎌倉。事實上，平家勢力已在壇之浦戰役中瓦解，顯然缺乏對源家反擊的力量。在這種情況下，說賴朝為了防禦平家來襲而窩在鎌倉，不免言過其實。賴朝究竟在畏懼什麼？

只要比較平安京和鎌倉這兩座都市，自然能從賴朝的恐懼中看到新的歷史故事。在這個故事裡，我們會看到都市的興亡與基礎建設息息相關。

時隔二十年，我再次與朋友一同前往鎌倉。我們前往山上而非市區，在那裡可以俯瞰整個鎌倉市和太平洋。下車後，我們便往山頂走去。一路上，我對覆蓋著山間小徑的濃密常綠樹感到驚訝。若要我穿過這片森林直接走到市區，我還真的有些猶豫。原來鎌倉山中的樹木如此茂盛。

這樣的景象讓我再次感受到，除了層層環繞的山地地形，濃密的常綠樹林也是鎌倉在軍事防衛上的地形優勢。

❖一個關於鎌倉的疑問

在山頂上，住在湘南的朋友向我介紹鎌倉。我原本對賴朝的鎌倉幕府雖不太感興趣，但在朋友的說明中，我特別在意這段話：「賴朝自由往來於三浦半島和房總半島之間。」賴朝應該是被流放到伊豆的島嶼，但他怎麼能輕易離開島上，自由地來往於三浦半島和房總半島之間呢？

這位朋友不是信口雌黃之人，這也讓我特別在意而開始調查賴朝。其實我對於賴朝一直有個莫名的疑問。一一五九年平治之亂中，賴朝的父親源義朝敗給平清盛，在往東逃亡的途中遭到殺害。被抓到的賴朝雖保住性命，卻被流放到伊豆的島嶼。

成年的賴朝向平家舉兵，在弟弟源義經的協助下打敗了平家。在「建個好國家吧，賴朝先生」[2]的一一九二年，賴朝受命為征夷大將軍，從此開啟了日本史上第一個武家政權——鎌倉幕府。七年後，賴朝死於意外墜馬。對於源賴朝這個人物，我所知僅止於這些學校所教的知識。

我不覺得源賴朝是個富有魅力的人物。賴朝不僅猜忌心很重，在沙場上也沒什麼豐功偉業。不但不信任對平家征討有功的弟弟，還用計陷害他。因為缺乏對賴朝的認識，我也就擱置一個無意間浮上心頭、關於賴朝的疑問：「為何賴朝要將幕府設在鎌倉？」

❖——伊豆的小島

回到東京，我試著在圖書館和網路調查賴朝和鎌倉幕府的資料。這時我才發現，原來我對賴朝流放到島上這件事情誤解了近四十年。

源賴朝在年少時曾被流放到「伊豆的島」。這個知識是在學校裡學到的，手邊的書也這樣寫。我擅自將那座「島嶼」[3]想成伊豆諸島中的某一座島嶼，認為那是一座漂浮在太平洋上、遙遠的離島。從此以後，我便未再深入思考這個問題。但這是一個天大的誤解。

賴朝被流放到的小島，是一個名叫「蛭之小島」（蛭ヶ小島）的地方，名字上確實有「小島」兩個字。然而，這座「島」[4]位在一個名叫韮山町的地方。韮山町？我在意地翻開地圖調查一下。沒想到韮山町居然位於伊豆半島的正中央。

於是，隔週週末我開車前往伊豆。出了東名高速公路[5]沼津交流道後，駛入一三六號線，往南開約二十分鐘便可看到狩野川，在狩野川之前是韮山町。在開往韮山町的路上插著一個看板，上面寫著：「歡迎來到賴朝之地——韮山町」。

看來賴朝的確被流放到韮山町，「蛭之小島」則是韮山町附近的地名。這裡根本就不是浮在海上的小島！而是在周圍環繞山巒的伊豆半島內陸地區。我環顧四周草木蓊鬱的山巒，低聲自語：「原來是這樣啊。」

從前南北貫穿伊豆半島的狩野川沒有固定的流向，因此在狩野川的下游形成許多沙洲。根據這些沙洲自古遺留下來的地名，有的取名為大蛭、子蛭、和田島等，其中一個沙洲名為「蛭之小島」。這個「蛭之小島」不是島嶼，而是一個帶有「島」字的地名。

雖然我確實粗心大意，但產生這樣的誤解卻非我個人的責任。我想，任何人聽到「被流放到伊豆的島上」，都會想成伊豆諸島的某座島嶼。事實上，賴朝是住在溫暖舒適的伊豆半島上。

❖——往來於海上的賴朝

從十四歲到三十四歲的二十年間，賴朝都住在伊豆半島的韮山町。發現這樣的事實後，從前關於賴朝知識中模糊的部分也就逐漸明朗了。

賴朝待在伊豆的時間，正好是平家的全盛時期，這個所謂「只有平家才是人」的時代[6]。源家是平家唯一的敵人，對於賴朝的監控也就特別嚴密。以前我一直以為賴朝待在海上的孤島，過著無趣的生活。但當我來到韮山町，卻看到了與想像中截然不同的賴朝的青春年代。

韮山町位於伊豆半島的中央，其西邊可清楚看到從沼津延伸到駿河灣的東海地區。平家的監視似乎對韮山町的西邊較嚴密。另一面，韮山町的東邊——伊豆和箱根的山巒如屏風般相連。越過遮住視野的伊豆山巒，便是熱海和伊東。更前方則是廣大的相模灣。乘舟的話，大概日落前可從熱海、伊東抵達三浦半島，而三浦半島到房總半島的距離近在咫尺。現在也有郵輪航行於久里濱和富津市金谷港之間。當時如果乘舟，大概要兩三小時的航程。

翻越到伊豆山的東側，平家監視的力量便驟減了。如同為我導覽鎌倉的朋友所言，在那二十年間，賴朝自由地往來於三浦半島和房總半島之間。此外，三浦半島有地方豪族三浦氏，房總半島有豪族千葉氏，兩個豪族是賴朝起義的盟友，直到最後都是賴朝的心腹。這樣深厚的友誼，或許是賴朝生活在伊豆的二十年之中建立的。

圖①　關東地區的半島

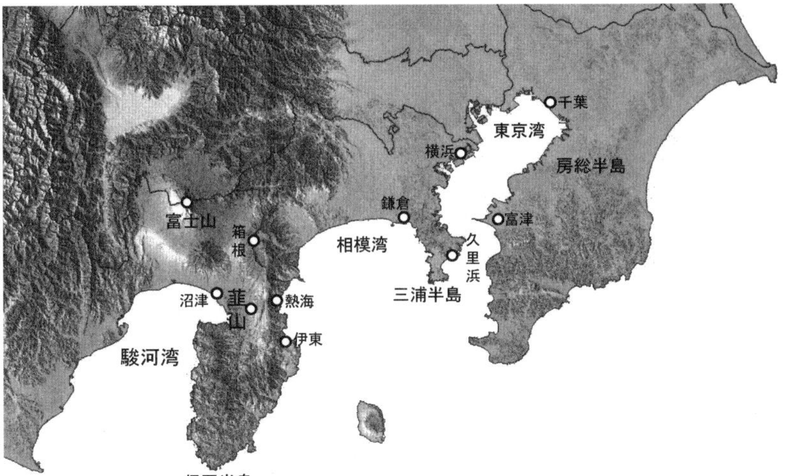

元図提供：国土交通省国土地理院
図面編集：山口 将文

原圖：國土交通省國土地理院，地圖文字編輯：山口將文

賴朝在充滿陽光且氣候溫暖的伊豆、三浦、房總半島上，度過一段健康而幸福的日子。圖①是關東地區的半島位置關係圖。

銅牆鐵壁般的鎌倉

一一八五年，源氏在壇之浦戰役中消滅了平家的勢力，從此賴朝成為武士集團的首領。但是賴朝沒有離開關東。一一九二年，被任命為征夷大將軍的賴朝，仍繼續住在關東，沒有前往京都。為何賴朝要將根據地設在鎌倉？

「鎌倉是易守之地」這個說法確實無誤。鎌倉背後的山巒形成如銅牆鐵壁般的天然屏障。要進入鎌倉，就得開闢山路。覆蓋群山的常綠樹，即使入冬也不會落葉，一年四季都保持綠意盎然的樣子。因此，軍隊想避免開闢山路而選擇從森林入侵鎌倉，也是不可能的。

此外，鎌倉面向的海也是一面屏障。廣布於鎌倉前方的，是名為由比濱的海岸。這個海岸是極為廣闊的淺灘。這是個安全的海灘，每到夏天就有許多人攜家帶眷到這裡遊玩。

事實上，這片廣闊的淺灘也是防衛上的鐵壁。船運是當時運送大批武士最有效的方式。然而，從船上卸下武士時，靠岸的地方是岩石還是海灘，是至關重要的問題。對登陸的武士而言，廣闊的淺灘是地獄。因為當水深不足一公尺時，船底會因碰觸到海灘而無法前進，這時武士就得跳進海裡行走。揹著裝備在水深一公尺、海浪拍岸的海邊行軍，是非常辛苦的事，同時也會成為弓箭手的標靶。武士就這樣毫無防備地遭受弓箭的射擊，不是在上岸前全數遭殲滅，就是全身濕透地上岸，連刀都無法拔出鞘，更遑論戰鬥了。

因此，這個看似平靜的廣闊淺灘，在軍事上是堅固的要塞。當我們談到鎌倉易守難攻，經常會提到鎌倉背後的山巒地形，而廣闊的由比濱淺灘卻常被忽略。如前所述，鎌倉在防禦上擁有極大的優勢。但做為首都，鎌倉卻有致命的缺點，即土地「狹隘」且距離京都「遙遠」。

圖②　鎌倉幕府想像圖（摘自MakabeAkio的首頁）

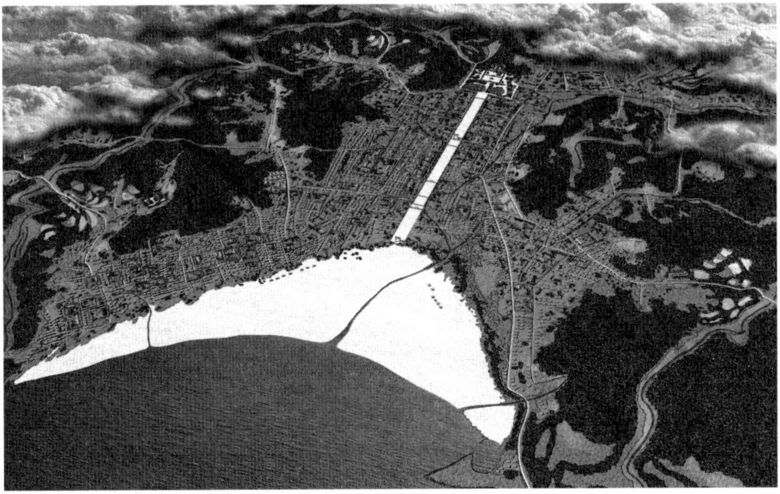

足不出戶的賴朝

鎌倉不僅腹地異常狹小，距離朝廷所在的京都也非常遙遠。當日本史出現「最狹小的首都是哪個」的問題時，我想大家都會輕易地答出「鎌倉」。雖然卑彌呼的邪馬台國的位置還未定論，但還是比鎌倉大一些。

鎌倉不僅狹小，而且是一塊無法向外擴展的土地，賴朝的問題便是在這狹隘的土地上設立幕府，據說住在鎌倉的人最多也不過三萬人。圖②是從高空俯瞰鎌倉幕府的想像圖。

此外，鎌倉距離京都非常遙遠。不僅遙遠，沿途還得翻越箱根山。由於中間隔著箱根山，從關西送來的情報便大幅減少。歷史上，從未聽說國家的中心都市設在情報難以流通的地理位置。

賴朝將幕府開在這個極其狹隘且偏僻的鎌倉，與其說賴朝是為了治理天下而將統治據點設在鎌倉，不如說他是窩在鎌倉這個銅牆鐵壁般的都市。歷史學家說：「因為平家的勢力仍隱藏於各地，所以將據點設在鎌倉來鞏固防守。」然而，賴朝所待的鎌倉也實在太狹小、太偏僻了。

雖然我說「賴朝將幕府開在鎌倉」，但這是不正確的。「鎌倉幕府」這個說法其實始於江戶時代，此前鎌倉的人從來未將自己稱為幕府。雖說賴朝受命為征夷大將軍，但當時這個稱號也僅是武士集團的首領，身負朝廷賦予的打擊東「夷」的任務。這和一六〇三年家康所獲得的征夷大將軍，在意義上是不同的。到了家康的時代，這個稱號才成為具有壓倒性權力的象徵。

當時賴朝成為東邊武士集團的首領，我想他壓根沒有控制天下政權的意圖。賴朝待在要塞都市鎌倉，像有所畏懼般足不出戶。為何賴朝要窩在鎌倉呢？

❖——忐忑不安[7]的賴朝

賴朝究竟在害怕什麼？平家的殘餘勢力？或是其他豪族？

在壇之浦戰役中，平家滅亡了。平氏的殘餘勢力四處逃竄，不可能再聯合起來。平家滅亡後，沒有任何豪族擁有和源家對抗的實力。源家手上握有壓倒性的軍事力量是不爭的事實。

歷史學家所謂「為了應付平家殘餘勢力，所以將據點設在鎌倉以鞏固防守」之說，我無法接受。

若以軍事上的理由來看，賴朝終其一生信賴的三浦氏所坐擁的三浦半島，與千葉氏所在的房總半島之間——也就是今天的京濱、京葉一帶——應該是最合適的位置。這個地方有橫濱的丘陵和川崎多摩、千葉的台地。不僅腹地比鎌倉大，交通也更為便利。如果據點選在上述地點，賴朝不僅能增強作戰所需的兵力，也能累積稻作的收穫量、獲得治理天下的情報，並擁控制制海權的戰略港灣，可說具備了優於鎌倉的條件。

在關東生活二十年的賴朝對關東瞭若指掌，但他最後卻特別選定山海圍繞且最狹小的鎌倉。掌權者如何選擇根據地，是個有趣的歷史問題。從根據地的選擇上，我們可以一窺掌權者內心的想法。另外，不僅要關注現任的掌權者，我們也要看看前任掌權者如何選擇根據地，因為新的掌權者必定會仔細觀察前任掌權者的行為並從中學習。

對賴朝而言，前任的掌權者是平家，而平家政權的根據地是京都。於是賴朝避開京都，將根據地設在鎌倉。當考慮鎌倉為何會成為根據地時，以平家政權的據點京都做參考，似乎是不錯的選擇。歷史學家認為賴朝避開京都的理由是「賴朝厭惡與朝廷的合作關係，若待在京都就會變成朝廷的傀儡，所以討厭京都的賴朝選定鎌倉為根據地。」

但是，對賴朝這種經過流血鬥爭而奪取政權的現實主義者來說，他會因為上述那種情緒性的理由而厭惡京都嗎？我無法接受歷史學家的說法。不過，針對上述觀點，即使想提出反駁也相當麻煩。因為那是賴朝心中的想法，並未留下任何證據。沒有證據，便無法明確地反駁對方的論點。因此，我從地形、氣象和基礎建設的角度來提出具體的解釋。

❖──平安京的祕密

從基礎建設的角度，可以清楚看到賴朝討厭京都的理由──「當時京都的衛生狀況十分惡劣，連賴朝都無法解決，因此他討厭京都。」一七九四年，桓武天皇在京都蓋了平安京。平安京仿照唐代的長安而建，是一座東西寬四．二公里，南北長四．九公里的人造都市。這個平安京究竟住了多少人？

無數人進入了平安京，有武士、商人、工匠和無業遊民。「只要來到京都，總會有辦法。」抱著這樣的想法，來自各地的人聚集在京都。只要是首都，無論在什麼時代、什麼國家都會面臨到這種難以應付的狀況。雖然各種文獻的記載有所出入，但根據估算，平安京大約有二十萬居民。我們試著計算看看平安京的人口密度吧。

由於沒有明確的資料，因此無法確定平安京周圍人口所居住的範圍。我以京都盆地的大小和鴨川、桂川的位置為基礎，假定以平安京兩倍左右的大小為居住範圍。以上述的數據計算後，平安京的人口密度大約是每平方公里四千九百人，人口密度非常高。現今東京都的人口密度是五千五百人，大阪府則是四千七百人。

當鎌倉幕府開府時，平安京已經建立近四百年。平安京湧入大量人口，近郊地區變為貧民窟，衛生環境非常惡劣。雖然現今東京和大阪的人口密度同樣非常高，但這兩大都市背後有基礎建設的支撐。水道和下水道的普及率接近百分之百，街區規劃與住宅供需制度也非常完善。然而，當時平安京還沒有水道和下水道。對平安京的居民而言，鴨川既是水道也是下水道。何止是下水道，鴨川甚至可說是垃圾處理場和遺體棄置場。

其周圍森林的樹木因做為燃料而遭大量採伐，山頭逐漸荒蕪。依每人所需的燃料和房屋耗材來推斷，每人每年平均消耗十到二十棵樹木。如果依照平安京的二十萬人口來計算，那麼一年至少要採伐兩百萬棵的樹。經過四百年後，平安京周圍的山都變得光禿禿。每逢降雨，附近的居民便擔心河川氾濫和土石流。

變成貧民窟的平安京，每年幾乎都有傳染病蔓延。許多人因水痘、霍亂、痢疾、咳嗽而過世，鴨川上遺體堆積如山。鴨長明的《方丈記》也記載，有四萬兩千三百人因瘟疫而死亡。二十萬人規模的都市出現四萬名死者，可不是件小事情，由此可知平安京的衛生狀況之惡劣程度。最初，優雅的祇園祭其實是為了去除瘟疫。

❖——名為傳染病的敵人

年輕的賴朝自由地在伊豆半島、三浦半島和房總半島之間穿梭，而成長茁壯。在這二十年間，賴朝的生活十分健康：在船上吹著海風，膚色被太陽曬得黝黑，爬上伊豆和箱根的山來鍛鍊雙腳和腰部；享用山珍海味，與三浦氏和千葉氏把酒言歡；談個戀愛，泡溫泉來療癒身心。

這不僅是人生中的二十年。十四歲到三十四歲這段人生最多愁善感、人格形成上最重要的時期，賴朝都住在這個陽光和煦之地。在身心上，賴朝是一個標準的湘南男孩。見到京都不衛生的慘狀，他皺起了眉頭。在京都這個瘟疫蔓延、飄著屍臭的骯髒都市，不只是水和食物，連吸入的空氣都相當危險。賴朝所畏懼的，正是這個既不衛生又瘟疫蔓延的京都。

威脅賴朝生命的疾病遂成為他的「敵人」。疾病這個看不見的敵人，是無法以軍事力量、財富和情報量擊退的。於是，害怕疾病的賴朝將自己關在鎌倉——這個銅牆鐵壁般的都市。

鎌倉的防禦價值在於阻擋飢餓的流民。少了流民，人口自然不會增加。賴朝絕不會讓鎌倉成為不衛生的都市。因此，鎌倉狹小的腹地成為優點，廣闊的土地是多餘的。賴朝想將這個腹地狹小的鎌倉從惡劣和不衛生的環境中守護給世人看的信念，也可說是鎌倉這個都市的本質。

鎌倉不僅具備成為要塞的條件，也設有給少數人生存下去的基礎建設。鎌倉的山巒提供清淨的泉水，豐富的森林提供食物和燃料，廣大的海洋提供海鮮的食材，而打上岸邊的波浪則為人們處理排泄物。鎌倉可容納三萬居民，在此安居樂業。於是，賴朝將自己關在「安全」、「水」、「食糧」、「能源」、「清潔」都無慮的鎌倉。

賴朝遭到謀殺

平家將根據地設在京都，掌握權威和權力。雖然賴朝掌握權力，但卻不打算進入京都將權威弄到手。賴朝將自己關在不會擴張、既安全又乾淨的鎌倉。朝廷所授予的征夷大將軍頭銜，對賴朝來說可能只是個讓人心煩的累贅。

但是，賴朝的「宅生活」[8]沒有持續太久。一一九九年，賴朝因不明原因死去。傳說是落馬，但我覺得從賴朝的「宅生活」來看，這肯定是一起謀殺案。兇手是誰？答案非常明顯。那就是鎌倉武士心中對權力無限擴張的慾望。賴朝心中所渴望的「宅世界」，在膨脹的權力慾之前簡直不堪一擊。對稱霸武士世界的鎌倉武士而言，賴朝這個總大將實在是「太宅了」。於是「阿宅」大將軍成了武士集團的眼中釘，究竟是誰動手暗殺，已經不重要了。

這群想不斷擴張的武士集團消滅了賴朝。在這之後，武士集團即不斷以京都為擴張目標，最後日本進入了戰國時代。武士集團完全獨立於權威的京都，則要等到德川家康登場，其間經歷了四百年的時間和無數人的犧牲。

德川家康是最勤奮向歷史和古人學習的武將。不像豐臣秀吉那樣完全模仿織田信長的作風，家康向信長、秀吉學習，也向賴朝學習。他從賴朝身上學到了權威和權力分離的重要性。換句話說，從賴朝的鎌倉幕府這個前例中，家康學到在離京都遙遠的江戶設立政權之道。

權威者不掌握權力，權力者不顛覆權威，「權威和權力分離」在家康手中完成。一百四十年前的幕末，日本從封建社會成功地轉向民族國家，過程中能避免流血革命，關鍵便在於「權威和權力分離」。

這個想法的原點便是賴朝。窩在既安全又衛生的鎌倉，賴朝這個湘南男孩身上的個人特質，成為「權威和權力分離」這個史無前例、日本獨特社會體制的遠因。

譯註

1 在此作者以「閉じこもる」一詞形容源賴朝。不論恰當與否，作者顯然想藉此一詞彙表現出「宅」的意思。現在日本常用「閉じこもる」、「引きこもる」等字眼來形容尼特族（終日無所事事的青年族群）。作者藉由這樣的文字遊戲，表現出源賴朝不離開家、足不出戶的心態。

2 此話為日語中一一九二年的諧音，是日本考生必背的考試口訣之一。

3 加上引號，因為這不是真正的島嶼。

4 同前註。

5 從東京到名古屋的高速公路。

6 此說法來自時任權大納言、平清盛的小舅子平時忠，原文為「平氏にあらざれば人にあらず」，意為「非平氏者非人也」。

7 此處原文是「恐れる」，這裡使用「忐忑不安」一詞，較能傳達原文的意思。在原文中，源賴朝似乎畏懼著什麼，才會選在鎌倉開府，「忐忑不安」能充分呈現源賴朝的心思。

8 參見註一。根據語意，使用「宅生活」並以引號標示，較能貼近作者想表達的意思。

第4章

蒙古軍真正失敗的原因是什麼？

拯救日本的「爛泥」土壤

世界史上有文明誕生，也有文明逐漸衰敗。已故的美國國際政治學者杭亭頓（Samuel Huntington）曾表示：「世界史上只有五個文明延續下來，分別是歐美文明、伊斯蘭文明、中國文明、印度文明和日本文明。」

上述文明中，唯有日本文明是唯一沒有遭受侵略而延續下來的文明。在十三世紀，日本曾險遭侵略，入侵者是來自歐亞大陸的蒙古帝國。歷經兩次蒙古人的入侵，日本總算擊退了蒙古大軍。為何世界上最強大的蒙古軍入侵日本時，會以失敗收場？

許多歷史學家分析蒙古人的入侵，都得到一致的結論：「蒙古軍的船隊因遭遇暴風雨襲擊而毀滅。」暴風雨這個氣象因素是最直接的原因。氣象非人文社會的領域，因此不會有爭議。那麼，為何蒙古軍會如此容易被暴風雨擊潰呢？很少人會這麼問。當我們仔細觀察戰場的地形，就可以輕易地解開這個問題。

某次，結束和中國政府的國際會議後，我準備搭機返回日本。抵達北京機場時還有些空閒時間，我就在裡頭閒晃。逛到書店時，我注意到一本《繪畫中華文明史》。這是一本適合孩童閱讀的繪本，裡頭介紹了石器時代至今的中國文明史。隨手翻了一下，雖然我不懂中文，但光看圖片就十分有趣。

當我翻到其中一頁，手停了下來、眼睛緊盯著某張圖片。那是一幅十三、十四世紀成吉思汗進軍的圖片。買了這本繪本後我朝登機門走去。飛往成田的航程中，我不斷仔細審視這張圖。當我鬆了一口氣，同時又再次陷入另一段沉思。

沒有輪式車輛文明發展的日本

西元前，羅馬帝國整備了亞壁古道。在這個壯觀的道路基礎建設上，羅馬人駕馭著以四頭牛拉動的牛車，在道路上奔馳，往後西歐文明的發展便倚賴道路交通網的支撐。各地的都市都位在道路交通網中，在那裡進行人和物的交流。在蒸汽火車頭誕生前兩千年，牛馬始終是支撐都市間交通的動力來源。

在車體技術發展的過程中，搭乘的舒適度逐步地改善，例如彈簧的發明、懸吊系統的改良、車頂的設計、椅子舒適度的提升。車子是西歐文明發展的原動力，在重視「輪式車輛文明」（譯按：以下以車輛文明代稱）的西歐，車子所需的道路網當然也十分發達。二十世紀西歐社會的車輛文明，可以說奠基在兩千年的歷史基礎上。

但在日本，車輛不僅沒有進化，超過千年的歷史中，道路整備的進展也是一片空白。為何日本人無法發展出車輛文明？為何日本的道路整備進度會落後？面對以上的問題，當我看到梅棹忠夫的一段話：「日本人不幫家畜結紮。」我便開始建構某個假說。

視牛馬為家族一份子的日本

彌生時代後，從中國大陸過海傳來許多文明的產物，當然也包含牛車。羅馬人和中國人等大陸民族會幫牛馬結紮，將牠們徹底當做動力來使用。當然，結紮技術也傳到了日本，但日本人不幫牛馬結紮。日本人為牛馬取名字，並把牠們視為家族一份子來對待。我們當然不會讓自己的家人動結紮手術。

如果拉動牛車的牛未經結紮手術，就會性情暴戾，任其在人群裡行走相當危險[1]。在平安繪卷裡出現的牛車，有三分之一處在失控的狀態。圖①呈現出六個人勉強駕馭一台一頭牛所牽引的牛車的樣子。

在平安時代的繪卷裡登場的牛車，到了以十七世紀前半葉為背景的江戶圖屏風[2]卻不見蹤

圖① 年中行事繪卷（部分）

田中家收藏，中央公論新社提供

跡。日本人無法成功地將牛馬當成車子的動力來駕馭。車子失去動力，也就逐漸從日本文明中消失；沒有車，自然不會進行道路整備。

根據我自己的假設，日本文化中不幫牛馬結紮，就是一千年來日本車輛文明發展停滯，以及道路未進行整備的原因。（《解開日本文明之謎》，清流出版社，二〇〇三年十二月）。

駕馭牛馬的民族

事實上，這個假說有一個問題。我盡可能地調查日本國內的牛車，但我卻無法調查歐洲與中國大陸民族的牛馬畜牧文化。當時我僅憑著傳言和自身的知識，即斷言：「歐洲及中國大陸的民族為了完全控制牛馬，因此幫牠們結紮，以便做為車子的動力來使用。」

圖② 摘自《繪畫中華文明史》

（繪畫：邵學海，刊載於湖北教育出版社）

這個問題大約自此埋藏在我內心某個角落，直到在北京機場看到這幅畫，這個問題又立即浮上心頭。圖②便是該圖。這幅圖表現出蒙古軍行軍時的壯麗。橫排有十一頭牛並行，前後總共兩列，成吉思汗所在、做為指揮所的蒙古包則由二十二頭的牛隻牽引。牛群由兩名持鞭的人控制，在牛車周圍，持槍的騎兵團整齊地行軍。

蒙古軍能完全控制大量的牛群，這是日本人無法想像的事。看了這幅畫，我更加確信大陸民族和日本人對牛馬抱持著不同的態度。他們徹底地控制牛馬，讓牠們成為車子的動力。車輛文明就在這樣的文化背景下誕生，道路也逐漸被建構起來。

我的假說是正確的。這就是我看到這幅畫後鬆了一口氣的原因，但這份安心感只持續了兩、三分鐘。這幅畫實在過於強烈，強力地刺激我的大腦。

大陸的暴力

這幅畫直接傳達出北方遊牧民族暴力的特性。當北方的大地陷入饑荒時，北方騎馬民族就會向南進攻。無人能逃過他們猛烈的攻勢，一切事物都被燒盡、屠殺和掠奪。

我能切身感受到漢人被侵略的痛楚。就是這股來自對暴力的恐懼感，驅使著漢人打造壯觀的萬里長城。日本與中國的情況相反。日本從未遭受暴力的侵略，雖然在中國大陸曾發生各式各樣的暴力，並不斷重複上演著侵略與支配的戲碼，不過日本文明卻免於遭受侵略。

日本文明從未遭受侵略的理由非常明顯，因為日本是一個島國。日本列島在地理上遠離中國的暴力。即使距離中國大陸最近的對馬海峽，也有兩百公里遠。況且，對馬海峽的海流湍急，從中國大陸運送軍隊是一件不容易的事。

十三世紀能將蒙古軍擋在咫尺之外的原因，就是對馬海峽。我如此認為，也寫成了文章，但這個理由仍有些不足之處。看到這幅畫後，我腦海中誕生一個關於中國和日本的新故事。

❖──動彈不得的蒙古軍

在文永之役（一二七四年）、弘安之役（一二八一年）兩次蒙古軍來襲的戰役中，白天裡蒙古軍上岸和日本軍開戰，到了夜晚則回到船上夜宿。正因為如此，當暴風雨來襲時，士兵便隨著船一起葬身海底。這件事成了致命傷，蒙古軍也就吃了敗仗。

《逆．日本史》的作者、已故的歷史學家樋口清之先生認為，蒙古軍敗退的理由是「黑斑蚊」。換句話說，乾燥的歐亞大陸上沒有黑斑蚊。初次遭遇黑斑蚊的蒙古軍因不堪其擾，於是睡在船上。「勇猛的蒙古軍卻對黑斑蚊毫無抵抗之力。」這可說是一個充滿樋口老師幽默感的解釋。但觀察圖②的蒙古軍便可以發現，他們在日本國內遭遇到前所未有的困境。

蒙古軍擁有的壓倒性強悍，來自縱橫大地的騎兵團和牛車隊，但蒙古軍所依賴的牛馬動力在日本卻無法發揮作用。負責將士兵和物資運往戰場前線的牛車隊，以及突入敵陣的騎兵團都因而癱瘓。

能讓牛車隊和騎兵團一展長才的是無盡的大地。日本列島上有這樣的大地嗎？日本沒有如圖②中蒙古軍的牛車群行軍的乾燥大地，日本只有滿是泥濘的土地。

❖ 布滿「泥」和「綠」的國土

日本列島也有平地，但過去那些平地都沉在海底或湖底下。日本列島布滿群山、地質相當脆弱，每逢降雨，傾斜的部分便會坍方，砂土隨之流進河川之中。在河川搬運下，砂土在河口和窪地堆積，逐漸形成沖積平原。沖積平原的排水不佳，只要一下雨，便會變成泥濘的土質。

日本位處降雨旺盛的季風氣候，平地幾乎是排水不佳的濕地。蒙古軍朝福岡進攻，隨即被困在福岡這塊排水不佳的泥巴地當中。素以牛馬突擊聞名的蒙古軍，在此刻成了縮頭烏龜。

福岡其實也有乾燥的土地，但那是起伏劇烈的山丘地帶。此外，山丘上的森林「綠意」茂盛。生活在草原和沙漠中的蒙古軍不曾體驗這種「綠意」。蓊鬱的「綠意」成為蒙古軍進軍的障礙。日本武士的戰法是，躲在山林的暗處，趁著敵人大意時，從樹林裡偷襲。襲擊後便如螞蟻般穿梭於泥濘的農間小徑中。

失去牛馬動力後，手足無措的蒙古大軍也只能睡在船上。這就是根據日本的氣候和地形所描述蒙古軍敗退的說法。不僅蒙古軍，連日本人自己也放棄陸路、改走水路，理由也是「泥質」土地。

圖③　東海道五十三次

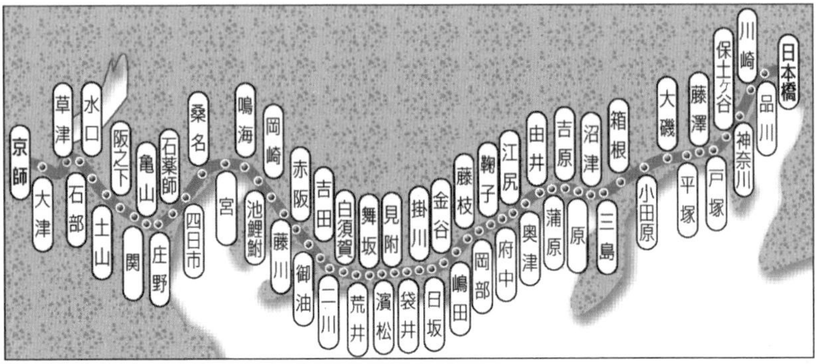

❖東海道是條海路

在江戶時代，幕府制定了一條連結江戶和京都的東海道。從品川到大津，沿途經過五十三個宿場[3]。宿場是為了參勤交代[4]的大名而設立的，裡面設有大名入住的本陣[5]，也有大名準備人員和馬匹的問屋場[6]。隨著道路和宿場設備的完善，庶民也開始利用東海道，東海道便逐漸成為江戶文化交流的動脈。

東海道是供人行走、不適合牛馬奔馳的道路。它的路徑規劃也不是兩個目的地之間最短的直線距離，而是設在降雨後不易淹水、蜿蜒的微高地形上。在這條東海道上，有兩個宿場是由海路連結，地點位於第四十一站的「宮」與第四十二站的「桑名」之間。從熱田神宮所在的「宮」到「桑名」，大約七里（約二十八公里）的航程，因此這條路也被稱為「七里渡」。圖③標示了東海道宿場。

那麼，為何江戶幕府不選擇從名古屋出發，行經關原、琵琶湖的路線，卻設定從「宮」到「桑名」之間的海路呢？關於這個問題，出現許多理由，例如：為了讓御三家的名古屋尾張藩繞遠路、因為前往熱田和伊勢神宮比較方便……。雖然我無法以政治和社會的角度來考察上述選擇海路的原因，但能以地形的觀點提出自己的看法——選擇海路的理由，是因為無法越過泥濘的濃尾平原。

❖泥濘的濃尾平原

木曾川、長良川、揖斐川匯集了中部山岳地帶的雨水，一同流入濃尾地區。一六一〇年，入主名古屋城的德川義直在木曾川展開一項工程——將木曾川東側，也就是左岸四十八公里的堤防，蓋得比右岸來得高，後來被稱為守護尾張地區的「圍堤」。

橫跨美濃和尾張的濃尾地區，是排水機能不佳的木曾川沖積平原。即使在濃尾平原上完成了守護美濃、尾張地區的圍堤，但仍有許多不足之處。木曾川的洪水在圍堤的西側依舊氾濫，每當大雨來襲時，氾濫的河水就會改變河道。在河水氾濫處因無法排水，淤積後就會形成大規模的濕地。圖④是明治時期以前木曾川改道的地圖。

要越過這片泥濘的濃尾平原十分困難。因此，東海道理所當然要避開這一帶，而選定「宮」到「桑名」的海路路線。即使是日本人，都對這種泥濘的平原束手無策。就連最重要的幹道東海道也只能放棄陸路，改走海路。

圖④　堤防分布圖

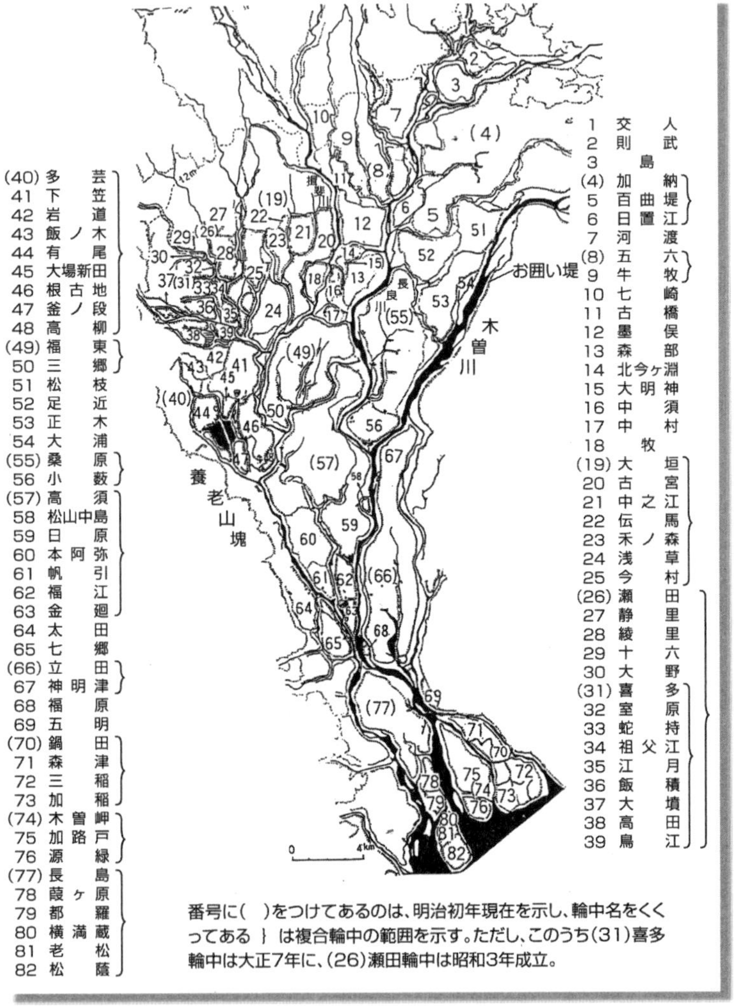

出典：安藤萬壽男編「輪中—その展開と構造」
（平成四年「長良川河口堰に関する技術報告」建設省河川局·建設省土木研究所·水資源開発公団）

編號加上小括號的名稱，表示明治初年以此名來代稱整併入其他堤防而形成的複合堤防，而被整併進去的堤防範圍則以大括號涵蓋。其中，（31）喜多輪中在大正七年、（26）瀨田輪中於昭和三年建成。引自：安藤萬壽男編，《輪中——其發展與構造》。（平成四年，《關於長良川河口堰之技術報告》，建設省河川局、建設省土木研究所、水資源開發公團）

蒙古軍不可能自由馳騁在日本泥濘的土地上。就是這泥濘的土壤將蒙古軍趕回海上，拯救了日本。

八世紀前處於同一陣線的日本和越南

二〇一三年，我受越南政府的邀請前往河內，對越南的行政幹部發表關於日本治水方法的演講，並且以此主題為基礎，雙方共同討論越南國土建設的未來規劃。之前我對於越南的知識只有越戰程度而已，因此行前必須學習越南的歷史和社會制度。此時我才知道，越南和蒙古之間爆發過激烈的戰爭。

過去越南和蒙古帝國陸路相連，也在一二五〇年代遭受蒙古軍的侵略。在日本發生文永之役和弘安之役期間，越南和蒙古野正展開第二次戰爭。越南人勇敢地以游擊戰對抗，繼第一次戰爭後，第二次戰爭也順利擊退蒙古軍。

一二八八年，在第三次戰爭的白籐江之役中，越南取得決定性勝利。當時的蒙古軍為了補給陸路的軍隊，派遣了巨大的船隊前往白籐江。在乾潮時，越南的英雄、指揮官陳興堂前往河口一帶，在河底打上了數支木樁，並在滿潮時誘導蒙古軍的巨大船隊進入河口地區。

滿潮時因為水位較深，船隻得以進入。但等到乾潮時，蒙古的船隊就會被卡在事先設好的木樁上，動彈不得。一待時機成熟，越南軍便展開游擊戰，燒毀巨大船隊，徹底擊退了蒙古軍。這次的戰果讓越南人打從心底感到榮耀。在越南的博物館中，也驕傲地展示了這場戰爭的相關繪畫及當時遺留下的木樁。

然而，我對這場戰爭有一點不明白，那就是「滿潮時將巨大的船隊引進河口，等到乾潮時再令其動彈不得」。我對於是否真的能如此順利地將巨大的船隊引進河口這件事感到懷疑。

不過，這個推理其實不難。因為有一群自由往來於中國東海上的民族。蒙古擁有強力的騎兵團，但對海上一無所知，必須要從朝鮮半島和對馬諸島徵召船隊和船員。那群人生活在東中國海上。當時朝鮮半島沿岸、對馬和九州北部沿岸、沖繩諸島、越南沿岸之間的海洋是沒有國界的。住在朝鮮半島沿岸和對馬諸島的人看到自己的海洋夥伴慘遭蒙古人蹂躪，便決定出手營救。

於是，住在東中國海沿岸的人們祕密地準備向蒙古人反擊。他們控制蒙古船隊，順利地將船隊引進滿潮的白籐江之中，讓船隊在乾潮時動彈不得。這就是白籐江之役的過程。在白籐江之役吃下敗仗後，蒙古軍不得不放棄對越南發動進攻及第三次遠征日本。十三世紀的日本和越南，藉由海洋組成了共同戰線，艱苦地從世界最強的蒙古軍手中取得勝利。

譯註

1 原文沒有「就會性情暴戾」這句話，經查證，結紮是為了讓牛的性情變得溫馴。若少了這句話，因果關係會不充分，因此加入。

2 繪有江戶風景的屏風。藉由此一屏風，我們可以瞭解十七世紀前半江戶的街景。

3 宿場相當於驛站的功能。

4 一六一五年，德川家康對大名頒佈「武家諸法度」的規定，包含了大名「參勤交代」的指示；一六三五年，江戶幕府第三代將軍德川家光對「武家諸法度」法條再予以擴張、完備。其中有關參勤交代部分，規定大名須將妻、子當作人質，使居住於大名在江戶的宅邸，並以每年四月為交換期，一半的大名須至江戶參勤（在府），一半回自己藩的領地（在國）。此即參勤交代制度化的開始，對後來日本的政經社會文化影響甚鉅。（蔡錦堂註）

5 江戶時代往來江戶與各地方陸路交通的五街道（東海道、中山道、甲州街道、日光街道、奧州街道）旅行途次，設有各種「宿場」（宿泊設施），其中以具有權威或地位高的旅行者，如大名、幕府官僚、朝廷敕使、公家等為對象所設立的高級宿場，即為本陣。（蔡錦堂註）

6 在五街道的宿場除了設有本陣等設施外，也設有提供從這個宿場到下一個宿場，搬運行李物品的勞動人力以及馱運人員物資的馬匹等運送業者，稱為問屋場。（蔡錦堂註）

第5章

半藏門真的是後門嗎？

德川幕府的百年復仇①

一五九〇年，德川家康因豐臣秀吉的轉封命令而進入江戶，當時隨行的武將中，有一位名叫服部半藏。靠近服部半藏寓所的門，也就被稱為「半藏門」。

這個半藏門是江戶城的後門，被認為是必要時將軍用來逃亡的緊急出口。半藏門確實位在繁華的日比谷、大手町的二重橋及大手門的相反位置上。此外，「半藏」這個名字也會讓人想起神秘的忍者。半藏門和甲州街道——也就是現在的新宿通——連在一起，把該門當做逃生用的後門，十分容易理解。但是，若將半藏門當做後門來看的話，在地形上會有許多無法解釋的情況。

例如，過去二重橋和大手門沉在日比谷出海口的海面下，是一塊只要降雨便會泥濘的低窪地；新宿通的左右側是向下傾斜的山谷地形，因此在地形上，新宿通是一條安全的山稜線。藉由上述的觀察，我推測「半藏門不是後門，而是正門」。

這是一場對江戶城地形所進行的小品推理遊戲。不過，在這個推理遊戲中，我被引進了江戶時代最大的謎團——「忠臣藏」之中。

既視感

我在（東京）皇居附近的千代田區麴町上班時，經常在護城河畔散步。在櫻花盛開時節的午間，當我邊散步邊眺望著位於皇居西側的半藏門時，突然產生某種「既視感」。

平時半藏門附近沒有什麼行人，只有繞著皇居周圍跑步的人偶爾會經過。半藏門的警官也一副閒閒無事的樣子。但是在這個櫻花的季節裡，附近卻呈現另一種樣貌。

午休時間，上班族的男男女女提著便當往半藏門走去。從霞關出來的公務員及從麴町、平河町來的上班族，大家都興致勃勃地前往半藏門前的千鳥淵公園，在那裡享用便當，短暫地賞個花。

當天，我從最高法院出來，朝著半藏門走去，途中經過內堀之坂。看到上述情景，我產生了某種既視感：「咦！這幅光景好像在哪兒見過？」這不是來自上個月或去年的記憶，是一種藏在深處、十分不明確卻又瑣碎的記憶。

我一定見過這幅光景，只是無論如何都想不起來。搖了搖頭，我便回到事務所。

一幅廣重的畫

兩週後，在銀座教文館畫廊中舉辦了「廣重『名所江戶百景』展」。於是我在週日興致勃勃地前往銀座。不管何時欣賞廣重[1]的作品，都十分有趣。江戶的風景和庶民的生活，在廣重的筆觸下以獨一無二的構圖呈現。我依序欣賞著廣重的一百一十九幅浮世繪畫作，並來到《糀町一丁目山王祭的列隊》這幅畫前面。

我突然停下腳步。「原來如此！原來就是這幅畫！」

原來這就是兩週前我在半藏門感受到的既視感。當時從記憶深處浮現的場景正是廣重的這幅作品。在山王祭，熱鬧的參拜隊伍不斷朝半藏門走去。這樣的構圖和當時那個午休興致勃勃的賞花人潮有異曲同工之妙。

這份既視感便是從前看過《糀町一丁目山王祭的列隊》的記憶，和現實的光景交錯而產生，難怪當時想不起來。因為這並非我實際體驗的光景，只是在展覽會或書本上，看過《糀町一丁目山王祭的列隊》所留下的記憶。

「看來我還沒犯傻。」獨自一人竊笑後，我重新將視線放在《糀町一丁目山王祭的列隊》。但當我看著這幅畫作時，臉上的笑容逐漸消失了。

這幅畫中似乎有什麼玄機。我將手插在腰上，再次認真地凝視《糀町一丁目山王祭的列隊》。這就是最初我解開「半藏門之謎」的瞬間。

❖——從半藏門外出的天皇陛下

「半藏門之謎」發生於數年前。當時我結束在半藏門附近舉辦的研討會，於歸途時選擇走千鳥淵公園往日比谷的路線。

當我準備通過半藏門的前方時，負責警備的警察強力地制止我。我詫異地抬頭一望，正好半藏門的門開啟，似乎是某個人物要出來的樣子。

和其他兩三位路人一起站在路上等候時，兩台轎車迅速地從半藏門駛出，我不經意地朝車內望去，結果在第二台轎車靠窗的位置上看到美智子皇后，也在一瞬間瞄到車內天皇陛下的身影。

更讓我驚訝的是，皇后也許是覺得讓我們這些行人等了好一會，當車子行經我們面前時，皇后輕輕地向我們打了招呼。萬萬沒想到皇后會向我們打招呼，於是我急忙地低頭回禮，不過轎車已朝著新宿通[2]馳騁而去。

我被這件意料之外的事情搞得緊張兮兮。隨後下了內堀之坂，但走在內堀之坂時，我心中浮現一個難以理解的疑問。

那個疑問便是：「為何天皇、皇后兩位陛下會從半藏門外出？」我沒料想到當時這個小小的疑問，之後會成為一個如此巨大的謎團。

❖──半藏門之謎

那年年底，我和曾經擔任宮內廳記者的朋友吃飯，藉著醉意我突然想起那天在半藏門所發生的事情，便向那個朋友問道：

「皇居的正門是哪個？」

「當然是二重橋。」

「那是公開活動用的門吧，平常的正門呢？」

「這樣啊，大手門吧。」

「但是兩位陛下會從半藏門外出喔。」趁著醉意我強硬地追問。

「這樣啊，話說兩位陛下會從半藏門外出……」面對我的問題，他略顯語塞。

在這次的對話中，我得知兩位陛下外出的門是半藏門。此時。我心中不確定的疑問變成強烈的疑團。「為何兩位陛下會從後門的半藏門外出呢？為何不是從正門的二重橋或大手門呢？」

皇居正門的二重橋在過年的一般參賀[3]或外國賓客訪問時才會使用，此外皇居還有另一個正式的門——皇居東御苑的大手門。雖然內閣的認證式[4]是在坂下門舉行，但各界的要人前往宮內廳訪問時仍走大手門。

我朋友會說以上兩個門是皇居的正門也是理所當然的事情。半藏門位於二重橋和大手門的相反位置上，在有關江戶的專書中，都將半藏門解釋為「逃脫用的門」。

一五九〇年，隨同德川家康一起進江戶的武將中，有一位名叫服部半藏[5]。在一五八二年本能寺之變時，服部半藏帶著當時待在堺市[6]的家康擺脫明智光秀的追兵，越過伊賀順利脫險。那是家康人生中最危險的時刻。當時家康完全將自己的性命託付給半藏。

家康的救命恩人半藏的寓所就蓋在這個門附近，因此這個門也被稱為「半藏門」。半藏門是江戶城通往甲州街道，也就是通往今天新宿通的門。

在五街道[7]之中，甲州街道有非常明顯的特徵。東海道、中山道、奧州道、日光街道，上述四條要道不會直通江戶城，只能斜望著江戶城進入江戶市區。在五街道裡，只有甲州街道能直通江戶城。

「半藏」這個名字會讓人想起充滿謎團的忍者，以及被設置為江戶城直通甲州街道的門，這兩個理由讓半藏門被認為是緊急逃生門。

「這是一個位於二重橋和大手門相反位置的門」，「半藏門是逃脫用的門」，不管哪個特徵都給人後門的印象。而天皇、皇后就走這道後門，為何兩位陛下會走後門？

這是一個敏感的問題。因為沒有人可以詢問，這個謎團便如同一顆大石深深地沉入我的心底。

❖——半藏門的土丘

我懷抱著這個謎團，將視線置於《糀町一丁目山王祭的列隊》[8]這幅畫的「半藏門土丘」上。圖①就是廣重的《糀町一丁目山王祭的列隊》。

一四七八年山王神社為太田道灌所建，德川家康將其視為江戶城的守護神而隆重祭拜。後來因為在明曆大火中被燒毀，山王神社轉移到赤坂，現在則被稱為日枝神社。

日枝神社的山王祭是江戶的兩大祭典之一，由於與德川家有深厚的關聯，參拜隊伍被允許進入江戶城，晉見將軍。這幅廣重的畫作便是描繪參拜隊伍準備進入江戶城的畫面。看著這幅畫，彷彿聽見江戶人們愉悅的交談聲。

但至今為止，我一直忽略了這幅畫相當重要的部分。我所感受到既視感的部分不只是人潮。畫中參拜隊伍要進入江戶城所行經的土丘[9]，和現在呈現相同的樣貌。圖②是與那張浮世繪構圖完全相同的照片。

圖① 歌川廣重的「名所江戶百景」《糀町一丁目山王祭的列隊》

（圖片提供：三菱東京UFJ銀行貨幣資料館）

圖② 遙望現在的半藏門

（為了模仿廣重的構圖，以筆者的背影入鏡）

參拜隊伍越過護城河走的不是「橋」，而是「土丘」。原來半藏門的土丘在江戶時代就有了！

因為道路建設的緣故，從前皇居周邊架橋的護城河被填了起來。之前我一直以為半藏門也是在明治時期後才堆成土丘的。護城河是為了防禦敵人的攻擊，若要越過護城河一定需要橋。遇到緊急時刻，把橋升起或予以破壞便能防止敵人的入侵。對一個世紀左右處在下剋上風潮的戰國時代的大名而言，這是一種本能。

當時，不論德川幕府擁有多麼強大的武力，土丘仍是敵人易於突破的地形，而敵人一定會從這座土丘進攻。即使瞭解這種情況，江戶幕府仍選擇在半藏門這裡填了土丘。

德川幕府甘願冒著這麼大的危險，在半藏門這裡填了土丘。我想，幕府的意思也許是：「無論發生什麼事，我都會守著這個半藏門給你們看。」而幕府賭上自身威信所守護的半藏門，真的是後門嗎？

❖半藏門真的是後門嗎？

幕府賭上威信所守護的半藏門不可能是後門。對江戶城而言，半藏門一定是極重要的一道門。那麼，它的重要性是因為做為緊急逃生門的緣故嗎？不，半藏門絕對不可能是緊急逃生門。

此門周圍有以土填高的立足之地，因此對敵人而言是易於接近和攻擊的地點。如果幕府把半藏門當作緊急逃生門的話，就不會採取這種方式，特別引誘敵人來攻擊這道門。注意到這件事情後，一有時間我都會去圖書館和書店，查詢與江戶城相關的書籍和古地圖，但不論是哪一本書都寫著：「半藏門是後門。」

有一天，我結束出差，比原定的時間早回東京，於是前往八重洲的Book Center[10]。因旅途疲倦，我蹲在地下室的地圖專區閱讀江戶古地圖。在那一刻，我有種莫名的感受。書店地下室的照明不是很亮，也許因為照明的關係，或是我的眼睛疲倦，當時我看不大清楚江戶古

圖③ 江戶古地圖（嘉永江戶圖）

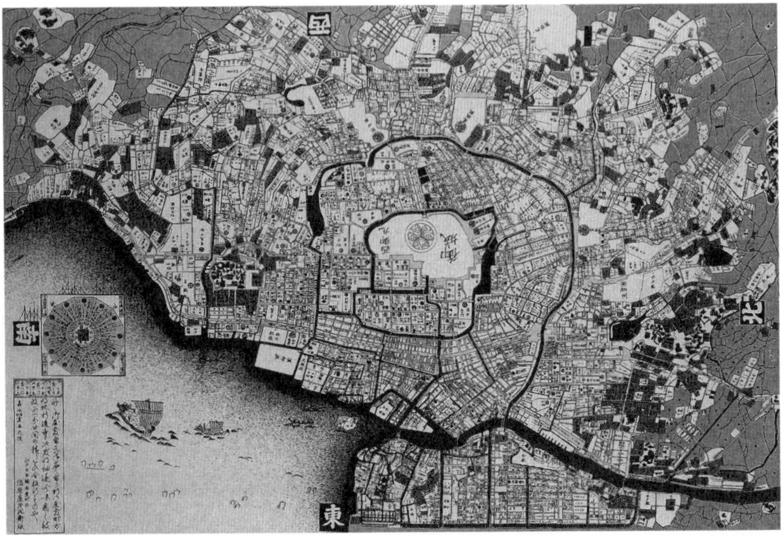

（引自：古地圖史料出版公司）

地圖上面的字。

江戶古地圖真的不容易看，雖然現在的地圖已確立了北朝上、南朝下的格式，但江戶的地圖不一樣，標示地點和房子的漢字，隨意地朝著不同的方向排列著。因此閱讀江戶古地圖時，需不斷轉動地圖。我邊揉著眼睛邊轉著地圖。

就在此時，「御城」這兩個字突然映入我的眼簾。不管看幾次，寫在江戶城上的「御城」這兩個粗體字仍舊映入我的眼簾。

圖③是江戶古地圖。圖④是標示地圖經過旋轉後，江戶城附近的位置。在圖③，江戶城的「御城」兩個字是顛倒的，但在圖④則是正向的。

在圖④，「御城」兩個字下方有一條筆直的道路，那就是今天的新宿通，也就是當時的甲州街道。從甲州街道的方向來看，江戶城的「御城」兩個字是正向的。正對著甲州街道，才是觀看「御城」這兩個字的正確方式。

因地圖而產生的錯覺

歐洲大航海時代以後，西洋文明不斷傳進日本，逐漸影響了日本文化。最明顯的例子就是地圖。北朝上、南朝下的格式，就是將歐洲大陸置於上方，以西洋世界觀來看地球的方式。但在日本沒有一套固定看地球的基準。日本列島受到山脈與海峽的切割，國土呈現斷裂的狀態。在各個斷裂的地域中所製作的地圖，都以各地的象徵或權力者為中心，依照他們的位置來繪製地圖。

在戰國時代，「世界地圖」隨著鐵砲與基督教一起傳入日本。西洋地圖全都繪製成北朝上、南朝下的形式。日本的地圖也不可避免地受到西洋地圖的影響。江戶時代的地圖是日本古地圖和西洋地圖結合的產物。前者以地域的象徵為中心來繪製，後者則遵照北上南下的西方地圖格式。而江戶的中心當然是江戶城。

江戶的地圖中，江戶城一定是被畫成正向的。一六一四年，豐臣家在大阪之陣滅亡的導火線，就是一座豐臣秀賴捐給方廣寺的鐘。那座鐘上寫著「國家安康」四個字，不過是把

東
西御丸
西

圖④　正立著的江戶城

「家」及「康」兩個字分開，這件事情就被當成德川家消滅豐臣家的藉口。因此在德川家的統治下，把「御城」兩個字寫反是不可能的。從甲州街道的方向來看，江戶城和「御城」才是正立的。

這張介於西方標準和日本標準中間的江戶地圖，整體方位是以西方地圖為標準，不過江戶城的「御城」兩個字則以日本傳統的方式來標示。標示著顛倒的「御城」二字的江戶地圖，正是西方文明和日本文明妥協的產物。

至少在看江戶時得把江戶城正立起來看，那才是閱讀江戶地圖時的正確方式，也就是從甲州街道看往「御城」的方向。而連結甲州街道和江戶城的門，就是半藏門。所以半藏門不是後門，它是江戶城的正門。

❖──甲州街道

為了證實「半藏門是江戶城的正門」這個假說，我在皇居周圍散步。自己親身走一趟的話，就能用身體感受到那微妙的地形起伏。其實皇居沒那麼廣，如果想要觀察地形，花一天的時間在周圍徒步即十分充足。

一天走下來的結果，我確信了假說的正確性。地形上也顯示出「江戶城的正門是半藏門」。

甲州街道進入市區後就被稱做新宿通。這條新宿通有著非常明顯的特徵，也被稱做「高台的稜線」。從JR四谷站沿著新宿通往半藏門方向走，就可以明白；朝著皇居方向，道路右側是紀尾井町、平河町，兩側則是麴町，左側是番町。在地形上，這四個町都位於沿著新宿通向下傾斜的位置。

沒錯，新宿通就位在山稜線[11]的位置。人們一開始的立足點即是山稜線。在山稜線的左右兩側沒有障礙物，視野非常遼闊。不論下多大的豪雨，山稜線都不會淹水。同時，山稜線上不會有落石滾落。在道路中，就屬山稜線最安全。

在戰國時代，安全是道路最重要的條件。不因降雨而淹水的道路、敵人無法從上頭攻來的道路。甲州街道——也就是今天的新宿通——具備了上述條件，是一條安全的山稜線。半藏門是連結安全的甲州街道與江戶城的門。在地形上，這樣的半藏門才有資格成為江戶城的正門。

在地形上，日比谷方向的二重橋和大手門絕不會是江戶城的正門。二重橋和大手門位於半藏門的相反位置上，是一塊低窪平地。原本那裡是入江，藉由填土才成為陸地，因此只要雨勢稍大就可能淹水。

此外，今天的二重橋是在明治時期建造、用來迎賓的石橋。這座橋被架在護城河最深的地方。為了構造上的安定，這座橋採用上下二重的構造，在當時是一座不安定的木橋。因此二重橋不可能是江戶城的正門。

在某個意義上，大手門確實是江戶城的正門，但那是以各藩大名的角度來看。各藩大名必須在大手門下馬，徒步越過汐見坂，前往江戶城。大名在爬坡時會彎下身子。在這樣的地形下，會強迫大名維持向住在上方台地的將軍表現出謙卑的姿勢。從德川家的角度來看，大手門只是一個家臣走的門。

❖──家康發現的「易守難攻地形」

一五九〇年，家康受秀吉的命令移封到江戶。家康在進入江戶時，走的一定是這條甲州街道。因為往後藉由往來的人群所發展起來的東海道、中山道、奧州道、日光街道，在當時還無法到達位於關東平原濕地中的江戶城。只有甲州街道這條台地連結而成的道路可以通往江戶城。

從甲州街道進入江戶城的家康，在今天新宿附近所見到的江戶究竟是什麼樣的光景呢？在家康面前，有一條向南延伸的山稜道路，那就是今天的新宿通。山稜道路前端的台地延伸到海邊。那座台地上有著殘破不堪的江戶城，江戶城對面的低地上則布滿濕地。

如同第一章所述，家臣感嘆這塊荒涼的江戶景色，不斷地怒罵秀吉可恨的行徑。但家康則不同，在這幅江戶的全景中，家康看到不同的風景。他在這幅光景中看到了「易守難攻的大阪城」。

大阪城位在上町台地的前端，此台地的前端延伸入海，下方則廣布河內的濕地。只有從天王寺進入的谷町筋，才能出入大阪城。谷町筋是上町台地的山稜道路。

讓信長焦頭爛額十一年的石山本願寺據點，也是位在這個上町台地的前端。信長對上町台地的地形完全束手無策。家康看到了與石山本願寺苦戰的信長，便知曉上町台地在地形上的威脅性。之後，家康的勁敵豐臣秀吉在這個地方蓋了大阪城。

看到江戶的一瞬間，家康的腦海中即浮現出上町台地。而後，家康毫不猶豫地選了江戶做為德川家最後的據點。在東邊的江戶上，家康發現了足以對抗西邊大阪的地形。江戶的發展便是從甲州街道開啟序幕。

❖遭歷史掩蓋的真相

從甲州街道的方向來看江戶城，才是正確的方向。而連結甲州街道的半藏門才是江戶城的正門。

一五九六年，服部半藏在關原之戰前去世。半藏的兒子因為犯了錯，寓所也從半藏門移往其他地方。從此以後，服部家便從日本的歷史中消失了。服部家住在半藏門的時間極短暫，因此其寓所的遺跡沒有被畫在江戶古地圖上。

即使如此，在江戶幕府統治的二百六十年間，服部半藏的名字從未被遺忘。服部半藏是家康的救命恩人，每一代德川家都將「半藏門」稱為「家康的救命恩人之門」。

即使到了明治時期，這個名字依然被保存下來。不過服部半藏這個名字讓人聯想到神祕的忍者世界。此外，此門位在全新打造的石造二重橋的相反位置上，因此「半藏門應該是江戶城的後門」這樣的說法便逐漸成為主流。

在本文動筆前，我和前面提到曾擔任宮內廳記者的朋友碰面。我向他發表「半藏門是正門」的說法，雖然他的臉上寫著「又再說這個啊」的表情，我還是請他幫我打聽一下：「皇太子殿下、妃殿下到皇居訪問時，是走哪一道門？」他不耐煩地聽著我的問題。

兩天後，他打了電話來，音調略顯高昂。

「平常皇太子殿下、妃殿下訪問皇居時，是走其他門而非半藏門。只有在帶著剛出生的愛子小姐前往皇居時，或結束出國訪問後，要向天皇陛下進行歸國報告之類的公開活動時，皇太子殿下、妃殿下才會走半藏門。」

除了公開活動，連皇太子殿下也不能走半藏門。半藏門就是如此重要的一道門。半藏門絕對不是緊急逃生用的後門。從天皇家的習慣中，默默地傳達出半藏門被埋沒於歷史中的意義。

半藏門曾經是江戶城的正門。但從這個結論中，我卻一步步地踏入江戶時代最大的謎團「忠臣藏」之中。

譯註

1 歌川廣重（一七九七－一八五八），江戶末期的浮世繪畫家。名所江戶百景（めいしょえどひゃっけい）是他在一八五六（安政三年）到一八五八年（安政五年）之間創作的浮世繪，共一百一十九幅畫作。

2 日本的大道、道路稱為「通」。

3 新年時天皇在宮內廳隔著玻璃和參訪民眾打招呼的例行公事，稱為「參賀」。

4 內閣的認證式是天皇認證官員的一個儀式。

5 從戰國時代末期到江戶時代，在德川氏麾下活躍的伊賀（屬今三重縣）出身的服部家歷代主人，通稱為「服部半藏」。服部家歷代主人皆以「半藏」自稱，第一代是伊賀流忍者，第二代服部半藏正成（正成為其名）因服侍德川家康而使「服部半藏」之名為世人所熟知。近代小說、戲劇、漫畫中所呈現保衛家康的伊賀忍者服部半藏，指的就是第二代的服部半藏正成，但他實際應只是身著甲冑率領士兵作戰的武士，而非忍者。（蔡錦堂註）

6 堺市是日本大阪府的一座城市。

7 「五街道」係指江戶時代以江戶為起點所開通的東海道、中山道、甲州街道、日光街道、奧州街道等五大陸上交通要道。各街道的旅途中，都設有本陣、問屋場等宿泊與運搬服務的設施。（蔡錦堂註）

8 上述那幅畫，作者從這裡開始縮寫。

9 這裡所謂土丘，作者在文中沒有交代清楚，因此在此補充。作者的意思是，原先江戶城有護城河，不過德川幕府特地將半藏門部分的護城河填補起來，將門和護城河對面的陸地填補成一條類似「橋」功能的土丘。如果是普通的橋，遇到敵人進攻時只要將橋移除，就可以避免敵軍直接攻入城內。但土丘不能輕易移除，因此會成為城池防禦上的弱點。

10 Book Center是一家連鎖書店。

11 「山稜線」原文為「尾根道」，意指兩谷之間山巒的稜線。

第6章

赤穗浪士為何能成功復仇？

德川幕府的百年復仇②

「半藏門是江戶城的正門」，這是根據江戶城的地理推論出來的結果。這個輕鬆的腦力激盪，逐漸將我誘入江戶時代最大的謎團——「忠臣藏」之中。如果半藏門真的是正門，那麼歷史上有起事件就無法解釋。那就是四十七人的赤穗浪士之中，有十六名埋伏在半藏門附近一帶。在半藏門這個江戶城正門附近的麴町一帶，戒備相當森嚴，直到二十一世紀的今天，都還留有證據。

在半藏門的正前方，警察機關的外圍團體所經營的半藏門格蘭亞克飯店（Hotel Grand Arc Hanzomon）矗立著，旅館的背後則林立著警察廳辦公的高樓。在新宿通對面，有麴町警察署——警視廳中最優秀的菁英——把守著。

此外，麴町周邊有一番町、二番町等地名，指的是過去德川將軍親衛隊的旗本一番隊、二番隊、三番隊的居住區。

麴町是江戶中治安級別最高的地區。在如此安全的麴町，卻埋伏著十六名擾亂治安、不逞的浪士，到底是怎麼一回事？上述問題便是「忠臣藏」謎團的開端。

其實我壓根沒想過要寫關於「忠臣藏」[1]的文章。關於忠臣藏，已經沒有我置喙的餘地了。在八重洲Book Center的歷史書區，隨時都擺著二十本以上與忠臣藏相關的書籍。不僅有無數的忠臣藏專家，知名的作家也留下對忠臣藏的記述。

我對忠臣藏的知識大概只有NHK大河劇的水準。不過，在沒有任何人強迫的情況下，我逼自己動筆闡述赤穗浪士。為了使「江戶城的正門是半藏門」這個說法能夠成立，我一頭栽進赤穗浪士這個歷史事件令人意外的謎團之中。

在前一章，我闡述了半藏門土丘的奇特之處。將護城河填成土丘實在是異於常軌的行徑。綜觀世界各地的城池，也找不到特別在護城河上填加土丘的例子。這應該是德川幕府在相當程度的覺悟才而下的決定，也就是「我一定會守住這塊土丘給你們看」的覺悟。

麴町之謎

要守住半藏門，就要先守住通往半藏門的路。也就是說，要守住今天的新宿通、當時的麴町通。於是，江戶幕府在麴町通採取了一整面防禦的方式。

在這條路的周邊配置了德川御三家及親藩[2]的上屋敷[3]，讓眾多的旗本住在附近。御三家[4]是擁有繼承將軍資格的大名，旗本[5]則是被稱作「八萬騎」的德川家親衛軍。

在上一章出現的圖①，是嘉永（一八四八－一八五四）年間的江戶古地圖。四谷見附的外濠中，配置了尾張家與紀伊家的中屋敷。從外濠往城內走，現在上智大學的位置設有尾張家的上屋敷；現在新大谷飯店的位置設置了紀伊家的上屋敷；現在赤坂王子飯店的位置設置了井伊家的上屋敷，最後在內堀附近配置了松平家與京極家。

江戶城周邊，只有這一帶如此密集地配置了多位重要大名的住處。從房屋配置的情況來看，如今還能辨識的只剩下「平河天滿宮」和「日枝神社」。

一六〇七年，太田灌道在江戶城內建造的平河天滿宮，因主城擴建而從平河門[6]移到現址。平河町這個町名的由來，就是取自平河天滿宮之意。

在圖①裡，◎所標示的位置就是平河天滿宮的所在地。由此圖可以得知，平河天滿宮就位在江戶城的旁邊。然而，這個平河天滿宮的周邊地區卻潛藏著令人無法置信的謎團。

❖——平河天滿宮之謎

平河天滿宮仍然保有江戶時代的風采，原先祭祀菅原道真，後來也開始祭祀德川家康，即

圖① 嘉永江戶圖

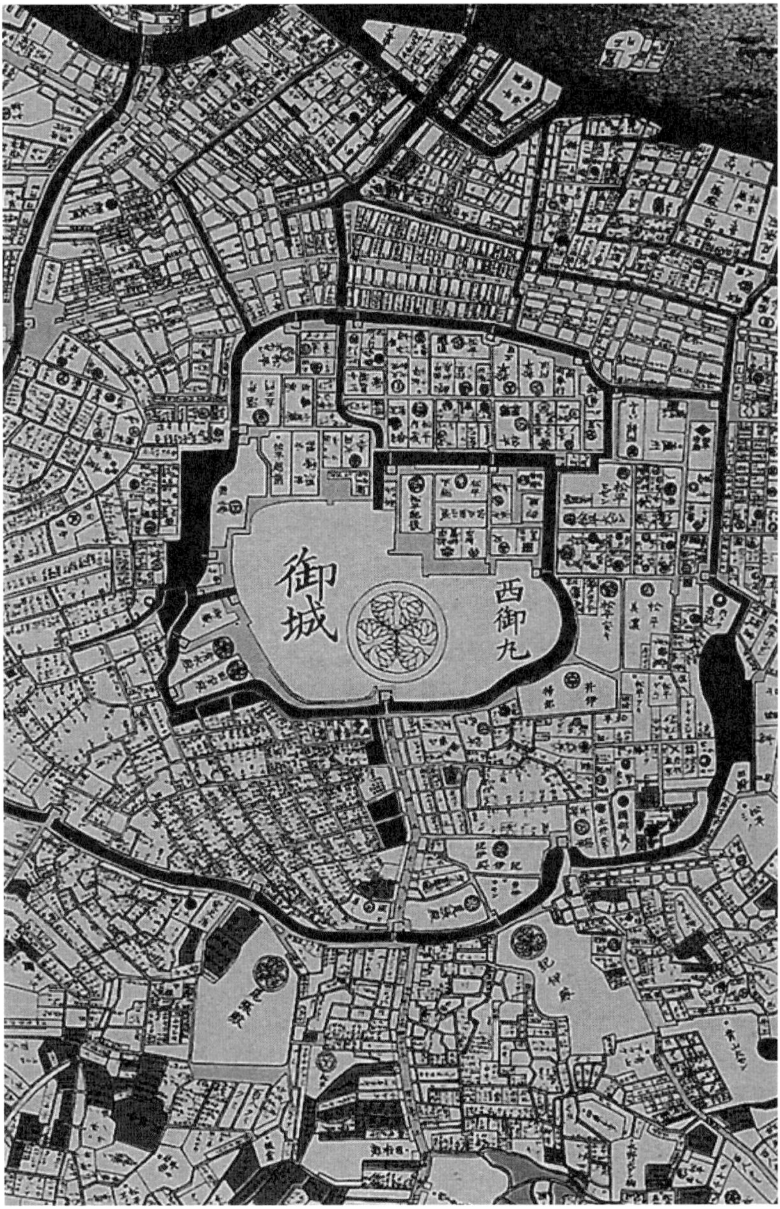

（◎印記為平河天滿宮所在地）

東照宮。於是，這個天滿宮擁有菅原道真和東照宮兩位主神，日後也成為德川家與江戶城重要的守護神。

站在天滿宮，便可以馬上察覺到一件奇怪的事。天滿宮宛如守護江戶城一般朝半藏門望去。不過，天滿宮的建築物所面向的參道卻呈斜交。如此設計的用意是要讓江戶民眾去參拜天滿宮時，臀部不會面向江戶城。

週末深夜為了打發時間，我上網搜尋平河天滿宮。畫面上出現瑣碎凌亂的情報，突然間我在這堆資料中看見「赤穗浪士」這幾個字。該行文字是：「赤穗浪士埋伏在平河天滿宮附近。」

赤穗浪士埋伏在天滿宮附近？這是不可能的事，特別是天滿宮附近，赤穗浪士絕對無法在此埋伏。我將這則訊息當作網路上的無稽之談而不予理會，晚上就寢時，我因為心裡記掛著這件事而沒睡好。

隔天，我前往八重洲Book Center。其實到書店另有目的，但我還是走到歷史書區前，開始翻閱忠臣藏的相關書籍。一邊翻閱，一股無可置信的感覺湧上心頭。不論哪本書都寫著：

「赤穗浪士埋伏在麴町的平河天滿宮附近。」

怎麼可能！赤穗浪士絕不可能埋伏在麴町，我呀然地佇立在歷史書區前。

❖——赤穗浪士埋伏之地

元祿十五年（一七〇三年）十二月十四日凌晨，赤穗浪士進入吉良家的宅邸，取下上野介的首級。補充一下，資料參考自《元祿忠臣藏資料檔案》（元祿忠臣藏之會編，新人物往來社發行）。

同年七月底，也就是事件發生前四個月，大石內藏助在京都的圓山會議上宣布了這個計畫。此後的九月到十月間，浪士三三兩兩地潛進了江戶。在忠臣藏愛好者的努力下，浪士的埋伏地點已被仔細調查了。

我對浪士潛藏的地點感到非常驚訝。大石內藏助等浪士從日本橋石町開始，分散埋伏於芝之濱松町、芝之源助町、本町、深川黑江町、南八丁堀湊町、本所林町、本所德衛門町、本所二目町、兩國米澤町等江戶市區中。

接著，赤穗浪士竟然還集中埋伏在麴町。麴町六丁目躲藏了原惣右衛門、吉田忠左衛門等五人；麴町五丁目藏了有富森助右衛門；麴町四丁目則有間瀨九太夫等六人埋伏。六十四歲的吉田忠左衛門是大石內藏助的副官，原惣右衛門則是武鬥派急先鋒的代表。包含赤穗浪士的主要人物，共計十六名，約有三分之一的浪士埋伏在麴町。

這麼多赤穗浪士埋伏在麴町，已十分驚人，但居然還有更驚人的事。沒有任何一本與忠臣藏相關的書籍，曾經對赤穗浪士潛伏在半藏門附近感到疑惑。為什麼沒人感到疑惑？從城內的江戶城徒步走五分鐘，便可抵達麴町。甚至可以說，這塊由護城河填補而成的土丘是江戶市戒備最森嚴的地區。在如此戒備森嚴的麴町，據說曾有多達十六名浪士埋伏於此。如果以今天的社會來舉例，就如同激進派通緝犯將自己的據點設在警視廳的後門一樣。真是不可置信。為何研究忠臣藏的專家未曾對這件事感到疑惑？

❖密探時代

在日本史上，江戶時代是既和平又安定的時代。這樣的和平與安定奠基於江戶幕府所擁有的壓倒性強權。在幕府面前，各藩無不膽顫心驚。只要稍微觸犯了武家諸法度[7]，不僅會被剝奪武士身分，連石高[8]也會被沒收，領地也會轉封給他人。

迅速且準確地掌握各藩是否犯法的情報系統，正是江戶幕府力量的來源。江戶幕府建構情報掌控系統的方式，就是配置密探，形成一個間諜網。間諜網不僅設在全國各藩之中，在大名及其家族所居住的江戶市街裡，間諜網的布署更是嚴密。

池波正太郎的《鬼平犯科帳》，便是以真實存在的人物「火付盜賊改方」（編按：江戶時代取締放火、盜賊集團、賭博等罪犯的官方首長；小說的主角「鬼平」）——即長谷川平藏——改編而成的小說。該小說有為數眾多的密探登場，小說的主角就是個密探，整本小說可以說是以江戶為舞台的間諜小說。小說中，位於麴町四丁目的蕎麥店「瓢簞屋」的老闆也上場。在設定上，蕎麥店老闆也曾經擔任幕臣的密探。

在忠臣藏相關書籍中，記載了赤穗浪士潛伏於喧囂的平河天滿宮附近。然而，無論哪本書都未提到麴町一帶戒備森嚴。眾所周知，麴町在半藏門附近，但似乎沒有人注意到，半藏門是江戶城重要的正門，而那條護城河已成為土丘。

無論哪本書都似乎假定江戶的中心是大手町往日本橋方向的那一側，而麴町則位於江戶城的背面，所以易於埋伏。然而，如果半藏門是江戶城的正門，那麼這個說法就無法成立了。

我認為，從四谷見附走向江戶城的麴町周邊地區，布滿嚴密的密探網。也就是說，在布滿密探的地區居然埋伏著多達十六名的赤穗浪士。

◆──潛伏於麴町之謎

半藏門是江戶城的正門，在這個半藏門附近藏著多達十六名赤穗浪士。之後我們即可推斷出一個結論。首先將已確認的事實整理一下，然後闡述從中導出的結論。

其一，半藏門是江戶城重要的正門。其二，江戶幕府從未搭建構造危險的木橋，而是將護城河填成土丘以供將軍過河。其三，為了防禦半藏門的土丘，從四谷見附到江戶城附近，城內配置了御三家與親藩的寓所，此外也讓旗本這支親衛隊住在這一帶。其四，推測在熱鬧的麴町附近商店中，配置了眾多密探。其五，在江戶警備最森嚴的麴町，潛伏著副官吉田忠左衛門、武門派的急先鋒原惣右衛門等十六名赤穗浪士。

從上述事實中，可導出的結論只有一個：「江戶幕府包庇赤穗浪士。」江戶幕府並非消極地對赤穗浪士埋伏於麴町這件事視而不見，反倒是德川幕府主動地包庇赤穗浪士。

我之前以「激進派通緝犯將自己的據點設在警視廳的後門」這個說法來表現上述情況，但更恰當的譬喻應該是：「激進派通緝犯將自己的據點設在警視廳的空房間裡。」如果警視廳的空房間潛藏了激進派份子，不僅警視廳視而不見，更可以說警視廳在包庇他們。我想這個譬喻才是最適合形容赤穗浪士藏在麴町的情況。

注意到忠臣藏的謎團之後，另一個謎團又浮現出來，那就是關於吉良上野介寓所遷移的謎團。這個謎團和江戶的地理也有很深的關係。江戶古地圖又再次強硬地拋出這個謎團給我。

❖——吉良家的宅邸遷往本所

如前所述，當大石內藏助等人在京都舉辦圓山會議時，江戶發生了一件關係到赤穗浪士的襲擊能否成功的決定性事件，那就是吉良上野介的宅邸遷移事件。

在松之廊發生砍傷事件[9]前，吉良家宅邸原本位於今天八重洲口的吳服橋。當時東京車站八重洲口前的外堀通是護城河。從護城河到江戶城內一側——包括吉良家的宅邸——都在城內。

擔任要職「高家」[10]的吉良上野介，在城內擁有宅邸是理所當然的事。而後，吉良家的宅邸被迫遷往本所。也就是從江戶城內經過隅田川上的兩國橋，移到對岸的本所。就算辭掉了高家這樣的要職，這次的搬遷仍相當不尋常。

兩國橋建造於明曆大火後的一六六一年，顧名思義是連結兩國之橋。這裡的兩國是指江戶的武藏國和千葉的下總國。越過隅田川後就不是江戶，而是到了下總國。在今天，透過廣重的浮世繪，我們得知兩國橋周邊曾經十分熱鬧。但必須注意，浮世繪裡呈現的熱鬧景象距離兩國橋的竣工時間已過了兩百年。

當吉良家宅邸搬遷時，兩國橋才建滿四十年。雖然當時江戶市區的範圍很大，但這一帶仍是隅田川的乘舟場、卸貨區、各藩保管物資的倉庫。隅田川靠近江戶一側還被取了「藏前」[11]這個名字。在隅田川對面的本所則有御竹藏、御米藏、御舟藏、石置場等緊連在一起，是江戶規模最大的倉庫區。此外，因為本所仍有大量空地，祭弔明曆大火的無緣佛[12]回向院也建於此。

當赤穗浪士襲擊吉良家宅邸時，本所一帶不若浮世繪《兩國煙火》所呈現那般熱鬧，當時這裡仍是殘留了下總氛圍的孤寂之地，是一塊排水不佳、每逢降雨就濕答答的地方。吉良上野介移居到兩國橋的對岸，本所的無緣寺[13]回向院的隔壁。

吉良家宅邸搬遷的祕密

我可以斷言，如果吉良家宅邸沒有搬遷到本所，赤穗浪士的襲擊事件就不會發生。在城內舊吉良宅邸一旁是一六〇四年設立的北町奉行所，這是一個掌控了司法、行政、法院、檢察、警察、監獄、消防等機能，有強大武裝的機構。

此外，從舊吉良宅邸的吳服橋門走向八丁堀，布滿町奉行所的與力、同心[14]的住宅。幕末時，住在此地的人有七千人左右，可說是治安警備人員的大本營。

不管赤穗浪士的準備有多周到，都不可能成功襲擊江戶城內的吉良家宅邸。如果事情發生了，那麼幕府警備機構的面子就會掛不住。吉良家宅邸從江戶的市中心移到河川對岸作為倉庫區的本所，在移到倉庫區昏暗且杳無人煙之處後，一切條件就備妥了。

這次吉良家宅邸的搬遷，就像是無言地向赤穗浪士傳達：「來襲擊這裡吧。」

為何吉良家會搬遷呢？吉良家是奉命而非心甘情願地遷往本所。

那麼，這道命令是誰下的？答案很簡單，就是江戶幕府。當時大名及幕臣宅邸的遷移都需得到幕府的指示和許可。能夠將曾經擔任高家的吉良上野介遷移到本所的，只有江戶幕府。因此，與其說是搬遷吉良宅邸，不如說江戶幕府將吉良上野介從江戶城內放逐來得恰當。

為赤穗浪士準備好襲擊舞台「本所」的正是江戶幕府，而江戶古地圖也向我們呈現了這個事實。

❖忠臣藏的最後一幕

「忠臣藏」述說赤穗浪士超越苦難、忍辱負重，為君主完成使命，是日本人最喜愛的歷史劇。然而，忠臣藏還真的是一齣充滿謎團的戲劇。

最大的謎團就在於，忠臣藏第一幕的動機無法交代清楚。換句話說，就是不知道為何會在松之廊發生砍傷事件。許多歷史學者和作家曾分析這個問題，但未有定論。忠臣藏這齣劇的奇特之處在於，尚未交代清楚劇中最重要的第一幕「動機」的情況下，就展開了故事。

另外，故事的最後一幕也充滿了謎團。這齣劇的最後一幕被認為是四十七浪士切腹的場景。觀眾看完這一幕後都淚流滿面地離開劇場。然而，在觀眾離開後、無人注視的舞台上，真正的最後一幕才正悄悄地拉開序幕。

忠臣藏最後一幕的標題是「吉良家的滅亡」。吉良上野介被赤穗浪士殺害，但吉良家的悲劇不但沒結束，反而才正要開始。關於這件事，岳真也《為吉良上野介辯護》（文春新書）裡有詳細的解說。

吉良上野介的親生兒子——繼承上杉家的綱憲，因為悔恨自己無法拯救父親，一年後便抑鬱而終。在兒子死後兩個月，上野介的夫人富子也追隨其腳步般地病死了。

此外，吉良上野介的親生孫子——養嫡男[15]吉良左兵衛的下場也十分悲慘。在襲擊事件當晚，左兵衛在身負重傷的情況下，仍然與赤穗浪士死命纏鬥，直到失去意識為止。但是，德川幕府卻以「無法保護父親和上野介」這樣的藉口，斷了吉良家家系，並沒收領地。吉良左兵衛遭流放到信州，因幽禁在艱困的環境下而生病，三年後便撒手人寰。吉良家的血脈就此斷絕。

與吉良家的滅亡相比，引發砍傷事件的淺野家雖然一時被剝奪了武士身分，但之後還是在幕府的權力下得以復興。十八名赤穗浪士的兒子在事件後遭到流放。然而，往後不僅全員接連被赦免，而且以比其父更高的俸祿及石高受各藩雇用。

忠臣藏舞台劇的高潮，是全副武裝的赤穗浪士身穿鎖子甲，手持長槍及弓箭屠殺吉良上野介的場景。但是，忠臣藏真正的高潮，是觀眾離席後、無人注視的舞台正要上演的「消滅吉良家」。

譯註

1 忠臣藏是以赤穗四十七義士討伐仇敵吉良上野介的史實，作為主題的淨琉璃或歌舞伎的劇本之總稱。從一七〇六年元祿時期著名劇作家近松門左衛門開始創作，到竹田出雲以「假名手本忠臣藏」為名，集此齣戲之大成，深受大阪、江戶庶民的喜愛，之後「忠臣藏」即成為赤穗四十七義士劇的代名詞。（蔡錦堂註）

2 在江戶時代，各藩的諸侯大名與幕府之間依親疏關係分為親藩、譜代、外樣三種大名。德川家康取得天下以後，德川將軍家一族子孫們（姓氏為松平與德川）被分封成為大名者，即稱為親藩。（蔡錦堂註）

3 江戶時代因參勤交代的規定，各大名在江戶均建有各自藩的「屋敷」（宅邸），稱為「武家屋敷」，其屋敷用地大都為幕府所賜予。大名依用途及離江戶城的遠近，設上、中、下屋敷，參勤交代來江戶幕府參勤時的大名，與其家族大都居住於離江戶城最近的「上屋敷」，這裡也成為大名在江戶處理自己領地事務的政治中心。中屋敷多為藩的隨從武士們的居住場所；而下屋敷大都使用為貯藏米糧與物資的倉庫，以及當作大名休閒時的庭園，雖離江戶城稍遠，但面積常比上屋敷來得大。（蔡錦堂註）

4 江戶時代親藩大名當中，又以德川家康的第九、第十、第十一子被分封的尾張藩、紀伊藩、水戶藩最為重要，稱為御三家，當將軍無後嗣時，則由御三家出身者來繼承，以保持將軍家的血統，並輔佐將軍家。（蔡錦堂註）

5 旗本原本是指在戰場上保衛主君的直屬護衛武士團，後來用來稱呼在江戶時代成為幕府將軍的直屬家臣團之中，具有俸祿一萬石以上並擁有「御目見」（得以謁見將軍者）資格的上級武士。其人數依資料在十八世紀時約有五千多名，但若含旗本統領的「御家人」等下級武士在內，俗稱「旗本八萬騎」實非誇張，此乃江戶幕府直轄的軍事基礎，如同近衛師團。（蔡錦堂註）

6 平河門是江戶城其中一道門。

7 武家諸法度是江戶幕府為管控大名所制定的武家基本法。一六一五年首先由德川家康召集所有大名在伏見城頒佈，內容共十三條，大致包含政治道德上的訓誡、治安維持的規定、儀禮的要求等，具體條例有限制居城修補、禁止居城新造、未獲許可禁止大名間聯姻、參勤作法指示等。一六三五年第三代將軍家光更將法條增為十九條，包括參勤交代作法的制度化、禁止建造大船等。（蔡錦堂註）

8 從十六世紀末期豐臣秀吉的太閤檢地（土地調查）到明治維新初期的地租改正，日本全國所施行的公定土地玄米生產量，稱為石高。（蔡錦堂註）

9 砍傷事件是指赤穗浪士之主君淺野內匠頭在松之廊（現今皇居東御苑附近）以小刀砍傷吉良上野介的事件，由於這起事件，幕府要求淺野內匠頭切腹，而後成為忠臣藏中赤穗浪士暗殺吉良上野介的導火線。

10 高家為江戶幕府時期的官職名，官位準同大名，但由旗本所擔任。職掌幕府儀式典禮，或京都敕使、朝廷公卿來江戶時的接待，也擔任將軍赴京都、日光、伊勢參拜時的代理人，室町幕府足利氏以後大都由如吉良家的名家世襲擔任。（蔡錦堂註）

11 日文的「藏」意指倉庫，因此「藏前」即為「倉庫前」。

12 無緣佛祭拜沒有人供養的死者。

13 無緣寺是祭拜無緣佛的佛寺。

14 與力和同心是江戶時代在町奉行所負責自己領域的行政、司法、警備等相關任務的基層官差。

15 養嫡男是納為養子之意。

第7章 德川幕府為何要消滅吉良家？

德川幕府的百年復仇③

朝廷派使者前來江戶，淺野內匠頭在松之廊砍傷了吉良上野介。對德川幕府而言，淺野內匠頭犯下的是不知廉恥且極為無禮的行為。舉個現代的例子，大公司的社長室有外國來的客戶，接待的負責人即總務部長，卻在公司走廊以金屬球棒追打負責接待的董事。這是非常誇張的事情。

淺野內匠頭立即被命令切腹，是理所當然的事。不過，此後事情卻漸漸變得奇怪。如同上一章最後所言，幕府將吉良家逼迫到無人繼承血脈的境地，徹底消滅了吉良家。德川幕府對吉良家的處置非常不尋常。為何德川幕府如此憎恨吉良家？

一般所謂的「擔任高家的吉良家是眼中釘」這個說法並不充分。我能感受到德川幕府對吉良家強烈的憎恨。在參拜吉良家的菩提寺後，我偶然地發現，愛知縣矢作川的地理可以解釋為何德川家憎恨吉良家。

充滿謎團的忠臣藏拼圖已大致完成，但還缺最重要的一片拼圖。最後那一片拼圖就是「動機」。為何德川幕府如此強烈地想消滅吉良家？如果不能了解德川幕府的動機，那麼忠臣藏的拼圖就不算完整。

吉良家身上流著足利家的血統，是武士社會中的名門。吉良上野介是幕臣中的頭號人物，不僅知識淵博，對過往的典章制度、諸式禮法也都瞭若指掌，他在幕府中擔任「高家」這個聯繫京都朝廷和德川幕府的要職。上野介接連地與外樣大名[1]的米澤上杉藩、鹿兒島島津藩聯姻。這些行徑就如同向德川幕府示威，因此看在德川幕府眼裡，吉良家是個眼中釘。

德川家一直想除掉吉良家這個眼中釘。基本上，這個理由可以成立。但是，這個說法缺乏物質上的證據。而且，「因為是眼中釘」這個理由也過於薄弱。

事實上，消滅吉良家是德川幕府費時百年的復仇戲碼。

❖——矢作川河口的古地圖

二〇〇四年，在颱風過後一個秋高氣爽的日子裡，我參加在矢作川河口部所舉行的實地調查旅行（excursion）。所謂實地調查旅行是給大人參加的小規模學習旅遊，由應用生態工學會所舉辦。第一天乘坐巴士遊矢作川下游一帶，第二天則舉辦工作坊，由水產、農業、生態專家發表有關矢作川及三河灣的研究成果，並公開討論。

這次我參加的矢作川實地調查旅行的下榻處是吉良溫泉。沒錯，就是吉良溫泉，它位在昔日吉良上野介領地的吉良町，而吉良町則位於矢作川河口部的位置。

在實地調查旅遊中，有一站是參訪吉良家的菩提寺。從新幹線的三河安城站搭車前往吉良溫泉的途中，我突然覺得，既然寫了吉良上野介的事情，如果沒到他的菩提寺參拜，實在說不過去。

車子抵達了吉良家菩提寺的華藏寺[2]。雖然華藏寺規模不大，但維護良好。我在吉良上野介的墓前雙手合十參拜，上車後心中的擔子稍微減輕了。

隔天，工作坊在某家吉良溫泉旅館的會議室裡舉行。在那場工作坊中，我的雙眼專注於主辦單位所分發的資料上。在這次的工作坊，我獲得了意外的資料。但是，如果不集中精神，所得到的靈感可能會不經意地消逝。

我不斷督促自己「集中精神」，仔細地分析那份資料上的圖片。圖①和圖②是矢作川河口部的古地圖。在地圖上，德川幕府想消滅吉良家的動機就此浮現。

圖①是歷史上矢作川「干拓」[3]的過程。根據此圖，矢作川河口部的圍墾工程始於一三〇〇年代。矢作川的土砂形成泥地後，河濱就被當做鹽田來利用。然後將鹽田圍墾成為農地，圍墾地的前濱則做為鹽田。不斷重複以上的行為，矢作川河口部持續向海圍墾。透過這

圖① 矢作古川與矢作川的干拓圖

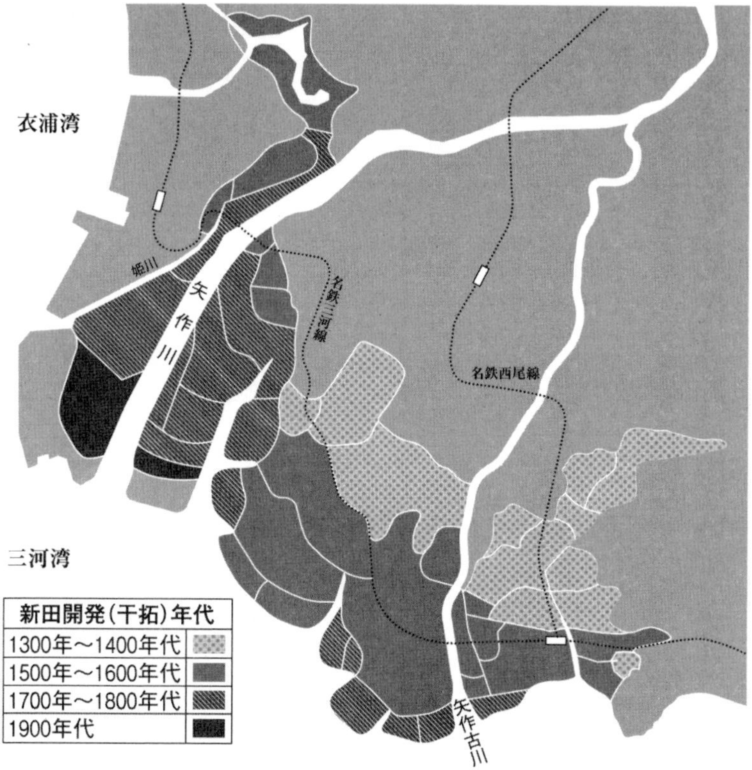

(《矢作川農業用水的故事》，新矢作川用水農業水利事務所)

圖② 1605年矢作川的改道

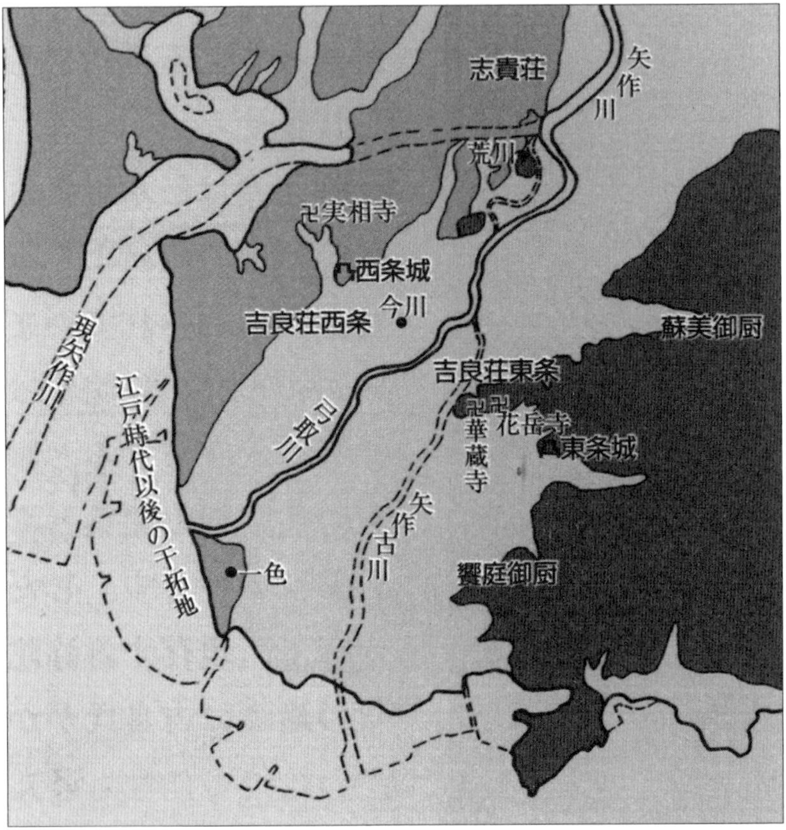

（《吉良的歷史》，吉良町發行）

張圖，這段矢作川圍墾的歷史過程清楚可見。

長達三百年間，吉良家不斷將矢作川河口部的鹽田圍墾為農地。然而在一六〇〇年後，矢作古川，也就是矢作古川的吉良領地，幾乎停止擴張了。往後的圍墾工程只在新的矢作川河道上展開。這條新的矢作川是人工開鑿的河川。

圖②是全新開鑿的矢作川。如圖所示，新的矢作川穿過被切開的碧海台地，直接注入海中。和圖①所顯示的一樣，一六〇〇年後只有在新開鑿的矢作川上展開圍墾工程，矢作古川的吉良領地則呈現停擺的狀態。

這是理所當然的。圍墾用的沙子是經由矢作川搬運而來的，如果矢作川的河道改變，沙子便會流向他處。換句話說，矢作古川的吉良領地已經不會有沙子流入了。

那麼，是誰實施這項工程的？這個人就是德川家康。

❖圍繞著矢作川的爭執

一六〇五年，也就是關原之戰五年後，德川家康特地將碧海台地鑿開、引矢作川入海。用近代的河川常識來看，這就如同洩洪渠的功用，將洪水引進大海。這條矢作川是為了像信濃川的大河津分水、狩野川的狩野川洩洪渠一樣，為了將洪水導向海上才建造的嗎？如果是這樣，家康就成為日本第一個打造洩洪渠的人物了。

不過，家康進行這項工程不是為了這個目的。矢作川的下游地區是吉良家的領地。家康可不是慈善家，不可能會為了保護吉良家而耗資大興土木。他的目的究竟是什麼？為何要在這個時期變更矢作川的河道呢？答案就在圖①上。

這項工程的目的其實是為了改善上游的岡崎地區的排水。此外也同時擴大新矢作川的鹽田和圍墾農地。如果只是為了改善岡崎地區的排水，那麼拓寬矢作古川就能達成了。如此一來，工程難度還會大幅降低。但是，家康卻特地鑿開碧海台地，打造新的矢作川，將河水引進海中。家康實施這項工程的理由，是他想利用矢作川土砂所堆積的泥地來開發圍墾農地。家康也不是一位溫柔的戰國大名，想透過打造洩洪渠來守護吉良家的領地。正好相反，這個行為的用意是，家康不允許吉良家進一步圍墾農地以擴張領地。

吉良家領地的上游地區岡崎即是德川家的領地。在這條矢作川上，德川家和吉良家處於上下游的關係。注意到這一點，未曾有人察覺到、兩大名間的激烈對抗就此浮現。

❖──消磨生命的耗鬥

在人類歷史上，為了爭奪河川的水資源，總是鬥爭不斷。只要某人取得了河川的水，其他人所能獲得的水量就會減少。只要有某個地區遭受洪水侵襲，其他地區就能免於水患。這是極為簡單的原則。正因為如此簡單，所以可以套用在世界各地的河川地區。

圍繞著河川的鬥爭總是暗中進行。因為水對人類而言不可或缺，而爭奪水資源的對手又是時常碰面的對岸居民，或是上游和下游附近村落的村民。河川一定會形成優劣關係。一般而言，入住的順序是最牢固的優劣順位。先入住的人享有水資源的優先使用權，後移入的人勢必處於劣勢。

處於優勢的人可以優先使用水資源，也可以準備防洪對策。處於劣勢的人不論取水或展開治水工程，都必須經過優勢者的同意。優勢者會因為收穫更加豐饒而擴大與劣位者的差距，這樣的優劣關係即使持續數十年、一百年都不會改變。

這樣的優劣關係也存在於這條矢作川上。在這條矢作川上，吉良家維持了數百年的壓倒性優勢。但是，矢作川上發生了一件大事：曾經處於劣勢的德川家康取得天下。於是，矢作川的歷史發展也就遠較其他河川地區來得更加複雜。

❖——源氏的名門——吉良家

為了瞭解事情的原委，我們必須追溯到七八〇年以前。補充一下，本章的資料來源是吉良町發行的《吉良的歷史》。

在一二二一年，承久之亂後的鎌倉時代，曾為源氏名門的足利義昭成為三河地區的守護[4]，並兼任吉良庄的地頭職[5]。此後，從鎌倉到室町時代，此地的足利家即以吉良這個姓氏支配著矢作川下游地區。利用溫暖的氣候，吉良家在矢作川開發鹽田，不斷進行圍墾來擴展農地。吉良家就在這條矢作川河口部過了一段安定豐饒的日子。

兩百年後的一四四一年，足利義教將軍遭暗殺，足利將軍一職便由吉良庄的吉良義尚代理，此時吉良家可說是名門中的名門。但是，進入下剋上的戰國亂世，從吉良家分家的今川氏憑藉著武力，將勢力範圍擴展到三河地區。這塊地區就成為今川氏和織田氏對峙的最前線。兩雄相爭下，成為犧牲者的是三河地區的弱小領主——松平家的家康。

一五四二年，岡崎出生的家康有時是織田家的人質，有時是今川家的人質，在戰國亂世中任人擺布。一五六〇年，今川義元戰死於桶狹間之役，原屬今川陣營的家康終於如願地入主岡崎城。之後，家康和織田氏結為同盟，成為轉戰各方的大名，逐步擴張自己的勢力。

希冀奪取天下的家康也將目標對準了吉良家。家康進攻吉良家的領地，在擊敗吉良家之後，家康將吉良義定及其子吉良義彌收為部下。在關原之戰中，饒勇善戰的吉良義定被升格為旗本，名門的吉良家才因此復興並延續下去。

❖—苦等至一六〇五年的家康

德川家康開設江戶幕府後，設立了從名門的武家中挑出人選擔任「高家」的制度。吉良義定在高家之中被提升為頭號的地位。高家的職責是負責仲介及調整朝廷和德川幕府的關係。另外，吉良義定對沙場上的凶狠大名和旗本傳授儀式和禮節，於是江戶幕府的統治更加穩定了。

從德川幕府開府到吉良上野介的時代，百年間吉良家都以高家這個要職而在幕府中獨佔鰲頭，保持穩固的地位。在這裡又出現一個問題。為何德川家會拔擢吉良家？在矢作川十多年間居於劣勢且飽嚐屈辱的家康，為何不立即以武力消滅吉良家？

解開這個謎團的線索，便藏在圖②所顯示的矢作川開鑿時期之中。如前所述，開鑿台地、改變矢作川河道發生在一六〇五年。如果家康只想變更矢作川的河道，在一六〇〇年的關原之戰後應該就可以馬上行動。對家康而言，矢作川上已經沒有任何威脅。但家康還是等到一六〇五年才開鑿矢作川。家康必須等待的理由究竟是什麼？

對家康而言，他有一個不得不等待的重要理由。

在插手矢作川之前，家康必須先完成一件事情，就是成為「征夷大將軍」，及穩固「征夷大將軍德川家的世襲制度」這兩件事。

❖——三年的空窗期

在關原之戰的一六〇〇年到之後一六〇三年的三年間，令人眼花撩亂的德川家康年表呈現空白，因為這段期間沒有任何值得記錄的事情。

在這三年間，家康只是待在關西，等待朝廷任命他為征夷大將軍。征夷大將軍無法靠自身力量取得，需要得到朝廷、也就是天皇的任命，才能成為征夷大將軍。

桓武天皇為了討伐東北的蝦夷，任命大伴弟麻呂為第一代征夷大將軍。從活躍的第二代征夷大將軍坂上田村麻呂之後，這個稱號開始有了名氣。此後，武士階級成為歷史發展的中心，他們的首領就是「征夷大將軍」。

對關原之戰中獲勝的家康來說，還必須成為征夷大將軍、宣示自己的領導地位，才能成為武士集團的領袖。即使藉由強大的武力取得天下，如果沒有朝廷的許可，便無法成為征夷大將軍。要如何獲得朝廷的同意呢？朝廷的態度對家康而言，是至關重要的事情。

數百年間，有一支武家的家族一直侍奉著朝廷，那就是武家名門足利家，也就是吉良家。足利幕府滅亡後，吉良家持續與朝廷保持關係。所以，德川家康才會命令吉良家擔任自己的直參旗本。吉良家在德川家與朝廷之間斡旋，成功地實現了家康的願望。

❖世襲的征夷大將軍

一六〇三年，家康如願成為征夷大將軍。但是，家康的目標不止於此。從後來家康的行動中便可發現，他還有個更偏執的目標。成為征夷大將軍的家康竟然立刻隱退，要讓朝廷同意自己的繼承人秀忠成為征夷大將軍。

家康不可思議地隱退和秀忠擔任征夷大將軍，這兩件事情其實有著重要的關聯性。這個行為如同宣示：「從此以後，武士首領的征夷大將軍由德川家代代相傳。」為了實現家康如此強硬的要求，吉良義定就得擔任其與朝廷間聯絡的窗口。接著在一六〇五年四月，秀忠被任命為征夷大將軍。從此德川家確立了征夷大將軍的世襲制度。

在一六〇五年以後，家康開始著手應付矢作川，將碧海台地鑿開，將矢作川的河水直接導向海中。家康終於實現了在此開闢鹽田、拓展圍墾農地這個長年以來的夢想。

然而，即使家康擁有壓倒性的實力，也無法完全消滅吉良家。因此家康的報復只能做到改變矢作川河道，讓吉良領地的圍墾農地無法再擴大。

德川家不但沒有消滅吉良家，反而任命其擔任「筆頭的高家」如此特別的高位。從上述可清楚地看到，德川家複雜而曲折的內情。

❖百年間的忍辱負重

對其他大名來說，吉良家只是一個必須敬重的名家。但對德川家而言，吉良家不只是名家，吉良家的存在更是延續家族的必要條件。

家康靠著吉良家在德川家和朝廷之間斡旋，而獲得征夷大將軍頭銜。不僅如此，代代德川家若要世襲征夷大將軍，都必須透過吉良家。征夷大將軍一定會死，死後必然要任命德川家的人來繼任征夷大將軍。在選出新的征夷大將軍之前，都必須仰賴吉良家的斡旋來獲得朝廷的同意。

吉良家仗著朝廷權威，在江戶城內取得優勢的地位。即使德川家擁有壓倒性的權力，對吉良家卻仍抱持著複雜的感情。在矢作川長年累積的自卑感就這樣帶進江戶城內。權威的吉良家及權力的德川家之間的複雜關係，延續到二代將軍秀忠、三代將軍家光、四代將軍家綱、五代將軍綱吉的時代。前後持續了百年之久。

❖復仇的能量

一七〇一年，德川幕府發生了一件大事。在大殿松之廊下，淺野內匠頭砍傷了吉良上野介。由於砍傷的是位高權重的高家，因此淺野家遭到剝奪武士身分，淺野內匠頭也被迫切腹。此後在德川幕府內，便謠傳著淺野家的家臣有可疑的舉動。

對德川幕府而言，不對，應該說對德川家而言，這是千載難逢的機會。不管這起事件孰對孰錯，德川家只要能有效地利用這個事件，便可一舉消滅吉良家。更不用說為長久在矢作川飽嚐之辛酸、百年在江戶城隱忍的屈辱雪恥。德川家不會再容許比自己地位還高的武家存在了。

因此，暗中協助襲擊吉良家的赤穗浪士，便成為德川幕府必然採取的對策。事件發生後，德川幕府也必然徹底摧毀吉良家。從前不敢動吉良家一根寒毛的德川幕府，這時終於有了藉口，在光天化日下消滅了吉良家。

赤穗浪士對君主的忠誠，並不是推動忠臣藏這齣劇的動力，賺人熱淚的劇情只是表面而已，人們的感情在權力鬥爭面前如同微塵一般渺小。潛藏在忠臣藏表面下的偏執心，就是德川家醞釀百年的復仇能量。

在吉良家菩提寺合十參拜後，我遇見了上述兩張圖片。不對，與其說是我遇見那兩張圖，不如說是吉良上野介執著地將我拉到那兩張圖前，對我說：「給我好好看圖，把埋藏在忠臣藏裡頭的謎團解開。」

忠臣藏的最後一片拼圖終於嵌了上去。但不知為何我卻沒有成就感，反而心情更顯沉重。

譯註

1 外樣是關原之戰後臣服於德川家的大名。

2 菩提寺是日本的一種祭拜家族與祖先的寺院，類似華人文化中的宗祠，每個家族都有自己的菩提寺。

3 干拓亦即圍墾，此處的作法是在沿海修築堤防，待海水排出後，便可取得土地。

4 守護是鎌倉、室町時代的官名，負責維持各國的警備及治安。

5 地頭是鎌倉時代的官名，在所轄的莊園有收稅權、管理權等權力，並支配領地上的人民。

第8章

赤穗四十七浪士為何被埋葬在泉岳寺？

德川幕府的百年復仇④

元祿十五年十二月十四日（一七〇三年一月三十日）早晨，四十七名赤穗浪士從本所回向院隔壁的吉良家宅邸中走了出來，朝高輪的泉岳寺方向前進。吉良家在熟睡中遭到襲擊，十六人慘遭殺害，二十三人身負重傷，而吉良上野介的首級也被取了下來。浪士們離開本所，繞過江戶警備役人的居住區——八丁堀，從新橋正大光明地進了東海道，經過札之辻的大木戶，朝泉岳寺前進。渾身是血的浪士集團就這樣大剌剌地在江戶市區移動並通過大木戶，這在當時是不可思議的事。

另外，這四十七名浪士的目的地是「泉岳寺」。對江戶幕府而言，這是一座獨一無二的重要寺院。浪士們不僅在此集合，最後全員還被整齊地埋葬在這裡。

為何幕府會允許將浪士們合葬在泉岳寺？這個行為中隱藏了江戶幕府最後的巧妙計謀。

直到二十一世紀的今天，日本人仍深陷於江戶幕府這項計謀之中。

❖ 從高輪大木戶到泉岳寺

一八六八年官軍準備進攻江戶前，幕府舊臣勝海舟與官軍參謀西鄉隆盛展開了一場會談，場所選在高輪薩摩藩的下屋敷。如今這棟建築只剩下紀念碑。我住在大井町，因此時常經過這個紀念碑。為了仔細再看那座紀念碑，某個假日下午我便出了門。

在JR田町站下車，沿著第一京濱向東京方向走去，在舊三菱汽車大樓玄關前，有一塊刻有「江戶開城　西鄉南州　勝海舟　會見之地」文字的大型圓形石碑。這裡只有這塊石碑，拍完照後就沒有事情可以做了。

難得出門逛逛，我決定散步回家，大約一個小時就能抵達。

離開「勝．西鄉會見石碑」後，我沿著第一京濱走回品川附近。第一京濱的正式名稱是「國道十五號線」，也就是以前的東海道。正月的箱根大學「驛傳」（接力路跑）也在此舉行。因為是東京和橫濱間的主要幹道，所以人們為它取了「第一京濱」的綽號，而不是稱呼它的本名「國道十五號線」。

走過剛才下車的JR田町站，馬上就到札之辻的路口。從這個路口過斑馬線大約走一公里的距離，就會看見高輪大木戶[1]的遺跡，如圖①。

石牆的遺跡就如同當時的大木戶，躺在路邊佔用著人行道，因此路人都得繞過石牆前進。

圖① 高輪大木戶的原址

在江戶市區重要的邊界上都設有木戶（大門）。在木戶這扇對開大門的角落，設有木戶警備小屋。到了晚上，木戶的門便會關閉。江戶市區重要的木戶是東海道的高輪、甲州街道的四谷、中山道的板橋。木戶設置的目的是為了維護江戶的治安。

板橋的大木戶已被拆除，但四谷大木戶和高輪大木戶則有一部分被保留下來。雖然江戶末期的警備逐漸鬆散，但看到高輪大木戶遺跡這樣結實的石牆，我們仍可推論這裡曾是江戶警備上的重要關口。

一七〇二年十二月十四日，一個下雪的早晨，渾身是血的赤穗浪士順利通過高輪大木戶。一般情況下，浪士在通過時應該會受到盤查。但實際上卻未留下這樣的紀錄。看來德川幕府的「視而不見」指令已完整地傳達給最底下的役人（公務員）。拍攝高輪大木戶遺跡的照片之後，我往品川走去，走不到一百公尺便到了泉岳寺的交叉口。

我來過泉岳寺很多次，但之前都是從地下鐵泉岳寺站或JR品川站過來，這是第一次特地從較遠的JR田町走過來。而我以前都沒注意到，高輪大木戶和泉岳寺的距離竟如此近。站在泉岳寺交叉口，似乎有人一直對我低聲傾訴著什麼，我的心情一直無法保持平靜。

泉岳寺的立牌

每年到正月時，電視上總會播放「忠臣藏」，而我自己也是邊看邊掉淚的普通日本觀眾。但這樣的我，卻在第六章寫下，赤穗浪士的襲擊事件是在德川幕府包庇下所進行的單方面攻擊。

站在泉岳寺交叉口上，我無法保持冷靜，難道是因為對四十七浪士懷有歉意？因為時間十分充裕，我想給久違的四十七浪士上香。於是，我越過第一京濱，踏上了通往泉岳寺的緩坡。

進了寺院中門，幾家土產店兜售著各式各樣忠臣藏周邊商品，這樣的景色和地方的觀光一樣。看到這類土產店，雖然身處市中心，卻有種到遠地旅遊的感覺。這種土產店的存在，可

圖② 泉岳寺山門的立牌

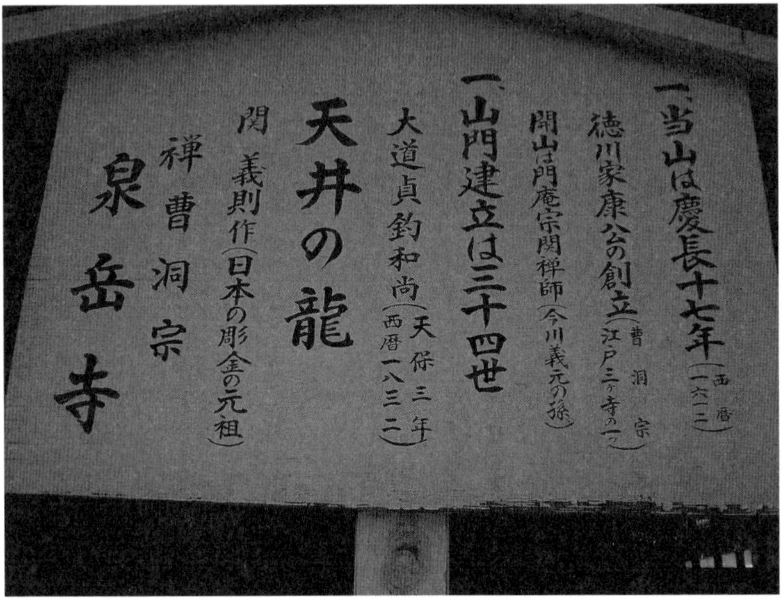
一、当山は慶長十七年（西暦一六一二）
徳川家康公の創立（曹洞宗 江戸三ヶ寺の一つ）
開山は門庵宗関禅師（今川義元の孫）
一、山門建立は三十四世
大道貞鈞和尚（天保三年 西暦一八三二）
天井の龍
閲 義則作（日本の彫金の元祖）
禅 曹洞宗
泉岳寺

說是日常生活的世界及非日常的忠臣藏世界之間的一道界線。

穿過土產店，正準備跨越寺院的山門，一個木製立牌映入我的眼簾。

來到山門，我急著想看四十七浪士的墓。雖然來了很多次，但我都沒注意到這塊立牌。不知為何這天卻被這塊立牌吸引過去。

當我將視線轉移到立牌上，我緊盯著立牌上的字。

圖②立牌照片上「天井之龍」這四個斗大的字相當醒目，一不注意視線就會被吸引過去。但我的焦點卻不是那裡，而是第二行的「德川家康公創立」這幾個字。

家康建了泉岳寺？祭拜四十七浪士的寺院是家康蓋的？

四十七浪士的襲擊事件不僅有損德川幕府

的威信，也破壞了天下的安寧。因此犯案當下，四十七浪士接受訊問，幕府下令全員切腹，當天浪士們就埋在這裡了。

在當時，四十七浪士確實犯下了滔天大罪，但這群罪犯所埋葬的寺院，竟是家康興建的。真是令人難以想像。

❖興建泉岳寺的人

匆匆越過山門，我走向四十七浪士墓地對面的本堂，靠近本堂時剛好有位中年僧侶從裡頭出來，打過招呼後我便開口：「可以向您請教一下嗎？」僧侶笑著停下腳步。

「這座泉岳寺真的是家康興建的嗎？」

這位僧侶對於我提出的奇怪問題，心平氣和地給了答案。

「泉岳寺是一六一二年家康公所興建的寺院，是為了祭拜年少時曾經照顧家康公的今川義元。當初建在今天大倉酒店的位置，但在一六四一年寬永大火中付之一炬。後來家光公在高輪重建了泉岳寺。」

也就是說，泉岳寺由家康所建，而後由家光重建。沒想到連家光都上場了，我一不注意，就以稍微強硬的口吻反問回去。

「對德川家如此重要的寺院，竟埋葬了赤穗四十七浪士這樣的罪犯？」

對於我興師問罪般的詰問，僧侶可能有些誤會，他也以強硬的口吻回答我。

「實際修復寺院的是受家光公命令的毛利、淺野、丹羽、朽木、水谷這五位大名。因為有這樣的緣分，泉岳寺便成為淺野家在江戶的菩提寺。四十七浪士也就一同葬在這個葬有淺野公的泉岳寺中。」

我本來就知曉泉岳寺是淺野家在江戶的菩提寺，但泉岳寺是由德川幕府下令毛利、淺野等五位大名重建這件事，我倒是第一次聽到。

泉岳寺的重建根本就是德川家的命令，毛利、淺野等五位大名只是奉命出錢重建而已。不管怎麼說，這座泉岳寺的祭祀是以德川家為中心，對德川家而言是重要的寺院。

家康所安葬的寺院以及和家康有關的寺院相當多，在其出身地岡崎及駿府也有家康創立的寺院。但在江戶市，家康創立的寺院大概只有這座泉岳寺。

對德川家如此重要的泉岳寺，卻埋葬著赤穗浪士這樣的罪犯，而且人數不只一、兩人，是四十七人的集體墓地，佔了泉岳寺相當大的面積。

如果僅以「因為泉岳寺是淺野家在江戶的菩提寺」這樣的理由，無法解釋四十七浪士被埋葬於此的原因。如果沒有德川幕府的許可，不對，應該說沒有德川幕府主動贊成的話，四十七浪士不可能會一起埋葬在這座狹小的泉岳寺裡。

◆站在泉岳寺的交叉口

我一時不知如何整理自己的情緒，來面對「泉岳寺是家康興建的」這個事實。在四十七浪士的墓前上了香，我便離開泉岳寺。

下了泉岳寺的坡道，來到第一京濱的路口，我回過身望向泉岳寺的中門。不經意地，右側的高輪大木戶映入我的眼簾，我急忙地往左邊望去，左側是一座品川站前的陸橋。

泉岳寺被夾在高輪大木戶和品川站之間。我不斷地來回望著泉岳寺、高輪大木戶及品川方向，過了一會兒，我深深吸了一口氣，脫口而出：「原來是這樣！」

四十七浪士被埋葬在泉岳寺這檔事，其實是德川幕府巧妙的計謀。關於四十七浪士的埋葬地，德川幕府不但只是發出許可或同意而已，葬於泉岳寺根本是德川幕府下的命令。

這是為了將這次襲擊事件轉換成一則忠義故事的形式，向日本全國推廣。

透過四十七浪士與君主淺野內匠頭一同葬在泉岳寺，赤穗浪士的忠義被明確地刻劃出來。在四十七浪士忠義故事的包裝下，德川幕府便可隱藏其真正的陰謀——「消滅吉良家」。

在江戶大門附近的泉岳寺弔唁四十七浪士，可以讓這則忠義故事傳到日本全國大街小巷。

在江戶幕府設立一百多年的元祿年間，全國大名對德川幕府的忠誠度逐漸下滑。在這樣的情況下，赤穗浪士為君主復仇的「忠義」，對德川幕府而言是一個極為方便的宣傳工具。推廣對君主的「忠誠心」，可以強化幕藩體制，讓德川幕府的統治穩如泰山。

為了達到以上目的，德川幕府將四十七位浪士葬在德川家重要的泉岳寺之中。

這天我來到泉岳寺的交叉口，向我低聲傾訴的就是這個故事。

❖在高輪大木戶和品川宿之間的泉岳寺

品川宿是重要的宿場（休息站）。對於從江戶出發的旅人而言，這是第一個宿場，而對準備進入江戶的旅人則是最後一個宿場。品川宿雖是位於街上的宿場，但也是往來船隻的停泊地點。

船隻運來的貨物會在這裡下到小舟上，然後搬運到江戶市區。圖③是歌川廣重的《芝浦的風景》，這幅畫描繪了將貨物從品川用小舟運到江戶市區的景象。

搭船的人在品川下船，到品川宿過夜，隔天再通過高輪大木戶進入江戶市區。換句話說，品川宿到高輪大木戶這段路，無論走陸路或海路的人都會經過。

不只是旅人，送行及迎客的人也會聚集在這條路上。這條壅塞的街道滿是茶屋和土產店，春天時人們在這裡賞花，夏天時在岸邊玩耍，秋天則在此賞月。這條街上總是充滿了人群，是江戶最擁擠的鬧區之一。

圖③　歌川廣重的「名所江戶百景」《芝浦的風景》

（圖片提供：三菱東京UFJ銀行貨幣資料館）

圖④　「江戸名所圖會」《高輪大木戸》

（江戸東京博物館館藏，圖片提供：東京都歷史文化財團圖資集）

圖④「江戸名所圖會」的《高輪大木戸》，讓我們感受到當時街道的熱鬧氣氛。泉岳寺正是位於熱鬧的高輪大木戸與品川宿之間。

❖名為泉岳寺的主題公園

泉岳寺是曹洞宗在江戸的三大學舍[2]之一，超過兩百位的學僧曾經在此學習。後來的駒澤大學也誕生於此。到了近代，舊東海道被拓寬成第一京濱，當時泉岳寺的大門遭到拆除。不過在江戸時代，泉岳寺的大門確實是面向東海道。

不論是準備出發或進入江戸的人，一看到泉岳寺，便會開始談論四十七浪士，然後越過正門步向四十七浪士的墓地。

前往墓地的途中，會經過清洗吉良上野介首級的洗首井。以淺野內匠頭的巨大墳墓和大石內藏之助的墳墓為中心，同樣形狀的四十七浪士的墳墓也整齊地排列在一起。泉岳寺的空間就如同忠臣藏這齣戲的舞台，如果以現代的用語來說，泉岳寺就如同忠臣藏的主題公園。

人們在這裡給四十七浪士上香，祈禱浪士們能夠安息，也祈求自己旅途平安。從寺院走出去，東海道沿路上販售忠臣藏繪本和浮世繪的商店毗鄰皆是，這是最合適的江戶土產。

透過旅人，忠臣藏的故事傳到了日本全國各地。人們聽到忠臣藏的故事，為四十七浪士襲擊前所受的苦難感動不已，也為襲擊成功及之後的切腹流下了眼淚。

❖ 萌生日本人自我認同的一則故事

忠臣藏是一則關鍵要素不明確的故事。因為故事的開端——發生於松之廊下的砍傷事件的原因，並未交代清楚。正因為開頭如此不明確，忠臣藏也因此衍生出許多故事情節。然而，無論是哪個版本，唯一不變的是四十七浪士的「忠義」。

德川幕府的目的順利達成，「忠義」的價值觀逐漸深入日本人心中。不過，忠臣藏帶給日本人的影響，其實遠超過德川幕府所預期的。

在忠臣藏的舞台上，劇情從春天裡淺野內匠頭的切腹開始，到雪中的襲擊事件，整齣舞台劇橫跨四季。在這精心設計的舞台上，淺野內匠頭、吉良上野介、赤穗四十七浪士及其他登場的角色，都會隨著季節的轉移而失去生命。在四季流轉下，生命縹緲的人們貫徹了忠義。在忠臣藏這齣戲中，時間的流轉、縹緲的生命、英勇人物的故事，這些要素都深深吸引著日本人。

這個從泉岳寺流傳出來的故事，成為日本列島上的人心中共有的敘事。所謂國民的自我認同，指的是國民享有共同的情報和故事。於是，忠臣藏逐漸成為日本人自我認同的基礎。

❖──高輪大木戶搬遷之謎

為了完成本書，某個深夜我上網為年號、地名、事件的來龍去脈等做最後確認。當我搜尋高輪大木戶時，看到了「高輪大木戶的搬遷」。

根據網路上的說法，高輪大木戶原本位於今天「札之辻」的交叉口，一七一〇年才從「札之辻」搬遷到高輪。圖⑤便是從札之辻通往品川宿之間的簡圖。

一七一〇年是赤穗浪士襲擊事件八年後。雖有一說高輪大木戶是在一七二四年搬遷的，無論如何，德川幕府在赤穗浪士的襲擊事件後，特地將原先位於「札之辻」的大木戶搬遷到泉岳寺附近。

圖⑤　舊東海道、泉岳寺周邊簡圖

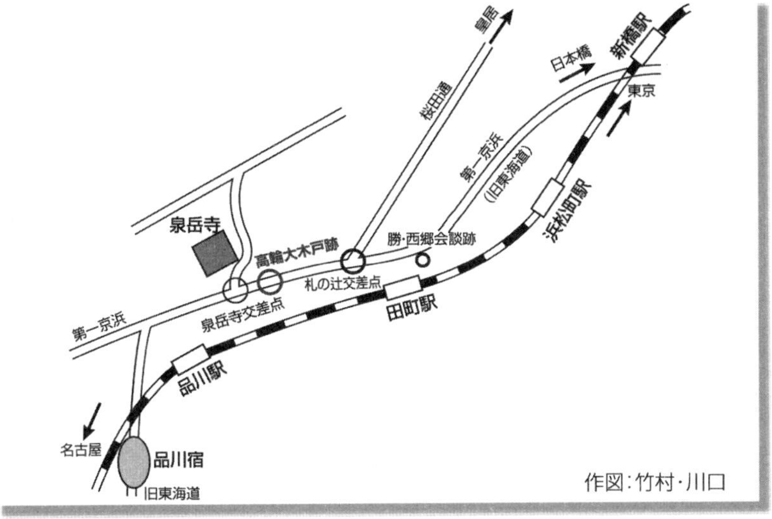

（製圖：竹村、川口）

還有一種說法，是因為江戶發展的需要才有了這次的搬遷。然而，看了江戶地圖便可知道，高輪的東海道周圍設有大名的下屋敷。在東海道上的大木戶是不會輕易搬遷的。除了高輪大木戶，四谷、板橋的大木戶從未因為江戶的擴展而遷移。可見高輪大木戶的搬遷沒這麼單純。

不過，只要沿著上述德川幕府計畫的脈絡，便可解釋大木戶搬遷的原因。

德川幕府最後的陰謀

如果大木戶在「札之辻」，清晨從品川宿向江戶移動的旅人便會急著向位於札之辻的大木戶前進。從品川宿出來後，旅人的目光會掃到泉岳寺，但距離札之辻的大木戶還有近一公里的距離。在這樣情況下，為了趕路就不會注意泉岳寺。

從江戶出來的旅人也一樣。穿過札之辻大木戶後，仍然不見品川宿，如果天色已黑，旅人就會趕著前往品川宿而不會注意泉岳寺。

如果大木戶位於泉岳寺附近的「高輪」，進入江戶的旅人便會在大木戶前駐留。從江戶出發的旅人，也會因為穿過高輪大木戶而看到品川宿，然後將步伐放慢。

如此一來，人們會在這裡停留或放慢腳步。在這裡，泉岳寺就像歡迎路人進入一般敞開著大門。

根據以上的說明，我們可以清楚看穿，將大木戶從「札之辻」轉移到「高輪」，這個江戶幕府小伎倆的陰謀。在和平的時代，江戶城內聰明的幕府役人成天想著這種小伎倆。而這種小伎倆卻在日本人的精神世界造成深遠的影響。

忠臣藏的故事蘊含了四季的流轉、生命的縹緲、對君主深厚的忠誠，這些元素也深入我心中。或許人們心中所重視的價值觀，也產生自歷史中這類瑣碎的小事。

譯註

1 大木戶是江戶的大門，為了檢查進出江戶的人和物所設的關卡。在江戶時代，旅人都要在此接受盤查，這裡也是接送旅客的地方。

2 另外兩間學舍分別設立於青松寺和總泉寺，青松寺學舍後來與泉岳寺學舍合併，成為曹洞宗大學，也就是今天的駒澤大學。

第9章

家康進入江戶後，為何立即開鑿小名木川？

關東壓制作戰和高速「水」路

二〇一二年東京新地標「晴空塔」開幕以後，隅田川的導覽觀光也開始活絡起來。隅田川的導覽行程也包含了遊覽小名木川。一般對於這條河川的解說是：「將鹽從行德運往江戶的運河」。

研究江戶的人都認為「小名木川是鹽路」，但這個說法正確嗎？家康入主江戶後，立即打造小名木川這條水道。為何家康如此急著建造小名木川？小名木川的功能到底是什麼？

若從二十一世紀的小名木川，無法回答這個問題，我們必須回到四百年前，觀察小名木川建造時江戶灣的地形。當我們了解四百年前江戶灣的地形，自然能夠理解小名木川的功能。

一旦理解了小名木川的功能，德川家康入主江戶時的新歷史故事便自然浮現出來。

◆「鹽路」小名木川

二〇一二年五月二十二日，六百三十四公尺高的東京晴空塔開幕了。從河川上遙望這座東京晴空塔的導覽行程也應運而生。日本橋的橋頭附近是起點，在七月連休三天時我前往日本橋。

以前我曾經搭乘遊艇遊覽日本橋川，當時日本橋附近十分灰暗，顯得寂寞。到了今天，曾經灰暗且寂寞的日本橋川的風景已大不相同，導覽公司爭相搶人，遊客也接踵而至，搶著搭船。

我也成了這些旅客之一，倉促上船航向隅田川。船隻從日本橋川出發接到隅田川然後北上，在小名木川的入口處迴轉，抵達河口的佃島後便折返。行程大約四十五分鐘。遊船公司可能沒注意到，小名木川到佃島的路程，正好是參觀德川家康歷史的重要行程。

小名木川東西橫跨江東區（請參照圖③），是一級河川——荒川的一條支流，也是一條典型的都市河川。小名木川並非天然河川，是在江戶初期由德川家康所打造的人工運河。雖然戰後昭和時期船運已經衰退，但在江戶、明治、大正、昭和時期，小名木川曾經是運河的幹道。

小名木川是為了連結隅田川（今天的荒川）以及中川而打造的水道。到了中川後，前方便是船堀川（後來的新川），藉由船堀川可行至江戶川（當時的利根川）的行德。當時在江戶川河口的行德有鹽田，因此小名木川被認為是負責運鹽進入江戶的人工運河。這也是小名木川被稱為「鹽路」的由來。

當行德的鹽田消失後，從利根川上游來的物資也是經由小名木川運往江戶。在江戶時代，小名木川是一條人及物資往來非常繁榮的運河。

❖關於小名木川的謎題

歌川廣重曾經用他的畫筆記錄過小名木川。圖①是廣重的《小奈木川五本松》。人們乘著船從小名木川的五本松下面通過，其中有一名乘客彎著身軀，把手帕弄濕。

這幅呈現江戶遊舟溫馨氣氛的畫讓人看了心情放鬆，這也是我所喜愛的廣重的浮世繪之一。

然而，這幅普通的畫作中有一個疑點。

發現這個疑點的是日本大學名譽教授三浦裕。如果三浦老師沒有將問題提點出來，我恐怕不會發現小名木川的謎題。

三浦老師在某個關於「水運」的演講中出了一個機智問答。除了廣重的浮世繪之外，三浦

圖①　歌川廣重的「名所江戶百景」《小奈木川五本松》

（圖片提供：三菱東京UFJ銀行貨幣資料館）

圖②　「江戸名所圖會」《小名木川・五本松》

（江戸東京博物館館藏，圖片提供：東京都歷史文化財團圖資集）

老師另外展示了一幅小名木川的畫作，就是圖②「江戸名所圖會」中的《小名木川・五本松〉。

這兩幅浮世繪都是以小名木川的五本松為題材。從五本松的位置來看，兩張圖都是從江戸往千葉的方向望過去的視角。但有個地方明顯不同，就是小名木川彎曲的方式：廣重的浮世繪是往右邊切過去，「江戸名所圖會」則是往左邊勾過來。

三浦老師出的謎題是：「這到底是什麼意思？」「哪一幅才是正確的？」最後以「如果是喜歡江戸歷史以及廣重的竹村先生，或許可以幫我解開這個謎題吧」作為結論。

廣重的浮世繪被點出有疑點，也被認為能夠解開這個謎題，我因此開始著手調查小名木川。

❖從謎題到謎團

現在的小名木川是一條東西流向的筆直河川，既不切右邊也不勾左邊。

「江戶名所圖會」是江戶研究中最著名的資料之一，出版於一八三四年到一八三六年之間。根據東京博物館的資料，歌川廣重的「名所江戶百景」出版於一八五七年，比「江戶名所圖會」晚了二十年左右。我想這二十年間河道不會發生改變。

我再次翻閱江戶古地圖。但不管是哪個時代的江戶地圖，小名木川都被畫成直線，沒有任何一張圖的河道是彎曲的。

真相大白了，小名木川的河道在江戶時代一直都是筆直的。

原來「江戶名所圖會」中的小名木川和廣重所繪的小奈木川，兩幅畫在構圖上都是虛構的。兩幅畫都刻意將小名木川畫成彎曲的。在構圖上，如果將河川以彎曲的方式呈現，比較能夠輕易地塑造出遠近感。因為這個理由，兩者都刻意將小名木川以彎曲的方式呈現。

從時間上來看，首先以彎曲的方式來呈現小名木川的是「江戶名所圖會」。二十年後，廣重站在小名木川的五本松下面，當他開始打草稿時，發現小名木川是筆直的，和著名的「江戶名所圖會」中的小名木川畫作呈現的樣貌不一樣。

同樣是畫家的廣重一定會發現，二十年前繪製「江戶名所圖會」的畫家為了製造出遠近感，刻意將小名木川以彎曲方式呈現。當然廣重也能夠繪製直線的小名木川，但為了向前人畫家表示敬意，廣重決定將小名木川以彎曲方式呈現。然而，廣重心想：「『江戶名所圖會』中的畫作是往左邊勾，那麼我就將河道往右邊切出去。」他便在虛構的構圖上加上自己的巧思。

歷史上有兩幅關於小名木川的浮世繪，一幅是往左勾，另一幅則是往右切過去的。若將這兩幅畫合在一起，小名木川就成為直線了。

這就是小名木川謎題的答案。

當我在調查這則關於小名木川的謎題時，發現了別的問題。那個謎題是：「小名木川為何被建造？」

❖——為了運鹽而開鑿的河川？

家康入主江戶後，首先著手進行的是道三堀和小名木川的運河工程。

在江戶川河口的行德，從鎌倉時代便有鹽田。在戰國時代此地的鹽則成為年貢，每年進貢給北條氏。因此，家康建造小名木川水道的理由是為了「獲得行德的鹽」這樣的說法，在江戶學的領域裡成為了定論。

鹽是人們必需品。當時鹽的生產地有限，因此鹽的價值相當高。在戰國時代有一則武田信玄和上杉謙信為了鹽而產生的軼事[1]，這使得支持「行德的鹽」之說法的人更加相信其正確性。

但我對以上的說法抱持疑問。

家康入主江戶後立即著手打造小名木川，難道家康這麼擔心鹽的供給？

絕對不可能！家康絕不會擔心鹽的供給，因為家康已經有了能夠自由使用的鹽田——吉良家領地的鹽田。

在愛知縣矢作川的河口有吉良家的鹽田。雖然吉良家在一五六〇年代敗給松平家，但在一五七九年受到家康提拔而成為其重要的部屬。

這是為了解開赤穗浪士的謎團，在調查德川家和吉良家從前的因緣時所學習到的知識。

如果家康需要鹽的話，不管要多少都可以從吉良家領地的鹽田中取得。因此，我不能接受「家康到了江戶最先進行的基礎建設是小名木川這條為『運鹽』而建的運河」這樣的說法。

◆一張小名木川的圖

假日我到久違的舊書店閒逛時，突然間看見鈴木理生編寫的《理解東京地理字典》（日本實業出版社），我隨手拿起來隨意翻閱，發現這是一本以淺顯易懂的方式將江戶古地圖重新繪製出來的有趣書籍。

回家後，我趕緊打開這本書。書中提到幕府建設道三堀和小名木川的目的，而鈴木理生這位江戶研究的第一人，在自己的書中也說明小名木川的功能是搬運行德的鹽。

但我在意的是圖③。

這是一張繪有江戶灣的河川及海岸的圖。在這張圖裡面，小名木川被畫在緊靠海岸線的位置。這時我才理解到，小名木川是如此緊沿著海岸線而開鑿的。

看著這張圖，我不自覺地拿起鉛筆開始描繪小名木川的簡圖。

我預感到心中的困惑將會散去。在自己的繪圖上加上海浪的那一瞬間，我心中的困惑完全消失了。

這就是我理解了家康開鑿小名木川的理由之瞬間。

圖④是將上述的簡圖重新清楚繪製後的樣子。

一五九〇年統一天下

一五九〇年家康入主江戶，正好是豐臣秀吉的全盛時期。

圖③　江戶初期的河川和海岸線

（引自：鈴木理生《如幻的江戶百年》，筑摩書房，製圖：竹村、松野）

圖④　江戶初期的小名木川與江戶灣

（製圖：竹村、松野）

一五八二年，秀吉與毛利家聯手控制了中國地方；一五八五年打敗長宗我部家，控制四國地區；一五八七年攻下島津的九州；和家康聯手攻打北條，在一五九〇年迫使小田原城開城，控制了關東。

也就是說，秀吉在一五九〇年統一了天下。

唯一讓秀吉吃敗仗的大名是家康。在六年前的一五八四年，小牧．長久手戰役中家康打敗了秀吉。到了一五九〇年，秀吉便將家康轉封到江戶這塊蠻荒之地。

名義上是做為攻打北條氏的犒賞，但移封地卻是位於遙遠的東方，需越過箱根的江戶，實際上等同於放逐。

秀吉和家康兩人大概都預測到，未來彼此之間必有一戰。

家康必須在關東這塊不熟悉的土地上做好萬全的準備，分秒必爭。秀吉贏得天下後，便露出兇猛的性格，譬如輕率下令出兵朝鮮，開始展現出暴君的一面。而家康時時處於秀吉隨時會攻打江戶的危機感中，他必須加快腳步，確保關東統治的基礎。

關東在戰國時代近百年中，都處於北條氏的統治之下。雖然北條氏在一五九〇交出了小田原城，但當時的關東仍處在北條氏殘餘勢力的影響下。家康必須要在最短的時間內，完全控制北條氏四散於關東平原上的殘餘勢力。這對家康而言是最急迫的事。

不過關東平原這塊新領地上，有個非常嚴重的問題等待著家康解決。

❖ 關東濕地

當時，荒川、利根川及渡良瀨川流進江戶灣。在繩紋時代，關東平原本來是一片汪洋，後來因海岸線後退，這三條河川所搬運的砂石堆積後才形成了平原。

而緊鄰江戶灣的關東平原排水不佳，是一片寬廣濕地，只要稍微降雨就會淹水，排水機能也不佳。

家康要如何快速地征服北條氏四散於遼闊的關東平原上的殘餘勢力呢？使用陸路作戰不僅相當困難，也很費時。

家康沒有時間了，決定天下的一戰已迫在眉睫。他在觀察這片關東濕地時，想到了可以反過來利用這塊濕地的方法——就是利用水路來征服關東。

在江戶城的正下方，海灣延伸至日比谷。在位在前方干潟的江戶前島上開鑿道三堀，利用這條水路可通往隅田川。

在隅田川通往中川途中的海岸線上，於干潟內側開鑿出水路，這便是小名木川。出了中川通過船堀川可抵達江戶川。

只要利用這條水路，便可輕易地征服江戶到千葉中間一帶的海岸。

藉由隅田川，甚至可以征服位在荒川上游的埼玉。利用中川和江戶川，可征服利根川上游的千葉、茨城、栃木、群馬一帶。只要利用這些水道網絡，便可在一眨眼的時間內征服關東周邊地區。

上千德川武將藉由水路抵達北條氏殘餘勢力所在的城下，將其徹底擊垮。北條氏的勢力因此被併入德川的勢力底下。

從此家康便控制了關東。

❖——高速「水」路

小名木川是一條不受海浪影響的軍事用高速「水」路[2]。家康為了這個目的特地在海岸線內側的干潟上打造了這條水路。

若只是要獲得行德的鹽，其實沒有必要興建這條水路。天氣好的時候沿著海岸線的海路，便可抵達行德。如果目的為了鹽，那麼這種方法便足夠了。

但是，小名木川不是為了控制行德的鹽田而建造的。

家康在江戶進行各種建設，但大部分的建設都是在一六〇〇年關原之戰勝利後才實施。控制天下後，掌握權力的家康便動員各大名，利用他們的財力和人力來進行各項土木工程，這就是前文所述的「手傳普請」。

小名木川工程始於家康進入江戶的一五九〇年。關原之戰以前的工程都是家康自己出資興建的，對家康而言，小名木川就是如此重要的水道。據傳，小名木川興建後三十年左右，一般民眾不准使用。因為這是一條軍事水道，也是德川幕府的生命線。

希特勒為了壓制德國及其周邊地區，建設了高速公路。但早在三百年以前的日本，家康為了控制關東地區早而蓋了高速「水」路了。

❖——佃島的秘密

解開小名木川的謎團後，位在隅田川河口上佃島的謎團也可一併解開。

一五九〇年家康進入江戶的時候，特別從大阪的佃村中帶了三十三位漁民一起同行。這些大阪的漁民便定居在隅田川河口的中洲。

家康為何特地從大阪帶漁民來江戶呢？

一五八二年，明智光秀在本能寺殺了織田信長，當時身為織田信長盟友的家康待在大阪的堺市。家康在敵人的地盤上孤立無援，這是家康生平中最大的危機。

將家康從這個危機中拯救出來的，便是大阪佃村森孫右衛門的漁民。他們用船將家康載離

圖⑤ 現在的小名木川與東京灣

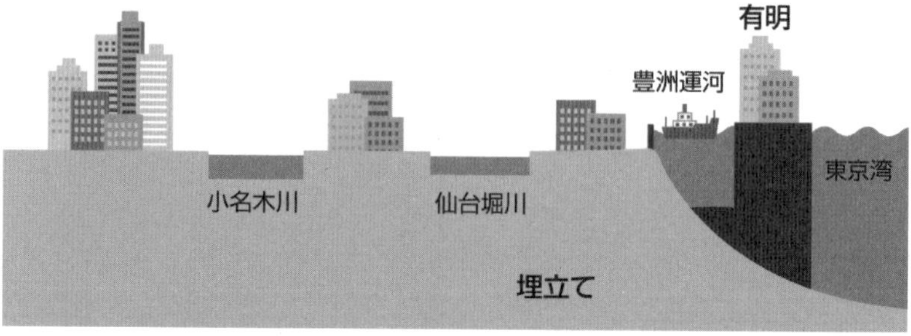

（製圖：竹村、松野）

大阪以脫離險境。對於家康而言，大阪佃村的漁民是他打從心底可信賴的救命恩人。

一五九〇年入主江戶的家康，為了要用水路來控制江戶周邊地區，而打造了小名木川這條軍事用的高速水路。但不能讓關東的漁民來操作往來於這條水路的船隊，因為一百多年來關東的漁民一直處於北條氏的控制下。

控制船的人掌握了搭乘者的命運。如此重要的船，不能讓北條氏勢力下的漁民來操縱。正因為如此，家康才會將其信任的救命恩人——大阪佃村的漁民——帶到江戶，將德川水軍交給他們操縱。

大阪漁民們居住的洲，不知何時開始被人稱為佃島。這就是小名木川和佃島的新故事。藉由圖⑤，我發現了這個新的故事。

從江戶到現代，海岸線完全遭到掩埋。圖⑤是從今天的小名木川到東京灣的橫切圖。光看現在的景觀，沒辦法想到小名木川誕生的故事。

在江戶的二百六十年間，日本處於和平的狀態，小名木川於是逐漸成為一條將各地糧食運往江戶，並將作為肥料的排泄物從江戶運往各地農村的水道。人們完全忘了小名木川是為了軍事目的而打造的水道。這條水道也就搖身一變，成為了日常生活中支撐江戶人生活的基礎建設。

在廣重及「江戶名所圖會」中所描繪的小名木川的樣貌，距離那嗜血的年代有兩百年以上，距離激烈動盪的近代還很遙遠。

我終於理解為何廣重的作品總能讓人感受到溫暖而放鬆。因為廣重筆下的日本，正處於史上絕無僅有的和平年代。

譯註

1 這是一則關於送鹽的軼事。當時武田信玄遭到北條氏康經濟封鎖，無法取得鹽。當武田領地內的人民正苦於缺鹽時，勁敵的上杉謙信因為重義，因此將鹽送給武田家。故事的真偽不可考。

2 原文為「アウトバーン」意指希特勒為了作戰需要而打造的高速公路，作者在此以該詞來比喻小名木川在作戰上的意義。

第10章

江戶為何能確保一百萬居民的飲用水？

被遺忘的水庫「溜池」

大都市的弱點是「飲用水」。在歷史上，不管是哪座世界上的大都市，都為飲用水傷透腦筋。都市剛誕生時，都是依賴附近的河川、湖泊來確保水資源，但隨著都市發展，大都市總會面臨水資源不足的窘境。

因為不管哪座城市，都背負著人口膨脹的宿命。都市不事生產，而是依賴服務業來支撐。一種服務業會連帶產生其他服務業，都市因此不斷地產生新的服務業。而作為服務業勞動力的勞動者，便成為都市發展的必要條件。

即使是擁有權力的執政者，也無法抑制都市的人口膨脹。因此隨著都市發展，世界上許多都市都面臨水資源不足的問題，無法解決這個難題的都市便會逐漸衰退。

十八世紀的江戶有一百萬人口，是當時全世界人口最多的都市。家康受命轉封的江戶，原本是一個缺乏水資源的地方。那麼缺水的江戶是如何確保水資源呢？水資源的確保是江戶這座大都市最大的課題。

在二十一世紀的今天，大都市東京仍持續面對著從家康時代開始、與水資源的對抗。

❖——廣重的《虎之門外的葵坂》

當颱風直擊關東地區時，電視新聞常會報導千代田區溜池交叉口。只要東京降下豪雨，溜池、赤坂附近便會積水，水量足以使行經的汽車濺起水花。溜池交叉口的這番景象宛如一幅畫，可說是東京豪雨時的最佳寫照。

如果我說「在江戶時代，這個溜池交叉口是在水壩底下」，大概沒有人會相信。然而，溜池交叉口到赤坂一帶，在一百二十年前確實位於水壩底下。

真是如科幻小說一般的情節。

幾年前，我為了打發時間，隨手翻閱廣重的畫集「名所江戶百景」。我的手停在圖①《虎之門外的葵坂》這幅畫上。

我過去看過許多次《虎之門外的葵坂》，但每次都將視線擺在兩位為了祈願而正在往金刀比羅宮的路上進行寒行[1]的半裸職人、蕎麥麵店老闆及兩隻貓身上。當然我也注意到後方湍流的瀑布，但卻忽略背景中的瀑布所代表的重要意義。我因為察覺到瀑布背後的意義，手才會停在這一頁上。我注意到的，只是一個理所當然的事情：這個瀑布是人造的，而非天然形成的。

沒錯，這張圖畫的是堰堤。這個堰堤由刻意裁切出來的石塊堆積壓實而成，也就是水壩專

圖① 歌川廣重的「名所江戸百景」《虎之門外的葵坂》

（圖片提供：三菱東京UFJ銀行貨幣資料館）

業術語中的巨石水壩。從圖片的構圖來推定，這座約六公尺高的壯觀水壩過去曾矗立於江戶的正中央。

這張圖的位置是在港區的虎之門。圖中兩位打赤膊的職人正前往今天位於虎之門的金刀比羅宮。從兩側小山丘的地形來看，堰堤大概的位置是在今天霞關大樓前方。貓蹲的斜坡是今天美國大使館前面的坡道，對面燈火通明房屋的位置則是今天首相官邸所在的山丘。

如果這個位置在過去有堰堤的話，那麼赤坂一帶應該就是貯水池。溜池交叉點到赤坂這段繁榮的街道，在當時真的是一座名副其實的水壩裡的「池子」[2]。

「溜池」

我趁著放假到虎之門，再次站在溜池交叉口上環視一周。以前的地形經過人為的工程，已大幅改變，不特別留意的話，不會注意到周圍地形的起伏。從溜池往虎之門或赤坂的方向看過去，幾乎都是平坦的地形。因為有大樓遮蔽，視線從溜池交叉口無法到達赤坂見附。不過就地形上來說，從赤坂見附的交叉口一開始就是上坡。行經溜池交叉口的六本木通，接往霞關方向與六本木方向的道路，兩邊經確認為上坡。

溜池交叉口確實是低窪地，不難想像這裡曾經有一座巨大的蓄水池，而且規模大到超乎想像。

距離溜池交叉口東邊五百公尺處便是虎之門交叉口。試著回想一下廣重的那幅畫，他應該是坐在虎之門交叉口附近，面對著赤坂見附來寫生的吧。

今天這座虎之門的堰堤成為了交通繁忙的「外堀通」，從地名上可以得知這座蓄水池曾經是江戶城的外圍護城河[3]。這個蓄水池除了曾經是江戶城的護城河之外，還有另外一個重要的功能：提供江戶市民飲用水。

❖在玉川引水渠完成之前

許多人都知道江戶的飲用水來自玉川引水渠。先不論這條引水渠是否由玉川兄弟所完成，一六五三年之後，玉川引水渠不斷供應江戶周邊的農業用水及江戶市民的飲用水。當時世界上最大、擁有百萬人口的江戶，其繁榮就是由玉川引水渠這個重要的基礎建設所支撐的。

這裡有個問題。玉川引水渠完成於一六五三年，而家康是在一五九〇年入主江戶，一六〇三年開設江戶幕府。在玉川引水渠完成前的半世紀，德川家及江戶市民的飲用水從何而來？

一五九〇年，德川家康受豐臣秀吉之命轉封江戶，當時江戶是人口寥寥無幾的偏僻村落。江戶城的所在地武藏野台地到處是泉水，但對於坐擁大軍的德川家來說，單靠這些泉水並不足以供應飲用水的需求。

在武藏野台地東邊的平地上，利根川和荒川流向江戶灣。然而，河川裡的水無法作為飲用水來使用，因為關東平原地勢平坦，江戶灣的海水會從河口倒灌進來，因此河川的鹽分相當高，無法作為飲用水。即使真的要使用這些河川的水，當時也沒有幫浦之類的技術將水由低處汲取到高處的台地。

做為德川家康奠立長期政權的根據地，水資源不足是江戶決定性的缺陷。於是，確保乾淨的飲用水便成為家康入主江戶最優先處理的課題。

❖——江戶的都市建設

據說，在一五九〇年入主江戶以前，家康命令其最信任的家臣大久保藤五郎前往江戶建造當地的引水渠。大久保藤五郎所建造的引水渠是後來神田引水渠的前身——小石川引水渠。這條小石川引水渠的水源及詳細的配水路徑至今仍然不明，不過當時家康是在確保飲用水無虞後才進入江戶。正因為大久保藤五郎有建設引水渠的貢獻，因此家康賜名為「主水」。

十年後的一六〇〇年，家康贏得決定天下的關原之戰。江戶的首都建設終於漸漸步上正軌。日比谷的填海造地是其中著名的案例之一。在這個工程中，他們用神田高台的土填補日比谷的入江。之後在這裡配置家臣的住宅，並逐步打造運河的裝卸貨區。

在這個時期，家康也開始進行利根川東遷的大規模治水工程。這項工程的目的是希望改變原先流進江戶灣的利根川，將其導向銚子，預防江戶遭洪水侵襲，同時也能使關東的濕地乾燥化，將其開發為田地。

圖②是當時江戶的地圖，此圖清楚地標示出日比谷的入江及濕地的區域。

江戶的首都建設順利地進行。不過，負責這些工程的是歸順家康的全國大名。往後這樣的行為稱為「手傳普請」，成為德川幕府支配全國大名的強力手段。

然而，其中一項重要的工程卻被日比谷填海造地及利根川東遷等壯觀工程所掩蓋。那就是在江戶正中央進行的水壩建設工程。

❖支撐江戶文明的堤防

一六〇六年，家康命令和歌山藩的淺野家建設堰堤，即水壩。因為江戶只依靠小石川引水渠來供應飲用水，顯然不足夠。為此，家康計劃建設堰堤，利用蓄水池來確保江戶的飲用水。

今天的赤坂到溜池附近原本是低窪濕地，而清水谷公園則有乾淨的湧泉。另外，下游虎之

圖② 江戶的古地圖，1460年左右的東京

（製圖：正井泰夫）

門附近的河道也特別狹窄，家康注意到這個地形，命令淺野家在此建設堰堤。只要在這個狹窄地區建設堰堤，就可以打造出確保飲用水的蓄水池。此外，這個蓄水池也可以兼作為防護江戶城的護城河。

這座虎之門堰堤便成為日本第一座為都市打造的多目的水壩。圖①廣重的《虎之門外葵坂》便清楚呈現了該堰堤的樣貌。

堰堤完成後半世紀，總長四十三公里的玉川引水渠完成了。玉川引水渠和虎之門堰堤的蓄水池連結在一起，當多摩川的水量充足時，就先用這個蓄水池將水儲存起來，等到多摩川缺水時再使用。

德川幕府打造出了一個如同今天所使用的近代水資源控制系統。

在整個江戶時代，這座虎之門堰堤的蓄水池提供生命之水給一百萬江戶市民使用。

❖──消失的水庫

到了明治時期，江戶改名為東京，玉川引水渠和虎之門堰堤仍持續為東京市民提供水資源。然而，在明治時期施行的日本近代化政策下，大量的人口流入東京。人口快速增加導致居住環境急速惡化，包括蓄水池的水質。

一八八六年，東京發生大規模霍亂，政府察覺到近代水道事業的必要性，於是在一八九八年，於今日新宿西口的位置建造淀橋淨水廠。往後多摩川的水不再經過蓄水池，而是直接進入淀橋淨水廠，以便進行沉澱及過濾。

因此，蓄水池的水質又更加惡化，虎之門的堰堤逐漸成為東京的麻煩。此後蓄水池漸遭掩埋，不知不覺中，這座堰堤就消失了。三百年來支撐江戶和東京的虎之門堰堤之消失，同時也是為東京市民心中提供生命泉源之水消失的一刻。

東京仍不斷地膨脹，人口逐漸從兩百萬人突破到五百萬人，再膨脹到一千萬人。上游的羽村堰將多摩川的水全數取走，羽村堰的下游就像篩子打水一樣引不到水。雖然後來又在多摩川上游建了小河內水壩，但水量仍不充足，於是再從利根川引水過去。而這個為了東京都民所建的水壩，卻使得利根川上游山區許多村落淹沒於水裡。

搶奪水資源的東京

今天東京市民不知道自己的飲用水從何而來。即使知道，也不知道使用量有多巨大。

東京每天從利根川導入二百四十萬立方公尺的水量。許多人對二百四十萬立方公尺沒什麼概念，如果用水裝滿甲子園球場，會有六十萬立方公尺。東京每天從利根川導入甲子園球場

圖③ 利根川（栗橋流域）的硫礦概念圖

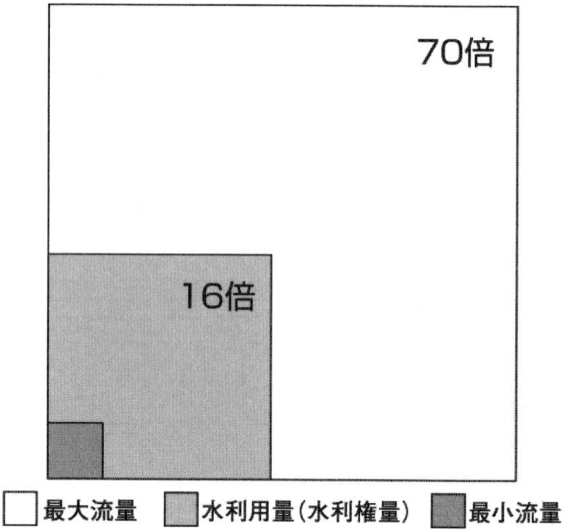

（數據來自「平成3-12年流量年表」，國土交通省河川局製作）

容積四倍的水量，但「導入」這個詞並不適用，用「搶奪」比較貼切。因此可以說，大都會貪婪地搶奪河川的水資源。

圖③是表現利根川水量的概念圖。最內側的小四方形表示利根川年間最小流量，最外圍的大四方形則是年間最大流量。最小和最大流量之間的差距非常大，由此可知利根川每年的年間流量變動相當劇烈。

最大和最小流量之間的四方形是人們從利根川上取水的量。這張圖顯示了一個矛盾：從最小流量中無法取得更多的水資源。

解決這個矛盾的方法就是水壩。水壩能在利根川水量充足時儲存用水，等到利根川缺水時再放水。藉此東京才能使用如此龐大的用水量。

由於氣候變遷，降雨量的變動更為激烈，最小流量變得更小，最大流量則變得更大。

二十一世紀，儲存人們生命泉源之「水」的水壩，其重要性只會增加不會減少。

❖——東京人失去的「基礎建設」和「日本人的精神」

在江戶時代，德川幕府將利根川的流向從江戶灣轉移到了銚子。到了明治時期，東京將生命的水源從都心的「溜池」轉移到山區深處。東京人已不在乎生命源泉的水源了。

我一直關注基礎建設這個支撐文明底部的下層結構。江戶變成東京後，失去的最重要的東西，就是江戶自身所擁有的基礎建設。其中最重要的莫過於是生命之水的泉源——「虎之門堰堤」。

如果虎之門堰堤仍然存在，蓄水池仍廣布於赤坂一帶的話，人們或許就能夠在日常生活中切身感受到生命之水。也或許能使人們認知到汙染了蓄水池會傷害到自己生命的觀念。在二十一世紀的今天，這塊蓄水池或許能夠培養人們保護水壩所在地的森林及當地水質的意識。

虎之門堰堤的溜池與小河內水壩和八木澤水壩相較之下，只是螻蟻般的大小。但是，位於市區的小小堰堤所能提供的精神效果，卻是無法估計的。

看著廣重的《虎之門外的葵坂》，我不知不覺地愛上江戶了。

為祈願而正進行寒行的兩位職人的人生，擔著攤子的蕎麥店老闆的人生，趕著回家行人們的人生，兩隻貓的生命，令我感到憐愛的，難道是這些人和動物努力在當下綻放的生命能量？

或者惹人憐愛的是，曾經供給江戶生命之水，卻在不知不覺中遭到掩埋而逐漸消失的虎之門堰堤？

我並不打算判斷。

譯註

1 寒行是指在寒冬中修行。其中一種寒行是「寒參」，意指赤裸著身子，在寒風的夜晚前往神社寺院參拜。

2 溜池在日文中是蓄水池的意思。

3 堀是護城河的意思。當護城河有內外兩條時，外面那條護城河就是「外堀」。

第11章

吉原遊郭為何要搬遷？

一個關於江戶治水的故事

一六五七年，江戶發生了人稱振袖火事的明曆大火。江戶在這場大火中付之一炬，十萬以上的居民喪命。在此之後，江戶幕府在江戶徹底進行都市改造。在這次改造中，原先位於日本橋附近的吉原遊郭[1]被搬遷到淺草的日本堤。

關於幕府遷移吉原遊郭的理由有許多說法，例如吉原遊郭在江戶市中心會造成風紀問題、可能發生火災等。但如果是為了維持風紀及預防火災的發生，江戶周邊仍有許多偏僻的位置可供選擇。

以上的理由無法說明為何遷移的地點是淺草的日本堤。

答案就在廣重的《吉原日本堤》之中。藉由這幅浮世繪，我們可以清楚看到德川幕府保護江戶安全的計畫。

德川幕府計畫的目標不只有吉原遊郭，淺草對岸向島料亭街、淺草猿若町的戲劇小屋街的出現，都是幕府為了守護江戶而提出的方法。

藉由廣重的《吉原日本堤》，我們彷彿可以穿越時空，看到當時幕府役人絞盡腦汁思考保護江戶之對策。

淺草寺的緣起繪

正月的成人之日，我在晴朗冬陽下往淺草寺的方向走去。元旦時因為感冒而睡了整天，就連路跑經過我家附近第一京濱的大學驛傳[2]也沒去看。因此這次是新年後第一次正式的外出。

淺草寺人山人海，我被人潮擠了出來，只好在仲見世通的左側隨便溜達。通過傳法院時，我因人潮推擠撞到了一塊立牌。此時我才第一次注意到該立牌上面的畫，並停下腳步觀看。那是一幅畫有淺草寺起源的緣起繪[3]。

這幅緣起繪是九四二年平安時代的武將平公雅建立伽藍（佛寺）的奉納物。九四二年是平安時代，我嚇了一跳，「原來淺草寺這麼早以前就有了啊。」我以前一直以為淺草寺建於江戶時代。

這裡還並列著其他畫有緣起繪的立牌，我逆著人群回去看剛剛錯過的立牌。第一個立牌上的畫是《淺草寺的草創》。據說在飛鳥時代，土師中知創立了淺草寺。接著是《本尊的現身》，內容講述飛鳥時代的六二八年，漁夫兄弟用魚網撈起了一尊佛像，這尊佛像也就成為了淺草寺本尊的觀世音菩薩像。在這前方還有一塊立牌，是這一系列緣起繪年代中最早的一幅——《淺草之曙》。畫中的內容是在入江的漁村中，人們簡樸地捕魚及農耕的樣子。圖①

圖① 淺草寺緣起繪的立牌

便是淺草寺緣起繪的立牌。

❖——江戶的中心——淺草

在緣起繪開頭的部分，簡潔地交代淺草的歷史：「淺草由利根川及入間川所搬運的砂土堆積而成。藉由傳法院留下來的石棺可得知，在古墳時代末期，淺草便有人開始定居。雖然曾經是漁民和農民生活的小村莊，但因為隅田川舟運盛行，這裡一躍成為交通要道，也因此迎來了發展的曙光。」

日本文明逐漸誕生在奈良盆地上的時候，淺草就已經存在了。

說到淺草，就會想到東京的下町。我之前一直以為東京的下町在繩紋時代位於海面下，在江戶時代則是排水不佳的濕地帶。但淺草不是新的人

圖② 歌川廣重的「名所江戶百景」《吉原日本堤》

（圖片提供：三菱東京UFJ銀行貨幣資料館）

工掩埋地，而是在關東這塊大濕地上有千年以上歷史的中洲狀小山丘。

江戶時代，淺草曾經是重要的街市。不僅是江戶治水最重要的地點，也是江戶文化的中心。我以前就知道淺草的重要性，不過，我不太清楚淺草為何是江戶治水及文化的要地。

藉由這些緣起繪，我終於理解其原因。原來從古代開始，淺草一直是關東濕地帶中的微高地形。有了這樣的背景，我便能夠理解德川幕府治水計畫的全貌，同時也理解淺草之所以成為文化中心的理由。

此時，圖②廣重的《吉原日本堤》鮮明地浮現在我的腦海裡。

荒川的治水工程是江戶繁榮的關鍵

一五九〇年，德川家康受豐臣秀吉之命轉封江戶。家康就這樣進入了江戶這個荒涼偏僻的村莊。當時江戶周邊地區，與其說是平原，不如說是濕地還來得貼切。利根川、荒川、入間川全流入江戶灣，這裡是一塊只要一下豪雨就會多日沼澤遍佈的濕地。

家康開始挑戰，試著將這塊廣大的濕地改造成能夠支撐江戶幕府的土地。

這一系列工程中的重點，是將利根川的出海口從江戶灣移到銚子，即所謂「利根川東遷工程」。一五九四年展開會之川的截流工程，開鑿赤堀川及江戶川等河川工程也一併進行。藉由以上的工程，利根川逐漸成功地往東邊移動。

控制了利根川以後，緊接著進行的是控制荒川的工程。荒川就是今天的隅田川，在江戶時代被稱作大川。江戶一方面苦於荒川洪水的侵襲，另一方面荒川也被用來作為船運的河道，連結江戶和附近的農村。因此，即使荒川是一條經常氾濫且難以預測的河川，但也無法像利根川一樣將其河道遷往遠處。

如何控制荒川，也就是今天的隅田川所造成的水患，成為江戶繁榮的關鍵。附帶一提，本文接下來將以隅田川來表示荒川。

❖江戶的治水工程

如何控制隅田川的水患，成了德川幕府最大的課題。在沒有現代大型機具的時代，隅田川的治水工程是艱難的任務。事實上，根治首都東京的治水工程則要等到三百年後的昭和時期。

近代日本動用國家力量興建荒川疏洪道（現在的荒川）始於一九一一年，在一九三〇年完工。這項疏洪道工程是日本第一次利用大型機具進行的工程，在土木工程史上可說具有代表性的意義。

相對於此，從大水不斷侵襲江戶的紀錄上可以得知，江戶時代依賴人力及馬力來推動的隅田川治水工程，是一項困難重重的工程。為了控制隅田川所建的最後一道堤防的遺蹟至今仍保留著，但我們卻沒有任何紀錄可提供這段江戶幕府不斷在失敗中挑戰治水工程的歷史。

今天我們只能以推理來理解江戶人如何在思索中逐步找出控制隅田川的方法。

❖——最安全的淺草

「讓水在某處宣洩出來」是治水最原始、最基本的方法。只要有一個地方宣洩洪水，其他地方便能免於水患。讓某個特定的地方宣洩洪水，是各時代治水的第一原則。

治水一定都先從這個第一原則開始，江戶治水也一樣。

襲擊江戶的隅田川從西北方流過來，在江戶灣入口處深入河口，入江深處的中洲上有一座小山丘，山丘上江戶最古老的寺院就是淺草寺。

德川幕府開始注意到這座淺草寺。因為淺草寺擁有千年以上的歷史，證明這附近一帶是最安全的地區。因此，德川幕府將淺草寺作為治水的據點。

換句話說，從淺草寺的小山丘將堤防往西北方延伸，從今天的三之輪連接到日暮里高台。使用這個堤防將洪水誘導至東邊，在隅田川的左岸宣洩，這樣便能保護沿著隅田川西側發展的江戶市區。

一六二〇年，德川幕府命令全國諸藩建設這個堤防。這座從淺草開始到三之輪台地的堤防高三公尺、寬八公尺，是一座巨大的堤防。八十多個州的大名花了六十多天才竣工。

由於日本各地的大名參與了這次堤防建設工程，所以這個堤防也被稱作「日本堤」。

❖──「振袖火事」後的都市改造

天下已是德川幕府的囊中物了。在情勢安定下，江戶迅速發展，隅田川西側的江戶市區也持續擴大。但此時卻發生了一件改變江戶都市構造的決定性事件──「振袖火事」。

一六五七年正月，本鄉發生了火災。火勢因受強風的影響而造成毀滅性的災害，本鄉、神田、日本橋、京橋一帶全部付之一炬，超過十萬人喪生。

災後江戶幕府開始進行重建工程。但江戶幕府不僅僅是進行災後重建而已，同時也進行了支撐江戶往後兩百年繁榮的根本性都市改造。

首先是整理江戶中心部的規劃方式，重整密集的武家屋敷和町屋，在各地設置作為防火道的廣小路。在這一連串重整市區的規劃中，隅田川因為被選為新的武家屋敷所在地而熱鬧起來。

從當時江戶所在的武藏國來看，隅田川的對岸是下總國。隅田川的對岸每當降雨，河水便會氾濫，中洲如同島一般散在各處。因為這樣的緣故，江戶人將隅田川的對岸稱作「向島」。

幕府第一次在隅田川上架起了連結武藏國和下總國的橋，這座橋因為連結兩個國，而被命名為兩國橋。今天的墨田區及江東區也逐漸被整併進江戶之中。江戶終於做好成為世界第一大都市的準備。

❖守護著江戶的防洪系統

因為隅田川的對岸已併入江戶，因此不能再繼續利用隅田川東側的左岸宣洩洪水，必須另尋他處。

隅田川左岸有一條沿著中洲往熊谷方向前進的老堤防，德川幕府決定將這座老堤防改建成正式的堤防，沿著墨田堤、荒川堤、熊谷堤，逐漸強化這一連串的堤防。

德川幕府讓隅田川的河水洩往日本堤及墨田堤、荒川堤、熊谷堤圍住的區域，洪水因此不會到達江戶。以現在的說法，這塊區域可說是蓄洪區。

圖③是上述利用日本堤、墨田、荒川、熊谷堤來守護江戶的蓄洪區示意圖。

圖③　由日本堤與墨田、荒川、熊谷堤所形成的蓄洪池系統

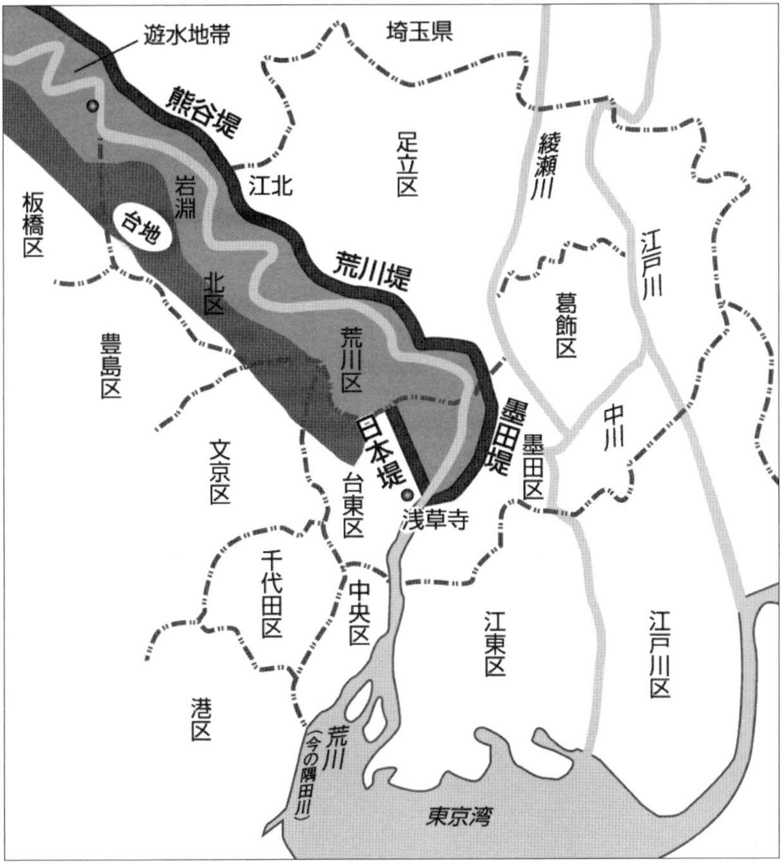

（圖片提供：國土交通省・荒川下游河川事務所）

江戶幕府開始整備堤防這個硬體基礎建設。但江戶幕府厲害之處並不是整備上述硬體基礎建設，而是在這些硬體設備上另外再建立起維護機制。

如何維護堤防？

日本堤和墨田堤成了守護江戶的生命線。一旦潰堤，江戶的街道就會瞬間被洪水吞噬。

蓋好的堤防如何確實地維持及管理，成為重要的課題。堤防這個設施不僅是建造而已，維持及管理也很重要。如果沒有搭配維持和管理機制，堤防便會老化，而面臨崩壞的命運。

因為堤防是土做的，不整理的話，土堤會在短時間內長出花草。花草繁殖的情況下，便會吸引蚯蚓、地鼠來挖洞，蛇也會在這裡築巢。實際上，也有堤防是從表面下一公尺的深處都是地鼠洞穴的案例。

地震和大雨也是堤防的天敵。地震會使堤防多處破損，如何迅速發現破損並進行修補，便是重要的課題。只要持續降雨，堤防斜面便會逐漸崩壞。另外，河流水量的增加也會造成堤防斜面的崩壞。曾經發過洪水從堤防的洞穴中噴出的例子。如果無法迅速對應以上的問題，土堤就有潰堤的可能。

一八九六年（明治二十九年），日本在河川法中設置了河川管理員，往後河川堤防就由河川管理員巡守。但在江戶時代沒有這樣的職位。如何監控江戶的生命線——日本堤及墨田堤，便是江戶幕府重要的課題。

江戶幕府制定了某個作戰計畫。這個作戰計畫是：由江戶市民自己來監控土堤。這就是為了有效活用堤防這個硬體基礎建設而設計的機制。

❖吉原遊郭的搬遷

振袖火事之後開始進行的江戶大改造，最需要注意的便是吉原遊郭的搬遷。幕府將原先位在京橋附近的吉原遊郭遷移到淺草的日本堤上。

風紀上的問題被認為是搬遷遊郭的理由。但除了風紀問題之外，幕府還有個必須將吉原遊郭搬遷到日本堤的理由。

幕府利用向遊郭方面提供夜晚營業許可及補償金等有利的條件，成功地將吉原遊郭遷移到日本堤。

當時的日本堤周圍有小偷和辻斬[4]出沒，是杳無人跡的地方。吉原遊郭的搬遷，大大地改變了日本堤的景象。

前往吉原遊郭的遊客乘船上隅田川，抵達淺草的待乳山聖天，再沿著日本堤往吉原遊郭方向走。一年到頭，人山人海的遊客走過日本堤，小商店鱗次櫛比。

廣重的《吉原日本堤》畫出日本堤熱鬧的景象。當我知道淺草是濕地帶中的小山丘時，腦海中浮現的就是圖②這幅浮世繪。

看到這幅畫，彷彿看到人山人海的遊客的腳步發揮了鞏固日本橋的作用。這便是江戶幕府的目的。將遊郭遷移到日本堤上，利用行人往來的步履來踩實這座日本堤。往來的江戶市民的視線，則可以發現日本堤的異狀。

沒錯，江戶市民在不知不覺間成了河川管理員，強化及監控著日本堤。

❖守護著文化的基礎建設

如同藉由吉原遊郭使日本堤熱鬧起來，為了使對岸的墨田堤活絡起來，德川幕府也訂下一個策略。

八代將軍吉宗在墨田堤兩側種植了櫻花樹。在櫻花的季節裡，江戶市的遊客都會到此一遊。此外，他也命令這一帶的寺社開放庭院，江戶市民就能在這些庭院中舉辦賞櫻的宴席。

墨田堤不僅種植了櫻花樹，吉宗也接連地邀請料亭在墨田周邊設店，這裡便逐漸成為江戶最好的料亭街。這就是後來的向島料亭街。墨田堤的周邊洋溢著三味線的樂音，身著華麗衣裳的表演者往來於此。

在淺草寺的隔壁，德川幕府也將戲劇小屋和見世物小屋[5]統一遷到今天淺草六區的前身——猿若町。江戶的藝能和演劇因此繁盛起來。此外，新年參拜、巡遊七福神、三社祭、鬼燈市、酉之市等，一年到頭有許多活動都被安排在這裡舉行，來往的人群不曾間斷。

江戶成為世界上最大的都市，而淺草成為世界上最大的娛樂區。在日本堤上設置遊郭，在墨田堤上配置櫻花行道樹以及料亭街，舉辦各式各樣的活動，以上幕府所設定的機制運作得相當成功。利用江戶市民往來的腳步鞏固堤防，利用江戶市民的視線來監控堤防是否破損或有可能漏水的洞。

江戶市民的日本堤及墨田堤這些硬體基礎設施，由「江戶市民的文化」這套機制守護著。

譯註

1 遊郭是公家特許的娛樂場所，以妓院為主，因此可說是公家許可的「花柳巷」。
2 驛傳即馬拉松接力賽。
3 緣起繪是記載寺院或神社創立時的情況及神佛顯靈故事的繪畫。
4 武士為試刀劍的銳利度，或磨練自己的武藝，在街坊中或夜晚時隨意砍殺路人，即為「辻斬」，也可指稱行使這種行為的武士。（蔡錦堂註）
5 見世物小屋是指裡面有各種表演的小房子。

第12章

誰是最後一位真正的「征夷大將軍」？

最後一群「狩獵者」

一八六七年，征夷大將軍德川慶喜在京都的二條城舉行了大政奉還[1]。同年，隨著王政復古[2]大號令的發布，征夷大將軍這個稱號退出了日本歷史的舞台。

征夷大將軍在日本有千年以上的歷史，上述的德川慶喜為第四十五代將軍。第一代的將軍是七九四年受桓武天皇任命的大伴弟麻呂。而征夷大將軍這個頭銜則因第二代將軍坂上田村麻呂的活躍而出名。征夷大將軍代表武士集團的首領。為了爭奪首領的寶座，武士集團之間不斷互相鬥爭。

不過征夷大將軍這個稱號中包含了人類歷史上共同的宿命。

亦即農耕民族對遊牧民族進行迫害的宿命。

「征夷大將軍始於七九四年，其目的是為了討伐遊牧民族。」歷史學者和文學家都提出了以上的說法。然而，「誰是最後一位真正的征夷大將軍？」卻沒有定論。

如果我們仔細觀察日本列島的地形，答案自然會浮現出來。答案裡的時期，正是日本文明的分歧點。

舊約聖經

我出席了已逝恩師第三年的追悼會。其實我的目的是為了和高中時代的夥伴喝酒聚會。恩師是虔誠的基督教徒，所以追悼會辦在教堂。教堂在入口向參加者發送了聖經及聖歌。因為前一天熬夜的緣故，當天我感到相當疲倦。為了消除睡意，我拿起聖經隨手翻閱。

聖經翻膩後我再翻回第一頁。當視線隨意在紙面上飄移時，我發現了上面寫了重要的事情。

此刻我完全清醒，眼睛仔細盯著書上重要的部分，神父說的話如耳邊風一般左耳進右耳出。

當時我看的是舊約聖經。舊約聖經第一頁記載了以下的故事：神在創造宇宙和大地後，接著製作了亞當和夏娃。亞當和夏娃受到蛇的誘惑而吃下禁果，因此遭到放逐伊甸園的命運。故事到目前為止仍是空泛的神話。但接下來在舊約聖經上出現的，和第一段的神話大異其趣，充滿人性的故事。開頭第一則講述的是該隱與亞伯的故事。這是一個相當重要的故事。

夏娃懷孕並生下亞當的孩子，長男名為該隱，次子名為亞伯。兩兄弟是第一對人類。該隱是耕作者，而亞伯是牧羊人。有一天，兩兄弟給上帝進貢時，該隱獻出了農作物，亞伯則奉獻了羊隻。上帝中意亞伯的貢品，對於該隱的貢品則興致缺缺。

此時突然發生了殺人事件。該隱將亞伯帶到野外並殺害。人類第一對兄弟之間發生了人類第一起殺人事件。該隱與亞伯的故事相當出名，詹姆斯・狄恩（Jameo Dean）的電影《天倫夢覺》（*East of Eden*）便改編自這則故事。

在這則故事中，特別需要注意該隱的「耕作者」身分及亞伯的「牧羊人」身分。換句話說，這同時是一則「耕作者」殺了「牧羊人」的故事。

在我這把年紀，也讀了不少次該隱與亞伯的故事，但是至今都沒有注意到這個故事的重要性。

沒想到人類最早的故事是講述「耕作者」殺了「牧羊人」。

❖農耕民族壓迫遊牧民族的證據

在早期歷史中，農耕民族對遊牧民族與狩獵民族的壓迫從未中斷，不管是歐亞大陸、大洋洲、南北美洲、非洲大陸，都上演相同的情況。

不論在哪哩，農耕者都不斷壓迫狩獵者和游牧者。這個世界的土地支配權也逐漸以農耕文明為中心而確立。

日本列島也發生同樣的狀況。史前時代，日本列島也曾經是狩獵民族。狩獵者在列島上穿梭，上山下海，後世稱這個時代為繩紋時代。繩紋時代後期，農耕民族登場並迅速席捲整個列島，而進入到彌生時代。

同時代的歐洲發生了凱爾特人的屠殺事件，美洲大陸上則發生了印地安人的屠殺事件。不過以上的事件並沒有留下任何文字記錄。日本開始有文字記載的歷史，則要等到兩千年以後。

二〇〇三年秋天，在某個小型讀書會上，我聽了評論家松本健一的演講。主題是講述幕末日本人接觸黑船的事件。演講最有趣的部分是「征夷大將軍」這五個漢字的意義。按字面上的解釋，征夷大將軍是「負責征討夷人的軍人總指揮官」的意思。

問題是「夷」這個字。將「夷」這個漢字拆解後，變成了「一」、「弓」、「人」。可以說「夷」這個字代表「用手盡力拉弓的人」的意思。換句話說是「狩獵者」的意思。在中國古代也有「東夷」的說法，聽說這是指生活在東邊的野蠻民族——「住在日本列島上的人」的意思。對中國而言，住在日本列島的人是野蠻的狩獵民族。

以上是松本氏演講中關於「夷」的部分。聽著演講，我不自覺地低聲說著：「日本史上，農耕民族壓迫狩獵民族的歷史證據，直到今天都還留存著。」

那就是「征夷大將軍」這個稱號。

❖日本列島上稻作共同體

稻米從東南亞和中國大陸傳入日本，經由九州傳到了近畿。誕生於熱帶季風氣候帶的稻作影響了日本，使位在極東的日本形成了獨特的稻米文化。

首先，這個列島的地形相當特別。列島上七成是山岳地帶，平原面積不到一成。而平原則都是沖積平原，排水不佳，只要降雨便會淹水。另一方面，河川的坡度相當陡，河流會直接變成洪水急促地流向大海，只要日照時間稍長，就會遇到水資源不足的問題。

這個列島的氣候也十分特別。列島位在季風氣候最北邊，因為受到西伯利亞大陸高氣壓和太平洋高氣壓的影響，四季十分分明。

在上述地形以及氣候條件下，在日本列島上生產稻米需要付出極高的勞動成本。春天耕作的準備工作始於颳著寒冷北風的冬天。一到春天，融雪後便馬上種田。梅雨時節要保護仍是青苗的稻田。夏天缺水時就要引水灌溉。秋天時又需要在颱風來襲前收割農作物。

能夠種植稻米的時間只有半年，而在這段期間必須拚命地工作。雖然同樣是稻作，但熱帶季風氣候地區的播種及收割時期沒有限制，和日本的稻作呈現完全不同的樣貌。

日本列島上的稻作無法獨力完成。從田地製作、引水灌溉、防洪到收割，都需依靠集團的力量來進行，不容許個人的任性。在日本，稻米的生產是建立在超越個人意識的合作之上。

日本列島的稻作將這裡的人構築成強力而堅固的共同體。個人在這樣強力而堅固的稻作共同體中受到壓抑，共同體成員又必須遵從以集團為優先的規範。

❖──來自稻作共同體的侵略

稻作不僅不會傷害地力，相較於其他作物，稻米的營養價值也很高。此外，米的保存期限長，因此可以當做交易媒介。

米在日本是財富的象徵。在日本列島上，稻米成為財富積累及交易媒介的基礎，也形成了以稻米為中心的經濟模式。

從古至今，經濟的本質都帶有攻擊性。從事經濟的人，內心總被一股衝動驅使著，會不計一切地希望獲得比他人更多的財富。就是因為這股動力，農耕者總會嘗試擴張自己的耕作地。

農耕者於是進入狩獵者的土地，排除原先處在該土地上的狩獵者。在人口數量增加後，農耕者開始在土地上進行耕作。這是一個無止境的擴張及侵略的過程。

面對農耕者的侵略，狩獵者的抵抗十分激烈。狩獵者擅長使弓，穿梭於山河之間，善於作戰。如同中國人稱日本列島上的人為「東夷」一般，日本曾存在「蝦夷」的狩獵者。為了與戰鬥能力高的狩獵者抗衡，農耕者以自身積累的財富雇用了專業的武裝集團。

這就是武士的誕生。

七九四年，朝廷任命武士的最高指揮官大伴弟麻呂為第一代征夷大將軍。讓征夷大將軍威名遠播的是第二代的坂上田村麻呂。由於他的活躍，「征伐夷人的總指揮官征夷大將軍」這個概念，便在日本的歷史中確立下來。

在日本列島上，農耕者迫害狩獵者的事實被刻印在征夷大將軍這個頭銜上，成為歷史的證據而流傳後世。

❖——最後一群「獵人」

坂上田村麻呂的時代過了四百年後，源賴朝被任命為征夷大將軍。往後這個頭銜就意指武士集團的首領。

為了獲得這個頭銜，武士集團之間一直互相鬥爭。經過百年以上的戰國時代，德川家康在一六〇〇年的關原之戰中獲得勝利，隨後成為了第三十一代征夷大將軍。兩百六十年過後，第四十五代征夷大將軍德川慶喜在一八六七年於京都的二條城舉行大政奉還，這也意味著征夷大將軍的結束。

江戶末期，這個官位意指最高統治者，而「征伐夷人」的意思早已消失。那麼「征伐夷人」的意思是何時消失的呢？

實際上而非名目上，最後一位「征伐夷人」的征夷大將軍究竟是誰？要解開這個謎題，先要了解農耕民族在何時完全稱霸日本列島。

這個時期，同時也是農耕者和狩獵者經過幾千年的搏鬥後分出勝負的時刻。此後，壓抑個人、以集團意識為中心的稻作共同體的規範便支配了日本社會。

「征夷大將軍」就是農耕者壓迫狩獵者的歷史證據。要解開以上的謎題，征夷大將軍或許可以當做切入點。也就是說，探討「征夷大將軍的敵人是誰」、「對手是否為狩獵者」這些歷史問題，應該就能找出最後一位征夷大將軍了。

一六一五年，德川家康的大坂夏之陣是最後一場賭上征夷大將軍頭銜的戰鬥。但這場大坂之陣與其說對手是豐臣秀賴，不如說是一場要消滅淀君的謀略戰。不管從什麼角度來看，這都不是一場征夷大將軍討伐狩獵者的戰役。

大坂夏之陣的前一場戰役是一六〇〇年，德川家康獲勝的關原之戰。

如果將石田三成當做最前線和家康對峙的西軍大將，關原之戰就只是一場爭奪豐臣秀吉繼承人寶座的戰爭，純粹是武士軍團內部的權力鬥爭。不過，這場關原之戰的西軍總大將並非石田三成。總大將是受到豐臣家邀請而進入大阪城的毛利輝元。

圖①　中國地區海進圖（海平面高於現在五公尺），比例尺：1,150,000分之1

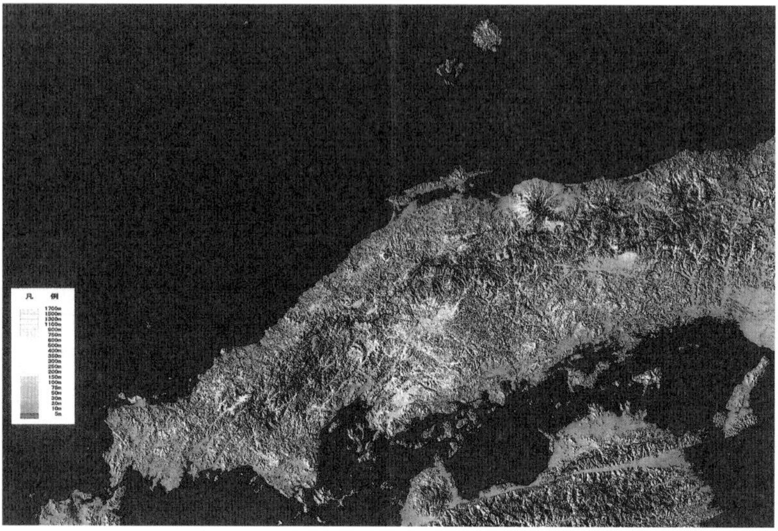

（本圖依國土地理院提供的數位地圖資料繪製而成）

毛利輝元這個總大將，在關原之戰時一步都沒有踏出大阪城。甚至在關原之戰分出勝負後，毛利輝元不僅沒有死守大阪城這座堡壘，反而在交出城池後立返回廣島城。

在關原之戰壯烈的戰況下，沒人注意毛利輝元的事蹟。然而，這位毛利輝元正是穿梭於山海之間的狩獵者最後的總大將。

山海環繞的中國地方

毛利一族活躍的「中國地方」[3]是一個依山傍海的國度。這裡三面環海，內陸地區聳立著山地，是一個沒有平地的地區。

圖①是用電腦依據等高線資料繪製而成的中國地方地形圖。不過這是繩紋時代前期的地形，海平面比起今天高出五公尺。從這張圖便

圖② 沉在水裡的建設省第三期工事事務所

（圖片提供：國土交通省第三期河川國道事務所）

可知道中國地方沒有平坦的土地。

在岡山和廣島的北邊有一塊較大的盆地，就是今天的津山盆地和三次盆地。不過這些盆地一降雨，就會變成湖的濕地帶。

津山的「津」是港的意思，表示津山盆地以前是靠海的盆地，船運相當發達。關於「三次」這個特別地名的由來，最可信的說法是：此地地名原本是韓文的「水村」，後來因為誤將「misuki」發音為「miyoshi」，於是變成了「三次」。

圖②是一九七二年（昭和四十七年）三次盆地發生洪水時的照片。即使建設了由國家直接管理的堤防和排水設施，三次盆地依然沉沒在水底下。手足無措地站在二樓屋頂上的人，是當時負責防洪的建設省三次工事事務所的成員。

另一方面，大型河川的河口因為砂土堆積而逐漸形成沖積平原。不過，這些河口三角洲地區每逢降雨或漲潮便會淹水。現在的岡山平原、廣島平原、防府平原，是江戶時代填平乾潟而形成的人造平原，在戰國時代尚未存在。

中國地方就是這樣一個山海環繞的國度。

❖──身為狩獵民族的物證

當我去參訪毛利家的發祥地，也就是毛利一族世代做為根據地的廣島縣吉田町（今天的安藝高田市吉田町）的城址遺跡時，我嚇了一跳。「這真是一座位於深山裡的城啊。」

從鎌倉時代到室町時代，稻作從中部、北陸、關東往東北逐漸傳播。以上這些地方都有相當寬廣的平地，因此各地強悍的大名便利用寬廣的平原種植稻米、累積財富，利用人潮往來的道路做生意，城下町因此繁榮起來。

將據點設在中國地方山地中的毛利一族，並沒有採取以上的模式。不對，應該說地形上無法採用。吉田町並非一塊能夠從事大規模耕作的土地，也沒有人潮往來的道路。

參觀毛利一族的城址遺跡後便可知道，其城池的位置能夠讓毛利一族在必要時，迅速朝身後中國地方的山地逃逸。實際上，毛利一族在進入戰國時代之前，都仍然在中國地方保持這種穿梭於山林間的生活方式。

毛利輝元的祖父——毛利元就，逐漸將其勢力範圍由山區延伸到海邊，把村上海軍、川之內海軍、屋代島的長崎海軍、沓屋海軍、桑原海軍納入自己的麾下。毛利元就的孫子——毛利輝元不僅繼承家業，還將其打造為日本最強的海軍。

從大阪灣到瀨戶內，再到九州一帶，全是毛利家海軍的控制範圍。強大的毛利軍在整個戰國時代與信長軍、秀吉軍及家康軍持續對壘。

毛利輝元這位關原之戰的總大將就是一位不從事農耕、一向穿梭於海上的大名。有一個物證可以證明以上的說法。

那就是廣島城。

一五八九年，毛利輝元著手打造新根據地廣島城。心中沒有農耕念頭的毛利輝元才會蓋出廣島這座以海為中心的城。

廣島城的背後緊鄰中國的山地，城的前方直接面向瀨戶內海。流入瀨戶內海的太田川形成了幾個沙洲，而豪雨會摧毀沙洲並改變流徑，洪水也會猛烈地宣洩出來。

毛利輝元在河口三角洲裡挑選其中一個最大的沙洲，換句話說就是在海中最廣大的一座島——「廣島」上築城。毛利輝元的視線不是朝向陸地，而是望向海洋，廣島城就是一個在必要時可以迅速地跳進海洋的據點。

❖——毛利家的轉變

關原之戰後，德川家康將毛利輝元從廣島城移封到山口的萩。從此毛利家和瀨戶內海軍的關係遭到切斷。此外，在德川家第三代將軍——家光頒布「大船建造禁令」後，毛利家便完全無法在海上出入了。

原先是中國地方盟主的毛利家，自從被關在長州後便開始走向衰敗。待在長州的毛利家唯一生存之道，剩下沒有被武家諸法度禁止的填潟造地。換句話說，就是從事農地的擴大及利用海岸開拓鹽田。江戶時代，長州藩便專心地拓墾農地及擴大鹽田。

在征夷大將軍掌握大權的江戶時代，身為狩獵者的毛利—長州藩並沒有因為從事農耕而滅亡。毛利—長州藩在防府平原上拓墾農地，不斷增加石高，用鹽田製鹽，逐漸累積了龐大的財富。

幕末，毛利—長州藩完全變成了農耕者。長州這個地方誕生了農耕民族的象徵——日本帝國陸軍的前身「奇兵隊」[4]，因而再次回到日本史的舞台上。

長州藩不但變成農耕者並生存了下來，而且累積到擁有將征夷大將軍德川慶喜拉下寶座的實力。從前的狩獵者此時已完全變成強大的農耕者。

❖——餘燼猶存的「攘夷」

一六〇〇年，德川家康將毛利輝元移封到萩，穿梭於山海中的狩獵者便從日本史的舞台上消失。此後，日本文明逐漸形成抑制個人、集團至上的稻作共同體。

一八五三年，當黑船現身於日本人面前時，西洋文明帶給日本人無比的震撼。那一刻是日本這個國家能否延續下去的關鍵時刻。雖然日本全國陷入驚恐之中，但日本卻沒有發生像其他成為殖民地的國家那樣的內部分裂。

處在與西洋文明邂逅的動盪時代，日本人保持了自我認同。而這份認同感便是「攘夷」。所有的日本人都將乘著蒸汽船來到日本的西洋人定義為「夷」，並高舉打擊夷人的「攘夷」思想。身為農耕者的日本人將外國人定義為狩獵者，利用敵對關係來加強自身的凝聚力。不管是以朝廷為中心的尊皇派，還是以幕府為中心的佐幕派，在攘夷的思想上卻是一致的。日本人靠著高舉「攘夷」的旗幟，避開了國家分裂這個歷史上最大的危機。

在近代化的過程中，「攘夷」意識加強了稻作民族日本人的集團性，在富國強兵的道路上發揮了作用。在攘夷的旗幟下，日本擊敗了清朝、俄羅斯，擺脫了被殖民的危機，並趕上世界帝國之林的末班車。日本雖以稻作民族的集團至上主義屢屢突破難關，但這樣的成功經驗卻將日本導向了軍國主義，最後落到向世界開戰的窘境，並吃了莫大的敗仗。

戰敗的昭和時期，日本成為標榜和平及民主主義的國家。但是，日本人的稻作共同體意識及「攘夷」意識仍然在近代工業的領域中發揮作用。這樣的意識促使日本向歐美國家發動經濟戰爭。在和平這個假面具下的日本人，在這場經濟戰爭中屢屢得勝。

藉由稻作所孕育出的共同體至上主義，直到今天仍然深植於日本人心中。試圖排除稻作共同體以外勢力的攘夷思想，印刻在日本人心中之深遠超乎我們的想像。

在舊約聖經中，農耕者該隱殺了游牧者亞伯的故事，預告了人類歷史上農耕文明的霸權。而日本這個位於歐亞大陸極東的島嶼竟也符合以上的預言。四百年前，在日本列島上演了決定天下大勢的關原之戰。與此同時，另外一場戰爭也悄悄開打了。

那就是身為農耕文明代表的德川家康和穿梭於山海中的毛利輝元，兩者之間最後一場決定日本文明走向的對抗。

然而，毛利輝元不戰而敗，並向家康交出大阪城，從廣島遷移到萩。在這一刻，在日本文明舞台上穿梭於山海中的人從此消失，最後一位真正的征夷大將軍德川家康獲得全勝。

二十一世紀的今天，廣島城依然俊麗地聳立於太田川河口上，就如同追憶著從日本史的舞台上消失、在山海中自由穿梭的狩獵者一般。

譯註

1 幕末時期在長州、薩摩藩為中心的武力倒幕運動氛圍下，江戶幕府第十五代將軍德川慶喜接受土佐藩的建議，在一八六七年十月十四日向天皇提出交還政權，隔天朝廷便予以接受。此一政治事件稱為「大政奉還」。（蔡錦堂註）

2 一八六七年十月十四日幕府將軍向天皇提出交還政權，並為朝廷接受後，以薩摩、長州藩西鄉隆盛、大久保利通、木戶孝允為主的倒幕派，與朝廷激進派公卿岩倉具視聯合，在剛滿十四歲的明治天皇親臨下，於十二月九日推動「王政復古」的政變，廢除了幕府將軍，及自九世紀以來設置的攝政、關白職位，強調基於第一代神武天皇創業之始的精神，樹立以天皇為中心的新政府。當天夜晚並召開小御所會議，命令德川慶喜「辭官納地」，因此爆發舊幕府軍與新政府軍軍事對決的「戊辰戰爭」，也開啟了明治維新的契機。（蔡錦堂註）

3 中國地方是日本本州西端的地方名稱，包括古國名：備中、備後、伯耆、出雲等國，即今山陽地區的岡山、廣島、山口等縣，以及山陰地區的鳥取、島根縣地區。（蔡錦堂註）

4 奇兵隊是江戶幕府末期，長州藩（今山口縣）高杉晉作等所創設組織的新式軍隊。有別於長州藩傳統以藩士為主的正規軍，奇兵隊不論門閥身分，招募武士及農、工、商等有志之士所組成，以近代西式武器取代武士的刀劍，並用洋式教練法訓練軍隊。奇兵隊一詞可視為正規軍的反對語詞。在幕末發揮了超越藩兵的巨大威力，除取得長州藩政權外，亦與薩摩藩（今鹿兒島縣）聯手展開討幕運動，可謂明治維新近代軍隊建立的嚆矢。（蔡錦堂註）

第13章

江戶無血開城為何能夠實現？

船形塑了日本人心中的一體感

隨著大政奉還的施行及王政復古號令的發布，二百六十年間一直以絕對的權力支配著日本的德川幕府，在一瞬間瓦解了。而後出現的是以天皇為中心、全新的政治體制。

日本能夠以不流血的方式完成政體變更，可說是奇蹟，綜觀世界史也找不到像日本這麼成功的案例。改革之所以能夠成功，是幕末英雄努力的成果。

當時歐美列強覬覦日本國內分裂，試圖將日本納為殖民地。將日本從以上的危機中拯救出來的是坂本龍馬的奔走、西鄉隆盛的豪膽及勝海舟的氣量等幕末英雄的事蹟。

歷史是以人為中心的故事（his-story）。幕末英雄擔任主角的故事，是日本人心中的驕傲，也是最棒的舞台劇。幕末英雄的事蹟緊緊地抓住日本人的心。

幕末英雄演出的舞台上，是由下層結構所支撐。若缺少這個下層結構，英雄們便無法演出華麗的戲劇。不過，人們很難清楚看見這個下層結構，即使看見了，也會忽視其重要性。

廣重的《神奈川・台之景》

在類型推理小說刑事警察系列中，有一句名言是「現場百回」。意思是只要不斷地踏入犯案現場，就能發現先前忽略的新證據和新線索。

我在廣重的浮世繪中體驗到「現場百回」這句名言。

我因為參加同學會而去了橫濱。在三十年間，橫濱變成了高樓大廈林立的都市，從前印象中那個不起眼的橫濱已消失無蹤。

由於時間寬裕，我到書店逛了一下。書店中掛著歌川廣重的《神奈川・台之景》，我心中想著：「因為是橫濱的書店，所以掛了《神奈川・台之景》啊。」不自覺地看著圖畫，看著看著，我沉睡的腦袋便開始運轉起來。

這幅畫我已看過不少次，但一直忽略了一個重要的部分。

我急忙走到書店的繪畫區，想看一下廣重的作品《品川・日之出》。但那家書店沒有廣重的畫冊「東海道五十三次」，因此回家前把這件事情記著心裡。

回家後我從書架上拿出「東海道五十三次」。和我想的一樣，在《品川・日之出》這幅畫中，我同樣也忽略了重要的部分。

◆了無生趣的「東海道五十三次」

說到廣重，就會提到「東海道五十三次」。作為浮世繪的代表作，廣重的「東海道五十三次」被刊載於國中的教科書裡，但其內容平淡無奇，無法勾起壞小孩的好奇心。長久以來，我一直覺得廣重的作品很無聊，因此沒有特別關注。

原本不關心廣重作品的我在看了「名所江戶百景」後，開始發現其中的樂趣。

江戶時代末期江戶市區的街角和風景，都藉由廣重的畫筆被記錄了下來。看著江戶百景，我注意到廣重的作品有著照片一般的記錄性。往後漸漸地，對我而言，廣重的作品是照片而非繪畫。

將廣重的作品當成照片來看，謎團就自然一個一個地出現了。

例如半藏門的土丘、三河島的濕地、小名木川的五本松等謎團，都是廣重的作品給予我的線索。我也藉由他的作品而知道虎之門堰堤、櫻花樹道的玉川堤和日本堤的人潮與江戶繁榮的關聯。

往後我仍重複地欣賞廣重的作品。當然，其中也包含「東海道五十三次」。不過即使如此，我仍無法感受到「東海道五十三次」的樂趣。看來在年少時的成見仍深深地影響著我。

當我看到橫濱的書店中掛著的《神奈川．台之景》後，我感到深植心中的成見突然消失無

圖① 歌川廣重的「東海道五十三次」《神奈川・台之景》

（圖片提供：三菱東京UFJ銀行貨幣資料館）

蹤。

這就是我在廣重作品中感受到的「現場百回」。

在這次的「現場百回」中，我發現了日本人能夠成功地完成近代化中，那把心靈的鑰匙。

❖被忽略的部分

圖①就是以「東海道五十三次」中第三個宿場為主題的《神奈川・台之景》。

畫中夕陽下的神奈川宿前，一位妓女正強硬地招攬著正在尋找下榻處的旅客。

每當看到這幅畫，我的視線總會飄到充滿幽默感的旅人和妓女身上。廣重是描繪江戶庶民的天才，受到廣重高超技術的影響，我一直忽略了這幅畫重要的部分。

被忽略的部分在畫中佔有不小位置，而且清楚地呈現出來。

那就是船。

大船放下船錨，並收起船帆。江戶已近在眼前，乘客們希望能找到慰藉旅途疲憊的下榻處，搭乘著小船往神奈川宿前進。海上仍排列著想在天黑以前趕到品川宿的船隻。

當然，以前我也注意到這些船隻，不過卻沒有注意到船隻的重要性。

這麼說來，《品川．日之出》也有同樣的構圖。為了確認，我翻開了「東海道五十三次」這本畫冊。

❖廣重的驚嘆

品川宿是江戶的第一個宿場。果然如我預料，品川宿的構圖和神奈川宿很像，圖②就是以第一個宿場為主題的《品川．日之出》。

神奈川宿描繪的是傍晚的景色，而品川宿則描繪了迎接晨曦的風景。旅人們正匆忙地跨步啟程。

揚帆的大船魚貫地向江戶前進。沒有揚帆的船則拚命為出航做準備。忙碌的一天正要開始，品川宿早晨的活力，藉由這幅畫傳達了出來。

圖② 歌川廣重的「東海道五十三次」《品川・日之出》

（圖片提供：三菱東京UFJ銀行貨幣資料館）

船還真多，將品川港灣都遮住了。待在江戶市區內，不會了解有如此多的船隻即將入港。如果出了江戶，沿著品川、神奈川的方向走，便能看到這幅景象。

「原來有這麼多船要進江戶啊！」廣重打從心底感到震撼。

廣重在「東海道五十三次」中，畫下身為江戶人的他在各地感受到驚奇的事物。對他而言，東海道之旅的第一個驚奇就是大群準備入港的船隻。

廣重為了強調他的驚訝，以同樣的構圖畫下了品川宿和神奈川宿這兩幅畫。

共享物資的日本人

十九世紀，維持江戶這座世界上最大的百萬

人都市，必須倚賴相當可觀的物資。全國各地的米、海鮮、木材、特產品和工藝品每天毫不間斷地運往江戶。住在江戶的大名，從自身的領地中取得特產品，並將特產品在此兌現。各地的商人為了滿足江戶的口腹之慾、能量及好奇心，會將各種事物送進江戶。

江戶不只是接收而已，從江戶往各地啟航的船隻上載滿了和服、裝飾品、浮世繪、瓦片及工藝品。

全國各地的物資都集中到江戶，在江戶進行加工，然後輸往全國各地。江戶可說是日本列島物質交換的熔爐。

在江戶時代的二百六十年間，日本列島上的人們就這樣共享著同樣的物資。

土地被截斷的日本列島

日本是一座南北狹長的島國。就算從北海道到九州，也有兩千公里長。不只是狹長而已，列島中央還縱貫了中央山脈。山脈中無數的河川流向太平洋和日本海。

日本各地也被海峽和山巒河川所截斷。人們在被截斷的土地上耕作，能夠長期保存且易於計算的稻米，既是貨幣，也是財富。不過，在日本列島上種植稻米卻相當困難。

畢竟稻米能夠耕作的期間只有四月到九月，人們必須在這短短的半年內獲得一年的財富。

即使在稻米能夠耕作的季節裡，持續日照所造成的乾旱、大雨所造成的洪水侵襲，也會影響種植的情況。

人們必須合力挖出水道來引水，並打造堤防來保護村莊免於水患。為了因應春天的農作，人們在冬天裡必須準備許多事情：製作並改良農具、編織草鞋和斗笠，及準備芽苗。

開始從事稻作後，人們便無法離開自己的土地。持續的日照、洪水的侵襲、遭大雪掩埋和地震震垮房屋，無論發生什麼狀況，都必須死守在土地上。

在近代化以前，日本人便在日本列島這塊被截斷的土地上，堅持地耕作稻米，死守著土地。

不過，即使人們住在被截斷的土地上，卻仍然共享著「物資」。船的存在，便是實現這種狀況的關鍵。

物資即情報

北至北海道，南至九州，日本列島上形成了船的交流網。圖③是江戶時代的主要港口及航海圖。

圖③　近世末期水上交通圖（主要線路）

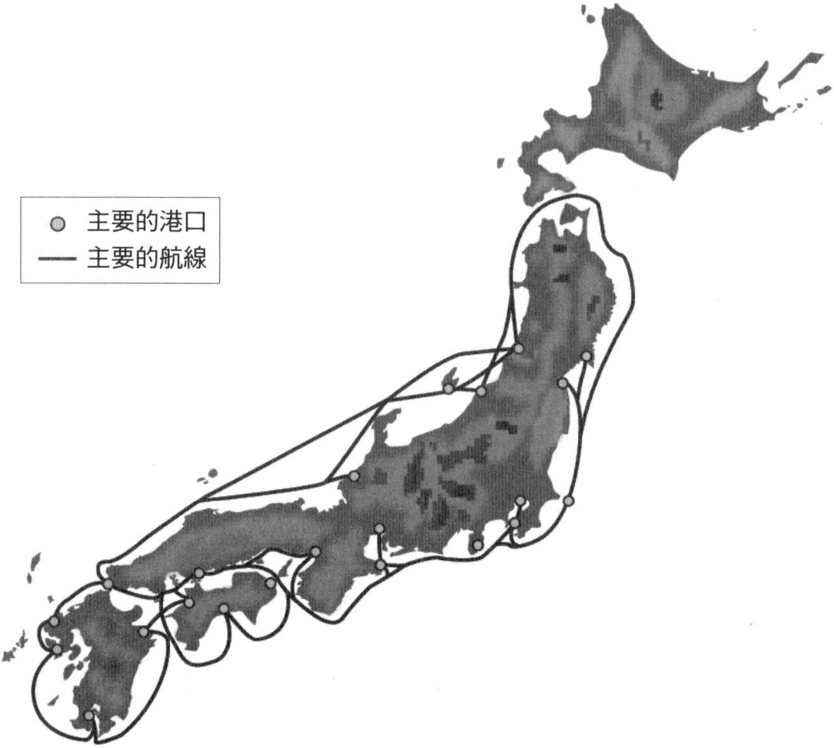

（引自：《日本海海運史研究》，近世末期水上交通圖，福井縣立圖書館、福井縣鄉土誌懇談會合編，以石井謙治製作之圖面為底圖，竹村、後藤後製）

日本人所共享的「物資」，就是情報。「物資」可說是人類智慧的結晶，在這個「物資」上保有了各地的歷史與文化。

當人們獲得船隻運來的外國物資，便能感受到未曾謀面、製作物品的人的智慧與文化。而後，送出物資的江戶也會成為情報的中心。

雖然生活的土地被截斷，日本人卻一直共享著物資和情報。

所謂他人，指的是沒有共享情報的人。而夥伴則可說是共享情報的人。

自我認同不是一個複雜的概念，其實指的就是對於共享情報的夥伴所抱有的「歸屬感」。在沒有廣播和電視的江戶時代，被拆散的日本人，藉由共享物資而逐漸醞釀出屬於日本的歸屬感。

大政奉還

一八五三年，美國培里准將率領黑船現身於浦賀海灣上，動盪的時代拉開了序幕。歐美列強將非洲、中東、亞洲及太平洋諸島嶼逐一納為殖民地，逐漸佈下了對付日本的包圍網。

歐美列強針對殖民地的支配，慣用的手法是「分割統治」（Divide and Rule）。藉由這種方式，可以撕裂土地上人們對於自身的認同感。對支配者而言，這是最沒有風險和最有效率的方式。

歐美列強也用同樣的方式來對付日本。英國支援薩摩藩和長州藩的倒幕運動，法國則支持幕府以武力對抗。日本半隻腳已踩在內戰的邊緣線上，一旦戰爭爆發，日本便不可避免地陷入分裂。

然而，在戰爭似乎一觸即發的前一刻，發生了一件出乎歐美列強意料之外的事件。

一八六七年，德川幕府突然將政權交還給朝廷的「大政奉還」，緊接著朝廷發布的「王政復古大號令」。

存在兩個世紀以上，擁有絕對權力的德川幕府便在這一瞬間瓦解了。以天皇為中心的政治體制在同一瞬間出現。這是史無前例大規模的無血革命。

但是當權力結構如此激烈地發生轉變時，最後還是免不了戰爭。新體制構築於舊有權力徹底的崩潰上。特別是將戰鬥視為職業的武士，可說是不戰難消心頭之恨。

一八六八年，渴求敵人鮮血的武士向江戶前進。

勝海舟與西鄉隆盛的會談

嗜血的官軍向江戶進逼，江戶即將成為戰場。

江戶不僅住著一百萬居民，也是日本物資、情報交流的中心。

前幕臣勝海舟和擔任官軍參謀的西鄉隆盛，在高輪的薩摩宅邸展開會談。

如果爆發戰爭，江戶就會消失於戰火中。就算德川幕府消失了，江戶依然是日本列島情報交流的中心。

如果江戶消失，這個情報交流中心也會隨著消失。若因情報交流中心消失而造成情報網崩潰的話，人們就會陷入不安、猜忌與懷疑之中。日本列島內不但會產生嫌隙，歐美列強也會趁虛而入，逐步將日本導向更大的分裂。

幸而勝海舟和西鄉隆盛都同意結束戰爭，讓江戶免於受到戰火破壞的命運。

兩者都有著「江戶的消失便是日本的分裂」這樣的預感。

❖「船」培育出日本人的自我認同

十九世紀後半葉，被歐美列強包圍的日本，正面臨了前所未有的生死存亡之秋。

此時德川幕府祭出「大政奉還」，防止日本的分裂。「勝海舟・西鄉隆盛會談」則抑制了武士衝動的血脈，守住了江戶這個情報交流的中心。

日本避免了分裂，情報交流中心的江戶也順利保存下來。

「大政奉還」和「勝海舟・西鄉隆盛會談」這兩件阻止日本國內分裂的大事，在歷史上的價值至今仍未被遺忘。不過在支撐著歷史舞台這兩件大事之下，醞釀出日本人認同感的下層結構卻遭到忽略。

正是因為有日本人的自我認同意識，「大政奉還」和「勝海舟・西鄉隆盛會談」才會成功。

建構出日本人自我認同意識的下層構造，就是運送物資和情報的「船」。

第14章

京都為何能成為首都？

都市繁榮的絕對條件

為何一千年以來京都是日本的首都？

答案太簡單了，因此從來沒有人提出這個問題。這個答案是：因為天皇的御所在京都。

不過，真的是這樣嗎？歷史上，天皇的御所從飛鳥京、難波京、藤原京、平城京、長岡京、南北朝的吉野，然後再遷回到京都，最後移到現在的東京。御所會順應當時社會和環境的狀況，靈活地移動到最適合的位置上。

看來要將歷史擺在當時的脈絡來理解，有必要將「因為御所在京都，京都才是首都」這個觀點轉換成「因為京都是日本的首都，所以御所的位置才會一千年以上都沒有改變」。

歷史是單向進行的，所以不會有「如果」（if）的可能性。「如果」的概念只存在於小說的領域裡，不存在於歷史學之中。若我們將人們想像出來的「如果」完全排除，來重新論述歷史，那麼我們得到的會是以地理、地形、氣象觀點來詮釋的歷史。

而京都能成為首都的理由，也能夠藉由地理、地形與氣象的觀點來解釋。

❖ 赤坂見附

在參加完某場會議後，路過赤坂見附交叉口時，我望向三得利博物館時，正好看到「畫中水邊的眾人」展覽的廣告垂幕正隨風飄揚著。距離下個行程還有一些時間，因此我決定進去逛一下。

在這個畫展中展示了從室町時代、安土桃山時代、到江戶時代有關水邊生活景色的繪畫。在為數眾多的作品中，我特別在意的是圖①《近江名所圖屏風》與圖②《志度寺緣起繪》這兩幅畫。

在《近江名所圖屏風》中，在室町時代四季不同時節，通過琵琶湖[1]西岸的旅人被栩栩如生地描繪出來。

《志度寺緣起繪》則描繪人們以河川將木材從琵琶湖搬運到瀨戶內海香川縣的志度寺。不僅將琵琶湖、瀨田川、宇治川、淀川到瀨戶內海如此廣大的水系收在有限的畫面中，也完整地將河川磅礡的氣勢展現出來。

看了這兩幅畫，我切身感受到「京都適合成為首都」這件事。

圖①　《近江名所圖屏風》（部分）

（滋賀縣立近代美術館藏）

❖「交流」是文明的重心

這次展覽中所展示的作品有個共通點，就是船。全部的畫作中，人們生活的風景都有船，無一例外。

一八五三年，日本人見到了黑船的蒸汽機。往後一個多世紀，日本人發展了蒸汽火車、汽車、飛機、新幹線，交通工具在日本快速地進化。但在此之前日本的交通工具是以牛、馬、船為主，其中最重要的就是船。

兩千年的日本歷史中，日本人和船有著無法切割的關係。在思考日本歷史上的謎團時，常需要「船」這個要素來提供線索。

看著這兩幅畫，我再次認識到「京都適合成為日本的首都」這件事。因為京都利於船運的特點，被這兩幅作品清楚地表現出來。

圖②　《志度寺緣起繪》（部分）

（志度寺藏）

在「鳴叫吧，黃鶯，平安京」[2]的七九四年，桓武天皇將首都遷往京都。之後政權雖不斷更迭，但京都一直是日本的首都。

京都是一座匯聚往來各地交通的都市。只要利用地理的視角，便可以具體地證實以上的論點。

❖——模擬「日本定都的過程」

我們先回到日本誕生以前的古代，來進行一場模擬，找出日本的首都究竟該定在哪裡。

首先，打開日本列島的地圖。身處現代的我們都有地圖。擁有地圖的人，在空間上就擁有了「上帝之眼」。

以上帝的角度從上空俯瞰攤開的日本地圖，在上面找尋日本的首都。

日本列島南北狹長，從北緯四十五度的亞寒帶開始，到北緯二十五度的亞熱帶為止，總長三千公里。若只算北海道到九州的距離，也有兩千公里。在這狹長列島的中央，有一座北朝南的中央山脈，太平洋側和日本海側因此被隔開。

要將這塊狹長的列島統整起來、組織一個國家的話，其中心點應該在何處？

❖——日本列島的中心

雖然我們無法列舉國家首都應具備的所有功能，但可以歸納出最小限度的兩點。

第一點是地理上日本列島的中心位置。如果要將這個狹長的列島統一為一個國家的話，物理上便需要取其地理上的中心點。而地圖上，列島地理上的重心是中部地區到近畿地區。

第二點是位於容易連結中央山脈所截斷的日本海側與太平洋側的位置上。如果無法連結大陸的玄關——日本海側以及日本人活動的據點太平洋側，日本不可能統一為一個國家。

只要看第十七章「自外國飄來的海洋垃圾分布圖」，就能理解這個道理。

很明顯地，對馬海流流經的日本海側，是大陸文明的玄關。不僅在古代，這種文化交流持續到近世和近代。在室町時代，大象首次登陸的地方是福井，這也是以上說法的一個例證。

冬天時，日本海側嚴重積雪。相較之下，太平洋側非常適合人居。若以房子為例，太平洋側可說是溫暖的起居室，是擁有陽光日照的緣側[3]。在那裡，家族可以聚會、生活及耕作農作物，也可以和附近鄰居做生意。如果要選擇國家運作的中心，太平洋側比較適合。能夠快速、容易地往來於大陸文明的玄關日本海側和太平洋側的位置，便是成為日本首都的第二條件。

從中部地區到近畿地區，連結日本海側和太平洋側最短的直線究竟是哪一條？看了地圖就馬上可以知道，這條線是今天的福井縣若狹的敦賀灣到太平洋側的伊勢灣。這條直線在地圖上的距離只有一百公里。

日本首都的位置就決定在上述直線上，也就是今天的岐阜．濃尾一帶。

追溯至京都

在將首都定位在濃尾以前，必須從上帝之眼所在的天上降到地面，來個日本列島橫斷旅行的模擬體驗。

三千年以前，跨過日本海遠渡而來的大陸移民，在敦賀灣上陸。那裡是大陸上沒有體驗過的冰雪大地。這群大陸來的人為了避開積雪的日本海側，開始朝南方旅行。

越過今天福井縣及滋賀縣深坂峠後，便會看到寬廣的盆地。幾乎佔滿整個盆地的巨大湖泊就是琵琶湖。

他們砍了湖岸的木材製作船，再繼續往沒有雪的南方旅行。

琵琶湖的水面平靜。輕鬆地通過北湖和南湖，然後從琵琶湖唯一的出口進入瀨田川。這時瀨田川的流向改為向西往下流，因此不會通向東邊的岐阜和濃尾。從地圖上來看，會漸漸遠離濃尾地區。

越過瀨田川狹隘的溪谷進入宇治川，河川幅度便逐漸加寬。到了今天伏見一帶，河川幅度瞬間變得更寬，形成一個由右側的桂川及左側的木津川匯流而成的湖泊。

那就是昭和前期都還存在的巨椋池[4]。

圖③是明治時期一張寶貴的地圖。地圖上，北邊是京都老街區，和今天的京都市相比規模很小。在今天京都市伏見區的南邊可以清楚看到廣大的湖泊，那裡原來是巨椋池，後來遭到掩埋，現在已完全消失了。

進入巨椋池後，在沒有水流的驅動下，船停了下來。

這裡沒有降雪，是屬於溫和的太平洋側的氣候。與歐亞大陸相較，雖在冬季，卻有如春季一般溫暖。

於是人們乘船觀察巨椋池的周邊。

圖③　明治時期的巨椋池

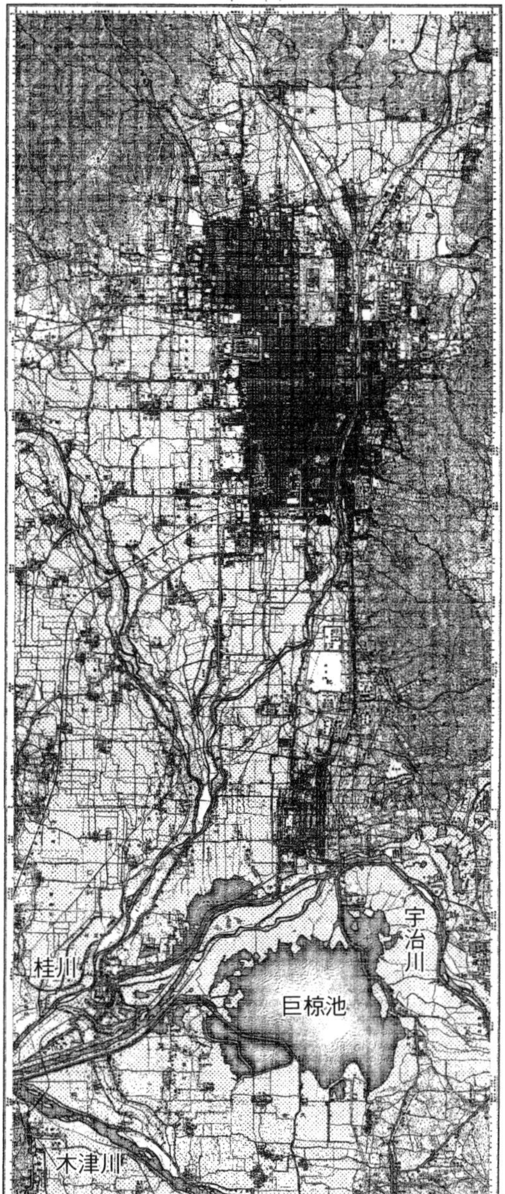

巨椋池由桂川、宇治川、木津川匯流而成，只要稍微降雨，這一帶便會淹水，人們必須移往高處。從巨椋池沿鴨川往北邊走大約三公里，那裡有如屏風般的山巒，可以阻擋冬季的北風，是一塊面朝南方的廣闊大地。

這裡就是京都！

我們從敦賀灣上岸，橫越了日本列島。這段過程中，陸路上用腳行走的距離，只有越過深坂峠的二十公里及最後一段三公里的路程而已，其他的路程則由船運包辦。就這樣，我們抵達了京都。

從京都沿著淀川往下走，經過大阪灣流進瀨戶內海，便能自由地使用輕舟來往於海上。渡過日本海在敦賀灣登陸的人，並沒有選擇中部地方，而是選擇定居在近畿地方。南北狹長的日本列島中，地理上的中心位置及最短、最容易連結日本海側和太平洋側的位置，就是今天京都的所在地。

京都成為首都並非偶然。表面上，京都處於大阪灣深處的內陸地區，但如果以連結日本海側和太平洋側的船運交通來看，京都確實位在中心點。

京都成為日本首都，君臨日本千年以上，確實有統整日本列島所需要的重要地理條件。

❖「處在交流軸上的都市便會繁榮」

有人說：「處在交流軸上的都市便會繁榮。」《近江名所圖屏風》中琵琶湖周邊熱鬧的景象，就是都市位在交流軸上繁榮的證據。

戰國時代，織田信長在琵琶湖東岸建築安土城，並將其做為征服天下的據點。豐臣秀吉也在琵琶湖的長濱築城，並在該據點奪取了天下。做為戰國時代最後一幕的關原決戰，也是發生在琵琶湖周邊地區。

日本史上最活躍的琵琶湖周邊地區，經常是人們往來的舞台。

隨著德川家康時代的來臨，江戶成為幕府的所在地。連結日本東西兩大都市的東海道，在距今四百年前開通。陸路幹線的東海道也通過琵琶湖，全國的情報聚集並往來於近江一帶。著名的商人在此發跡，也是因為這裡是情報交換中心的關係。

直到二十一世紀的今天，這個地區仍充滿活力。

現在全國各地都市的人口都呈現下滑，只有滋賀縣的人口呈現成長，而且近幾年一直維持全國前幾名的水準。

此外，滋賀縣每位縣民所獲得的製造業附加價值毛額（Gross Added Value）也相當高。所謂製造業附加價值毛額，是指原料進入該縣後，加工後能夠提升多少價值，以此做為商品輸出到縣外地區的指標。從這個指標可以理解縣民所擁有的智慧及文化涵養的程度。

推動滋賀縣發展動力的根源是鐵道及道路。而近代的滋賀縣可以證明「交流軸上的都市便會繁榮」這個原則。

一九六三年，日本開通了第一座高速公路——名神高速道路，這條高速公路便通過滋賀縣。此外，一九七二年日本開通了第四條的高速公路——北陸自動車道。

雖然放眼望去，北陸自動車道和東名、名神高速公路相較，並不那麼起眼，但在帶給日本國土的影響上，絕不遜於以上兩條高速公路。藉由北陸自動車道，太平洋側和日本海側可連結成為一個區域。利用這條高速公路，可以迅速往來於多雪的北國、溫暖的關西地區及中部地區。

北陸自動車道和東名、名神兩條高速公路匯流的位置，就位在滋賀縣的米原交流道。即使在二十世紀，琵琶湖周邊仍是東西和南北日本交通網的交會處。

就這樣，琵琶湖周邊地區，提供日本一個轉向近代車輛文明的舞台。

在高速公路開通以前，每位滋賀縣縣民所擁有的製造業附加價值毛額在全國的排名為中段班，但隨著高速公路的開通，滋賀縣也就覺醒了。

東名和名神高速公路開通後十五年，滋賀縣在一九八〇年（昭和五十五年）超越了近二十幾個縣市，排名全國第五。雖然往後數年間都在第五名一帶打轉，但當北陸自動車道開通後，滋賀縣又開始活躍起來。

在北陸自動車道開通後的一九八七年（昭和六十二年），每位滋賀縣縣民的平均製造業附加價值毛額終於上升到全國第一名。

滋賀縣發展的歷史清楚地提供了「交流軸上的都市便會繁榮」的實際例證。

◆人的交流就是情報的交流

道路被認為是用來搬運物資的裝置，但這只看到其中一個面向，而忽略了交流軸自身所擁有多層次的意涵。交流軸也是用來運輸情報的系統。

生命的本質就是交換情報。孩童藉由父母遺傳因子的交換而誕生。人藉由情報交換而誕生，然後創造了都市。本質上，都市也是情報交流的平台。情報有文字、繪畫、影像、物品等各式各樣的種類，而其中內容最為渾厚的情報就是「人」。

新幹線剛誕生的時候，已故的梅棹忠夫便看出，新幹線是一座用來運輸人這個情報聚合體的裝置。人是情報的聚合體，情報往來的交流軸會繁榮，國家的首都必然會誕生於這條交流軸上。

那麼京都為何一千年以上都是日本的首都？

京都成為日本首都的理由，與其說是因為御所位於此地，不如說是因為京都位於日本列島地形中所形成的交流軸上。

京都是日本列島交流的原點，不僅曾經是陸路的東海道和中山道的起點，也是從淀川注入大阪灣到瀨戶內海的海路起點。

這座由眾多島嶼所組成的狹長形日本列島，以京都為原點，而逐漸形成了令人驚嘆的情報網絡。

譯註

1 琵琶湖位於京都府右方的滋賀縣境內，分為北湖、南湖，由野州川、日野川、愛知川、安曇川等河川匯流而成，由瀨田川、宇治川、淀川等注入瀨戶內海的大阪灣；這座湖泊大約形成於四百萬年前，自古以來為水上交通要道，是日本最大、最古老的湖泊，也是僅次於貝加爾湖、坦干依喀湖，世界上第三古老的湖泊。（編註）

2 「鳴叫吧，黃鶯，平安京」的原文「鳴くよ、うぐいす、平安京」，な（諧音七）・く（諧音九）・よ（諧音四），是用來背誦平安京產生年七九四年的歷史口訣。

3 「緣側」是指傳統日式住宅中，自室內空間的邊界往外延伸出去的半戶外廊道空間。

4 巨椋池是日本京都府南部一個已消失的湖泊，位於現在京都市伏見區、宇治市、久御山町一帶。這座湖泊自古以來在水上交通發揮了重要的作用。其豐富的環境曾經是多樣性動植物的棲息地，因此成為狩獵場，也是農漁業的產地。巨椋池曾是文人墨客喜愛的景點，《萬葉集》裡有相關描述。後來因水質嚴重惡化，帶來瘧疾等災害，在一九三三到一九四一年間，日本政府在此進行圍墾，從此消失變為當地重要的農地。（編註）

第15章

誕生日本文明的奈良為何會衰退？

交流軸與都市的興衰

在歷史上，奈良也是一座奇蹟般的都市。

奈良不僅完好地保存有千年以上歷史的飛鳥時代壁畫，也有世界最古老的木造建築群——法隆寺和大佛。此外，奈良還保存了校倉造的木造倉庫——正倉院，裡頭擺放的絲路之寶，奇蹟似地未曾遭竊。

從奈良時代至今一千五百年中，日本絕對稱不上和平。例如奈良時代發生的權力內鬥、源平之戰將日本一分為二、南北朝時代分裂成兩個朝廷，以及戰國時代下剋上的狀態持續了百年以上。

奈良平安地度過了激烈動盪的時代，將許多歷史遺產保存到二十一世紀的今天。放眼世界，只有奈良這座城市能夠將歷史完整地保留下來。這就是奈良是奇蹟都市的原因。

奈良為何能成為奇蹟般的都市？從來沒有人告訴我答案。當我從地理和地形的角度來研究奈良，答案就自然水落石出。

因為奈良進入了千年的沉睡。

❖—箱根驛傳最終路線的變更

二〇〇三年一月三日，我喝了藥酒提神後，便前往終點所在的大手町看東京—箱根往返的大學驛傳。

大手町的讀賣新聞總公司門口佈置得非常華麗。不過和十年前相比，總覺得氣氛有些不同。而後我馬上察覺到，原來是終點線上迎接選手的觀眾排列的方向和之前不同。

現在的人潮是向南方排列，十年前是向西排列。選手們從箱根回來，因此向西排列理所當然。但在我眼前的人潮卻向南排列。

距離選手抵達終點還有一些時間，我從終點線逆著人潮往回走。人潮延伸到大手町南邊，並在日本橋北側轉而面向西邊，過了日本橋後再延續到銀座中央通上。銀座中央通上也充滿了加油的人潮。

原來往終點的路線變更了。十年前由皇居內堀通往大手町的最後一段路線，變成了經由銀座中央通，橫跨日本橋的路線。經詢問穿著制服的工作人員後得知，路線是五年前變更的。

原來是這樣。怪不得會覺得近年大學驛傳辦得很盛大，愈來愈熱鬧。原來是因為最後一段路線經過了日本最大的鬧街銀座。

「活動也是只要辦在交流軸上便會熱鬧啊。」我苦笑道。

❖——旅館的客房數全國墊底的奈良

在大阪上班時，有一次我參加奈良市的研討會。那是由當時建設省奈良國道工事事務所舉辦的活動。我已經忘了那場研討會的主題和內容，但對於其中一張圖倒是印象深刻。這張圖至今仍烙印在腦海裡。靠著那張圖所提供的線索，我才解開一道歷史難題。

那場研討會負責開幕致詞的是奈良國道工事事務所所長，是我認識的人。主辦者的開幕致詞內容大同小異。原先他只是照本宣科地進行，不過突然間開始向會場的聽眾講解這張圖。這張圖事先被放在活動相關的袋子裡。

這張圖就是圖①，是一幅和現場活動的熱鬧景象不相襯的一張圖。我一面感到驚訝，一面注意聽他解說。

圖①標示著全國都道府縣的旅館客房數。由此圖可以得知，奈良的客房數是全國墊底。背負著日本歷史的奈良，擁有法隆寺、大佛、飛鳥遺跡等歷史遺產的奈良，學生畢業旅行時必到景點的奈良；這樣的奈良居然輸給島根、鳥取、德島與佐賀，成為全國客房數最少的縣。

我一時無法相信，但資料來源是厚生省（現在的厚生勞動省），應該不會有錯。

所長向奈良的聽眾展示這張圖，說道：「奈良的鄉親整天都在說要以觀光產業為重心來發

圖①　都道府縣別旅館客房數，平成九年（1997年）

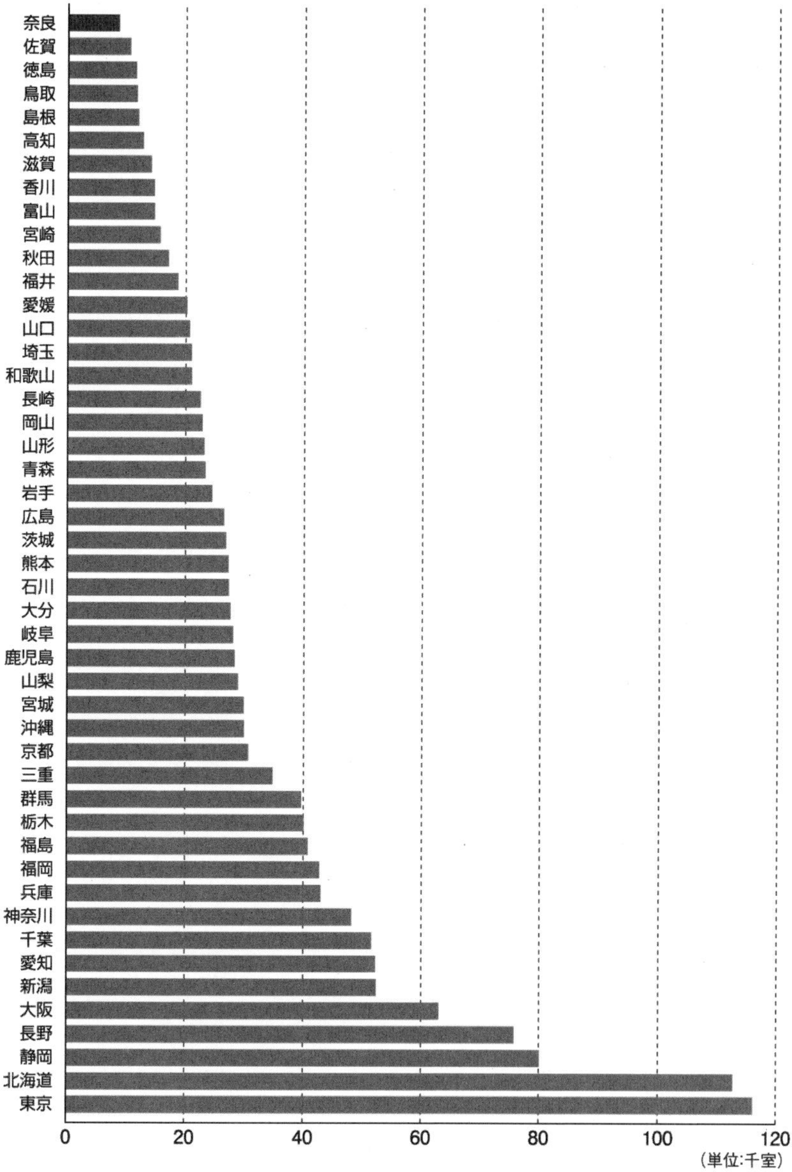

資料來源：「衛生行政業務報告」，厚生省（現今厚生勞動省）

展，但是實際的情況，旅館這個觀光產業最基礎的重要建設卻如此嚴重短缺。何止是旅館，在奈良甚至連道路為首的社會基礎建設也落後其他縣市一大截。若不好好整頓基礎建設，奈良是不會有發展的。」

雖然我知道有許多人會使用易懂的圖表，來向一般民眾解釋基礎建設的重要性，但我倒是第一次聽到這麼清楚的案例。所長利用聽眾切身相關的話題來說明社會基礎建設的重要性，不僅打到地方居民的要害，也成功鼓勵地方居民對地方的發展做出貢獻。所長的口才真是高明。

❖──突發奇想

從奈良回大阪的車上，我不斷思索著那張圖。在記憶深處有件曾經遺忘的事正在腦中攪和著。

如同上述那張圖，奈良的基礎建設在全部的環節上都落後其他縣市一大截。不僅需要整頓壅塞的道路，奈良盆地也因排水不佳，只要雨量稍微集中，住宅區便會馬上淹水。但若不降雨又會缺水。另外，住宅區向外擴張，下水道的建設卻趕不上，大和川的水質受到汙染，奈良的水質每年都在全國水質排行榜敬陪末座。

總之，奈良的社會基礎建設落後其他縣市一大截。奈良開發遲緩的嚴重情況，藉由圖①清楚地呈現出來。

為何奈良社會基礎建設發展會如此緩慢？

隔天，我打電話給奈良國道工事事務所的所長，除了向他昨天在研討會的演講致意外，我也請他幫忙，調查歷史上奈良市人口數量的變遷。

這份資料的年代盡可能愈早愈好，當然也會追溯到奈良時代。一般而言，那麼久遠的年代不會留下統計資料，只能以縣市歷史資料館的文獻來推測。對工作繁忙的所長提出這樣的請求，我心中感到萬分抱歉。然而，「請給我一些時間。」所長爽快地答應我的請求。

◆奈良人口數量的變遷

大約過了兩個月，所長通知我奈良人口數量的變遷已經整理好了。隔天，他說有事到大阪來，因此我們就約了時間，請他讓我看整理好的資料。

隔天在大阪碰面後，所長從包包裡取出一張圖。看到圖的瞬間，我不經意地叫了出來：「果然是這樣。我終於發現了！」

隨後我再拜託所長一件事，請他幫我整理那張圖上奈良的街道、鐵道、新幹線開通的時間。他一樣爽快地答應。一週後結果出來了，就是圖②。圖②將歷史上奈良市人口數量的變遷清楚地呈現出來，也明確標記出各條行經奈良的軌道的開通時間。

看了圖中標示的出處和註釋後，就會明白製作這張圖要花費許多功夫。靠著這個調查結果，我終於找到了證據，能夠以日本的案例證明「只要脫離交流軸，文明便會衰退」這個說法的證據。

❖曾經捨棄的問題

寫下「處在交流軸上的都市便會繁榮」這句話的人，是中國史專家宮崎市定。交流軸這個基礎建設掌握了都市的命脈。在擁有數千年歷以及廣大地理環境的歐亞大陸上，「都市」也可以用「文明」代稱吧。

「交流軸會左右文明的命運。」這句話對關心基礎建設的人而言，十分具有魅力。我心中有股動力驅使我找出具體的案例，來證實並說明以上的論點。

前一章已經說明，京都與滋賀縣是「處在交流軸上的都市便會繁榮」的最佳例證。一九九五年過世的宮崎市定留下的「處在交流軸上的都市便會繁榮」這個論點，以京都和滋賀縣即

圖② 奈良市人口的歷史變遷（人口數）

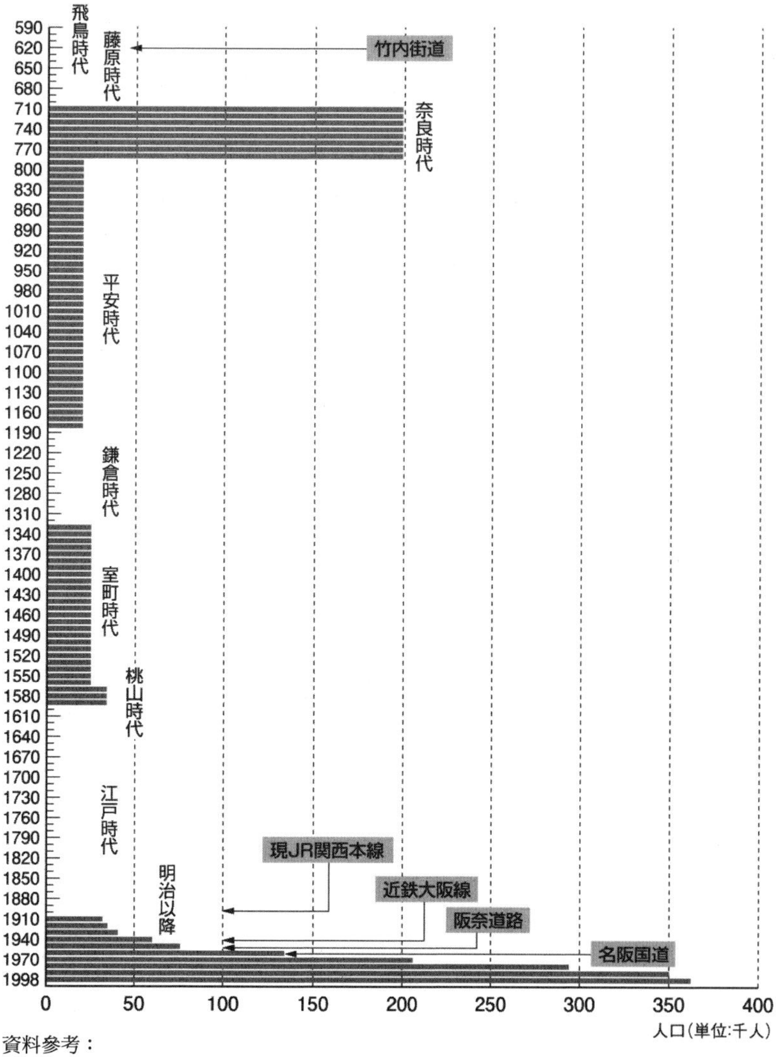

資料參考：
奈良時代：奈良文化財保存課資料
平安時代：以奈良文化財保存課之資料為基礎再經由建設省（現今國土交通省）奈良國道工事事務所估算。
室町、桃山時代：《角川日本地名大辭典：奈良》（角川書店）
《奈良縣的歷史》（永島福太郎著）、《奈良市史》

可佐證。

雖然我找到了案例證實交流軸上的都市會繁榮，但我也想找出案例說明都市會因為脫離交流軸而衰敗。只要找齊正負兩種案例，宮崎市定的說法就會更趨完善。

「脫離交流軸就會衰敗」這樣的事例，存在於日本嗎？雖然有了這樣的想法，但我立即放棄，心中喃喃自語：「不可能找到答案。」

宮崎市定研究的領域是歐亞大陸。與日本相較，幅員遼闊的歐亞大陸，其時間軸遠比日本悠久。在歐亞大陸上找到因脫離交流軸而衰敗的都市和文明，應該是可能的。

然而，這座狹隘的日本列島，能夠推定的歷史才短短一千五百年。要在地理狹隘、歷史也不長的日本，找到衰亡的都市已不容易，還要附上因脫離交流軸而衰敗這個條件，可說是難上加難。因此我放棄了這個問題。

❖日本文明的誕生

其實解開以上問題的答案近在眼前，就是滋賀縣隔壁的奈良縣。

圖②呈現出奈良的繁榮、衰退及再發展的歷史。奈良興亡與否，全都繫於交流軸，交流軸左右著奈良的命運。只要位在交流軸上，奈良便會繁榮；一旦脫離了交流軸，奈良便逐漸衰

圖③　近畿地區海進鳥瞰圖使海面上升五公尺之模擬圖

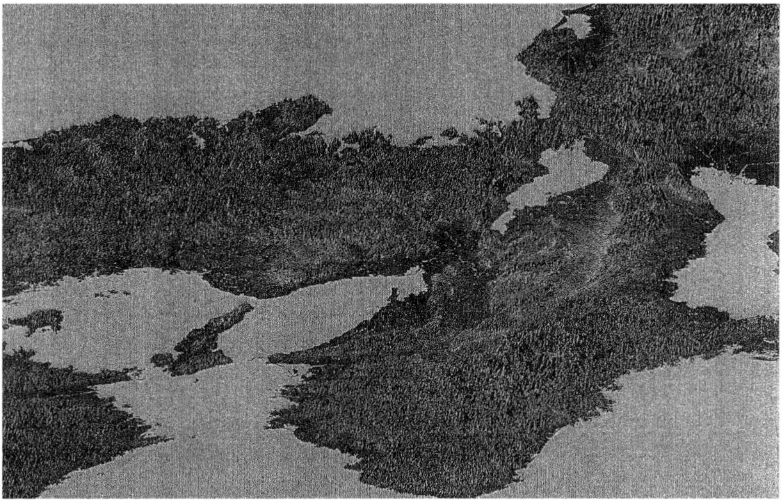

（本圖利用國土地理院提供之數位地圖製成）

退。

在飛鳥京的古墳時代、及藤原京和平安京的奈良時代，奈良盆地因成為日本的中心而繁榮。當時奈良盆地位於廣大的交流軸——絲路上。

圖③是用電腦繪成繩紋時代近畿地區的地形圖。六千年前的繩紋時代，海平面比今天高出五公尺；到了奈良時代，海平面降到今天的高度。雖然這張地圖是繩紋時代的地圖，繩紋時代的地形和奈良時代雖有上述落差，但並不影響我們的模擬，我們就利用這張海平面上升五公尺的繩紋時代的地形圖，來試著模擬一場奈良之旅。

在大航海時代以前的世界文明中，最大的交流軸是絲路。文明於世界各地誕生以來，絲路成為歐洲、中東、亞洲情報交流的中心，不過絲路的終點不是停在歐亞大陸上，而是再往中國東海延伸。

從大陸上搭乘輕舟的人跨過中國東海，在日本海側的出雲、敦賀及福井上岸。另外也有一些人選擇乘舟，從玄界灘通過關門海峽，進入瀨戶內海的海上路線。瀨戶內海上散落著許多島嶼，而中國、四國地區的山巒壓縮了陸地空間，瀨戶內海並沒有適合形成文明的廣大土地。於是大陸的人們再往東走，隨後會看到瀨戶內海的終點——大阪的上町台地。越過險峻的浪速、難波進入上町台地半島，再進入河內地區。在河內灣上，水面趨於平靜。而河內灣的北邊有湍急的淀川，大陸的人們於是避開淀川而逐漸靠近位於東邊灣澳的地區——今天的柏原市。

柏原的大和川平穩地從奈良盆地流出。換乘輕舟越過大和川的龜之瀨後，馬上進入奈良盆地。當時，奈良盆地遍布廣大的濕地。盆地中的水面平穩沒有波浪，乘著小舟便可自由往來於廣闊奈良盆地的水面上。實際上，奈良盆地是交通便捷的水鄉盆地。

位於奈良盆地的奈良成為絲路的終點。靠著絲路，世界各地的文明結晶傳進了奈良。匯聚世界各地文明結晶的奈良，自然能夠繁榮起來。

飛鳥京、藤原京及平安京，這些城市逐次地建設在湖的周邊，日本第一座正式的都市就此誕生。

這就是日本文明誕生在絲路這個交流軸上的瞬間。

千年沉睡

七九四年，桓武天皇將首都從大和川流域的奈良遷往淀川流域的京都。絲路交流軸也就從大和川移到淀川。

如同正月大學驛傳最後一段路線受到變更一樣，絲路的路線也受到一些改變。從歐亞大陸來的輕舟進入大阪灣後，朝正北方前進，逆淀川而上，過了枚方、山崎，由淀川等河川匯流而成的巨椋池便在眼前。巨椋池對岸的山麓就是京都。

於是，從大阪通往京都的淀川路線，成為水運交流的主軸。

然而，淀川路線和大和川路線，兩者有著決定性的差異。從大阪通往奈良的大和川路線，到了奈良就是終點了。但另外一條淀川路線的終點不只停在京都。京都上方有琵琶湖，因此交流軸會從京都朝琵琶湖繼續前進，連結到更前方的陸路道路。

從京都往滋賀的大津，然後從大津通往東海道、中山道這些以陸路為中心的交流軸，便逐漸發展起來。東海道再沿著尾張（名古屋）、駿府（靜岡）、江戶（東京）延伸。另一條交流軸中山道、甲州街道則通往濃尾（岐阜）、信濃（長野）、甲府（山梨），然後抵達江戶。

日本的歷史便逐漸在這條交流軸上展開，人、物資、情報都在交流軸上移動。戰國大名也不斷在這條交流軸上奔波與戰鬥。

十九世紀的幕末，年輕的英雄們也在這條交流軸上奔走，造就了日本從江戶時代進入明治時代，邁向近代文明的巨大轉變。

然而，在中世到近世的一千多年間，奈良一直被摒除在交流軸之外。

奈良時代，奈良盆地成為絲路的終點而繁榮起來。當淀川路線的交流軸形成以後，奈良盆地成了死巷子。被摒除在交流軸外的死巷子奈良盆地，便逐漸衰退。

奈良盆地上只剩下農田，以及留有平城京昔日風采的寺社。住在這裡的只剩下僧侶、神官和寥寥無幾的農民。往後一千年，經過平安、鎌倉、室町、戰國、江戶時代，奈良都被日本歷史所遺忘。

奈良這個誕生日本文明的大都市逐漸沒落，變成鄉間地區。奈良懷抱著歷史遺產進入了千年的沉睡。圖④顯示了奈良盆地被摒除在交流軸外的情況。

❖——奈良的覺醒

沉睡千年後，奈良覺醒的時刻突然到來了。

明治時期，奈良鋪設了鐵軌，特別是連結大阪和伊勢神宮的近鐵，為這塊土地帶來很大的

圖④ 被排除在交流軸外的奈良盆地

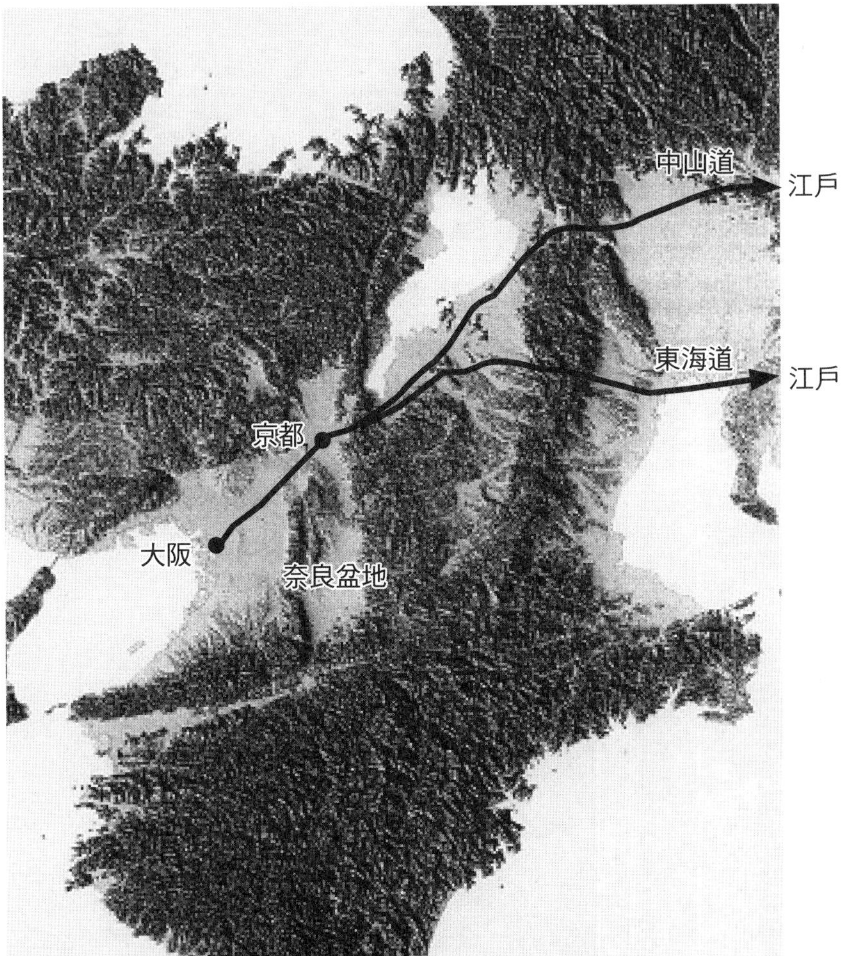

衝擊。

奈良盆地已經不是死胡同，從這裡可以連接到大阪、三重和名古屋。奈良再次回到連接近畿和中京的交流軸上。國鐵、近鐵這些鐵道交流軸貫穿奈良，往後阪奈道路、名阪國道等，車輛文明的交流軸也貫穿於奈良之上。

奈良人口爆發式地成長，市區逐漸擴大。奈良從千年的沉睡中醒來，沒有經過熱身和助跑，便一口氣實現近代化。

江戶時代，日本各地的都市孕育了日本的近世文明。江戶時代可說是為明治時期的近代化提供暖身和助跑的時期。人口集中的江戶和大阪，在江戶時代逐步整頓了街道和市容。橋、堤防及疏濬工程也扎實地建設起來。飲用水的確保也藉由遠處河川的輸入而獲得解決。大阪甚至興建了日本第一座都市下水道。

相形之下，奈良在社會基礎建設還沒準備的情況下，就被丟進了都市化的浪潮裡。圖①就是證據。千年來奈良沒有外國訪客，因此市區沒有興建旅館。既沒有建設旅館的必要，飲用水也沒導入，洪水氾濫的河川也被擱置一旁。人們不會造訪奈良這塊被摒除在交流軸外的都市，因此社會基礎建設自然也沒有整頓的必要。

無人造訪的奈良，自然會被摒除在日本史的發展之外。

「處在交流軸上的都市便會繁榮，被摒除在交流軸之外的都市就會滅亡。」這個說法可以藉由位在交流軸上而繁榮的京都、滋賀，以及被摒除在交流軸外而衰退的奈良，來得到證明。

位在狹隘稠密的近畿，奈良保存著飛鳥時代的壁畫、世界最古老的木造建築群——法隆寺、大佛及校倉造[1]的正倉院。奈良完整地保存歷史的遺跡，可說是奇蹟。而奇蹟能夠發生的原因，正是因為奈良被摒除在交流軸之外，進入了千年的時空膠囊中沉睡。

奈良這座都市保存了世界遺產，並將其託付給未來。對日本而言，奈良沒有被捲入激烈的歷史動盪之中，其實是幸運的。

現場歡聲雷動，大學驛傳的選手已接近終點線。

交流軸既是情報傳遞的神經，也如同血管一般，將能量及活力輸送給我們。

充滿觀眾的驛傳路線也從交流軸上獲得能量，最後一棒的跑者使盡全力，奔向終點線夥伴所在的位置。

雖然使盡氣力，對因為疲憊而倒臥終點線的年輕選手來說，也是珍貴的回憶吧。

譯註

1 「校倉造」是日本原始的建築構築形式，不使用柱子，將木材以井字形橫樑式堆疊構築而成，專用於倉庫的建造。木材是以方形木材斜面對切，突出的部分置於外側，平面的部分則安置內側當做內壁。木材的膨脹、收縮可調節倉庫內的溫度及換氣。奈良東大寺正倉院是校倉造建築的代表作，裡面藏有奈良時代絲路之旅，從西方與中國唐朝傳到日本的寶物。（蔡錦堂註）

第16章

大阪為何缺少綠地？

權力者的町與庶民的町

從東京轉派到大阪上班後，我注意到大阪市的人口相當稠密。總之人就是很多。下了新幹線，從新幹線的新大阪站前往ＪＲ大阪站，我第一次來到大阪地下街，擁擠的人潮讓我感到恐懼。

住在大阪後，我漸漸感受到居住在大阪的優點。大阪人友善及不拘小節的說話方式，在東京是感受不到的。市區到處是長長的商店街，即使是單獨出差的人，只要善用商店街裡的食堂和大眾澡堂，就可以自在地過生活。

住在大阪一段時間後，我產生了一個疑問：「大阪為何缺少綠地？」我住過東京、仙台、廣島、名古屋，但在大阪第一次就有這種感受。與其他都市相較，大阪的綠地非常稀少。

全球環境不斷惡化，這個問題無法靠個人力量來解決。大阪缺乏綠地的問題，不久便延伸到全球自然環境保護的課題。

早上麴町的地下鐵站，通勤的人潮依舊擁擠。我佇立在一張海報前，那張海報是相當眼熟的東京地下鐵地圖。

「原來是一樣的啊。」我自言自語。原來東京和德黑蘭及北京是一樣的。

德黑蘭的綠地

二〇〇五年五月的連續假期，我參加了在伊朗舉辦的國際會議。伊朗的國土大部分是荒漠和山岳，氣候少雨且炎熱。但根據預先告知的消息，舉辦地的首都德黑蘭位於海拔一千兩百公尺，住起來相當舒適。

從成田機場直飛德黑蘭，到旅館時已是深夜。我隔天早晨五點醒來，因為對德黑蘭完全不熟悉，於是決定在旅館附近散步。

德黑蘭的背後聳立著三千公尺的高山，山頂上有殘雪。這幅景色總覺得似曾相似。想了一下，答案便浮現上來，這和背後聳立著立山連峰的富山縣很像。

旅館旁的道路是斜坡，從旅館的玄關繞進那條道路時，巨大的行道樹映入眼簾。高度大約二十公尺，茂盛雄偉的懸鈴樹以每五公尺的間隔排列。這些懸鈴樹並非種植在人行道上，而是種在水道裡。在道路和人行道中間，有一條寬兩公尺的水道，裡面湍急地留著山上融化的

圖①　德黑蘭瓦里阿瑟街的綠色隧道

雪水。

真是漂亮的懸鈴樹。這些樹不會輸給東京神宮外苑的銀杏，及仙台定禪寺通的櫸樹。圖①就是種植在水道中的懸鈴行道樹。

原來伊朗也有這樣的綠地。

❖巴勒維王朝的遺產

吃完早餐後，我詢問伊朗導遊關於行道樹的事。這些懸鈴樹行道樹種植於三十年前巴勒維王朝時代，行道樹街名為瓦里阿瑟街（Valiasr Street），是通往巴勒維王離宮的道路。

趁著會議休息時間，我又來到種植行道樹的道路。當天剛好是星期五，是伊斯蘭教的安息日。午後許多德黑蘭市民聚集在行道樹下，或隔壁的公園綠地上。隨處有情侶及一家人坐在樹蔭下享用茶和點心。「日本人嗎？」有人對我這位路過的東洋人搭話，請我喝茶。

德黑蘭市區沒什麼休閒空間的綠地，都市化和汽車的普及化發展迅速，市區到處交通擁擠，整個城市充滿廢氣，空氣非常汙濁。老街區的巴剎則如同迷宮一般蜿蜒，居民的房子比鄰而建。人們不關心垃圾的清理，市區隨處可見垃圾。

德黑蘭是一個沒有綠意、典型的人工都市，而瓦里阿瑟街便成了市民寶貴的休憩場所。一九七九年，在伊朗伊斯蘭革命中，伊朗人推翻了巴勒維王朝。雖然巴勒維王朝遭到推翻，但這條通往巴勒維王朝離宮的豪華懸鈴樹道，卻成為二十一世紀德黑蘭市民的綠色財產。

走在瓦里阿瑟街，我想起了北京的景山公園。

❖——北京的綠地

在前往伊朗的兩個月前，我去了趟北京。工作告一段落，還有半天的空閒。我已經來過北京多次，因此沒有特別想去的地方。不過待在中國的朋友很想帶我參觀紫禁城的後山。我對紫禁城、天安門和天安門廣場已相當熟悉，不過紫禁城的後山倒是第一次去。這裡是茂密的山林，還有草木繁盛的公園——景山公園。

紫禁城建於元朝。當明朝改建時，在紫禁城周邊挖了寬五十公尺的防禦用壕溝。將挖壕溝

圖②　景山公園的綠意

（照片提供：AFLO）

所剩的二十三萬平方公尺的土在一旁堆積起來，便成為高四十五公尺的景山。

清朝政府在景山山麓挖了人工池塘，種植樹木，把這裡整理成皇室的庭園。現在這個庭園開放給一般民眾使用，成為北京市民的休憩場所。圖②就是景山公園。

北京總是灰濛濛的。從西北方沙漠吹來的沙塵及汽車的廢氣，使得天空總是一片灰暗。市區高樓大廈林立，儼然是一座缺少綠地、乾枯的人工都市。

在荒涼的北京中竟有如森林一般的空間，我對此感到驚訝。草木茂盛的公園中，北京市民散步著，在樹蔭下乘涼聊天，悠閒地打著太極拳。

中國的王朝遭國民推翻。被國民推翻

的王朝所打造的宮廷，到了二十一世紀卻成為國民寶貴的資產。

走在德黑蘭的瓦里阿瑟街，我回憶起北京的景山公園。因為兩者都是乾枯的人工都市中寶貴的綠地，同時也都是掌權者所打造的空間。

❖東京的地下鐵地圖

在麴町的地下鐵站，我聚精會神地看著東京地下鐵地圖，也就是圖③。不只是東京都民，住在日本的人都會對這張地下鐵地圖感到眼熟，也包含我。東京的地下鐵直到今天都還在發展，不斷拓展新路線、延伸舊路線、同時也和郊外的私鐵進行統整。不了解地下鐵，便無法在東京都內移動。在東京生活必備的就是這張淺顯易懂的地下鐵地圖。

我並非為了查詢路線，才擠在早上通勤的人潮中研究這張地圖。我將焦點擺在該地圖上的畫有綠色的部分。圖③網狀的部分，在實際的地圖上是呈現綠色。本書因為是黑白印刷所以沒辦法清楚地呈現出來。我不知道地下鐵公司在地圖上強調東京都內綠地的理由。總之，這張地下鐵地圖清楚地表現了分布在都心的綠地。

地圖上的主要綠地有：皇居、北之丸公園、上野公園、六義園、小石川後樂園、新宿御

圖③　東京地下鐵地圖

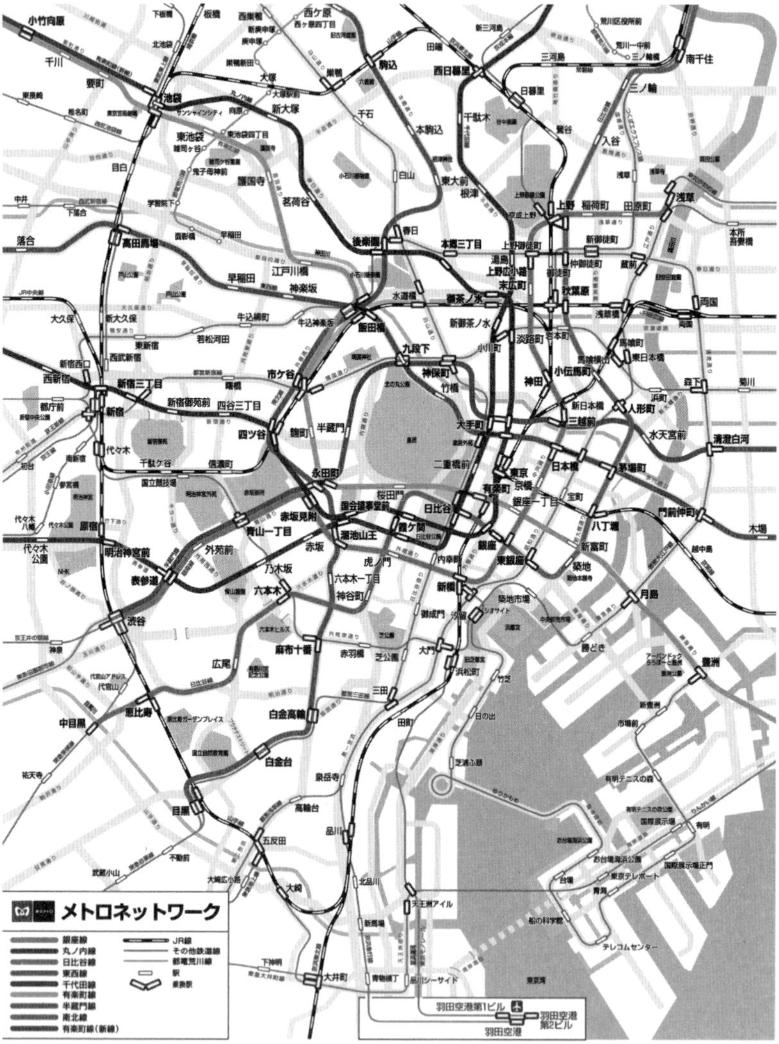

（東京地下鐵股份有限公司，2007年1月）
（ぴあ股份有限公司設計，2007年1月23日）

苑、代代木公園、日比谷公園、濱離宮、芝公園、國立自然教育園等公園。此外還有明治神宮、靖國神社、護國寺等寺社和神社。

市民能夠休憩的場所，全都是由過往的掌權者打造的。這和巴勒維王朝打造德黑蘭瓦里阿瑟街、中國王朝打造北京景山公園的情況相同。

掌權者創造的綠地

日本的皇居更是如此。以前是德川將軍居住的城池——江戶幕府的所在地，明治時期以後成為天皇的住處，現在由宮內廳所管轄。

上野公園位於寬永寺的範圍內，在明治時期由宮內廳管轄，大正時期則提供給東京市。六義園是在德川幕府第五代將軍綱吉所賞賜的土地上，由柳澤吉保整理成庭園，明治時期由岩崎彌太郎所擁有，後來捐給了東京市。

濱離宮原是德川幕府六代將軍家宣的庭園，明治時期成為皇居的離宮，之後捐給了東京都。國立自然教育園是高松藩松平家的下屋敷，原先是宮內廳的直轄地，後來納入舊文部省轄下。有栖川公園是舊宮家的御用地，現在則由東京都管理。

小石川後樂園是水戶德川家的上屋敷，新宿御苑是高遠藩內藤家的下屋敷，日比谷公園是松平肥前守等人的上屋敷，現在由環境省及東京都管理。芝公園位在增上寺的範圍內，因為戰後實施政教分離，現在由東京都管理。

護國寺由德川幕府第五代將軍綱吉所建；明治神宮是為了祭祀明治天皇而建的神社；靖國神社起初也是為了祭祀戊辰戰爭過世的人而建的神社。

除了寺社，東京都內的綠地都是由掌權者打造的，並由政府當局繼承下來才能維持到今天。大都市的自然環境都是掌權者建立的，不論是德黑蘭、北京還是東京。保持綠意盎然的自然環境，都是由當時擁有權力和財富的人物所創造及保存的。

理解以上的觀點後，長年對大阪的疑問就輕易解開了。

❖缺少綠地的大阪

一九九七年，我被調到大阪上班，當時住在阿倍野區。一到大阪我便注意到，大阪缺少綠地。為什麼呢？

當然大阪城、中之島公園、谷町筋的寺院有綠地，但實際散步便能切身感受到，和東京相較數量非常少。

在東京散步時，總是不經意地經過綠地。在綠意盎然的公園裡，坐在板凳上休息，等休息充足後再繼續散步。然而，在大阪散步卻不太看得到綠地。

這絕不是說大阪人不喜歡花草樹木，答案其實正好相反。不管經過哪條巷道，總會看到居民在住家僅有的空間裡，擺飾著裝有各時節花卉的小盆栽。大阪人非常喜歡花草樹木，但這裡卻沒什麼大型的綠地。

當時我心想：「為什麼大阪的綠地這麼少？」

東京的地下鐵地圖為我解開這個疑問。理由是，大阪是庶民的都市，而非掌權者的都市。江戶時代，近松門左衛門和井原西鶴筆下的庶民，才是大阪這座號稱「天下廚房」的都市的主角。

擠進大阪這個大都會的庶民，居住的空間非常狹小。原先的土地被劃分得非常細，人們只好擠在狹隘的空間比肩生活。歷史的遺跡和綠地當然也免不了遭遇這段土地細分化的過程。

於是，大阪的遺跡和綠地消失了。

其中最具代表性的就是大阪的「堺市」。

❖──與權力對峙的「堺市」

在高中的歷史課一定會學到「堺市」。堺市被稱為「自由都市」、「市民都市」，當時既無權力也沒有武器的商人，持續和戰國大名對峙，這段歷史令人印象深刻。我在高中時代對於未曾看過的「堺市」，抱著很大的憧憬。

於是，來到大阪的第一個假日，我去的地方並非京都、奈良或神戶，而是堺市。堺市就是我嚮往的都市。從新世界站搭乘宛如叮叮車的阪堺線，我懷著期待向堺市出發。

車子到了堺市的市區，我下了電車在附近散步，走了一個小時，什麼都沒發現。隨處可見史蹟說明板，但放眼所及都是私人住宅和高樓大廈，並沒有歷史遺跡之類的地方。

我忍不住向派出所的警察詢問附近的歷史遺跡。警察建議我參觀仁德陵，但我想去的是代表「自由都市」的堺市。警察於是再次仔細地告訴了我千利休[1]故居遺址的所在地。

經過私人住宅和高樓大廈，我走向千利休的故居遺址。抵達之後，我非常驚訝，那裡什麼都沒有。利休用來泡茶的井確實還在，但就只有這樣。

故居遺址被包圍在私人住宅之間，讓人感覺這座千利休的遺跡好像馬上要被周圍的住宅所吞噬。

市民都市的堺市時常和掌權者對峙。堺市中卻不存在著權力，堺市的歷史遺跡和綠地於是消失在歷史中。

傍晚，我失落地回到大阪。

❖——自然的守護者

為什麼掌權者會打造大自然的環境空間？

答案很簡單，因為掌權者能夠獲得廣大的土地。不只是獲得，掌權者還能夠保存土地數十年、甚至數百年。庶民無法獲得廣大的土地。即使獲得，也沒辦法長時間維持。

當日本從江戶時代進入明治時期時，日本中的掌權者逐漸消失。近代日本中不存在掌權者，因此廣大的土地都保持不到數十年。只要看了江戶古地圖，便能理解這個道理。

曾經是廣大的大名屋敷遺址，如今成了高樓大廈。大名的後代子孫雖坐擁豪宅，但也無法維持。原先的土地只要一放手，就會被重劃和細分。歷史遺跡和自然環境也就伴隨著這段發展過程而逐漸消逝。

地下鐵的地圖上所標示的綠地，都是掌權者打造的。不過，保存這些空間的並非當時的掌權者。綠地之所以能夠保存，是因為政府繼承了這些空間，把它們打造成都市綠地，才得以遺留下來。

近代日本中，資本主義的經濟體制吞噬了一切，不只是歷史的記憶和自然環境，就連土地也一樣。財產繼承制度如鎖鏈一般，綑綁住廣大的土地，可以說限制了歷史遺跡及自然空間的存在。

近代化下的日本，歷史記憶和自然環境都逐漸消逝。

一百多年前，日本從封建社會轉型為國民國家。往後日本的主角是國民，也就是庶民。但這些庶民抹除了歷史記憶及原先擁有的自然環境。

二十一世紀的今天，保存歷史記憶和自然環境的意識逐漸抬頭。不過，只靠人們的意識是不夠的。

曾經，掌權者守護著歷史及自然，今天有這樣的掌權者嗎？

究竟在二十一世紀的未來社會中，誰能成為創造和守護地球環境的掌權者？

譯註

1 千利休是戰國末期千家流茶道的始祖，也是侘茶（相對於豪華式茶道，主張禪宗式的簡素茶道）的集大成者，有茶聖之稱號。他曾服侍織田信長，並為豐臣秀吉主持禁中（宮中）和北野茶會，最終因得罪秀吉而自刃死亡。（蔡錦堂註）

第17章

地質脆弱的福岡為何會發展成大都市？

漂流者最後的棲身之地

福岡是一座不可思議的巨大都市。身為大都市卻沒有大型河川流經，因此福岡並不具有廣大的沖積平原，這個發展稻作所需的條件。與石狩、仙台、關東、新潟、濃尾、大阪平原等地相較，便可理解福岡不可思議的地方。

在日本，沖積平原是都市發展不可或缺的要素。人們聚集在大型河川所形成的沖積平原上生產財富，也就是稻米。

福岡沒有沖積平原，但福岡還是成為日本數一數二的大都市。福岡顛覆了日本都市發展的常識。

位在博多中洲的「飢人地藏」，讓我注意到福岡以上的特色。為了弔唁空襲、地震、水災的遇難者，都市中會設置地藏。不過，我從未聽說在政令指定的都市中，有弔唁因飢餓過世者的地藏。

至今博多人仍保護著這尊立在中洲的飢人地藏。這尊地藏不僅背負著福岡這座巨大都市的歷史，從這尊地藏也可以看到福岡這座都市不尋常之處。

成為解謎契機的書

我有位前輩是愛書人，不管到哪裡都不忘隨身帶著書。與我碰面的那天，前輩走進居酒屋時手上拿著一本書。我們從啤酒喝到清酒，終於擺脫了一年不見的生澀，開始自在地聊了起來。

我談到最近在福岡的經驗，在博多中洲的鬧街上看到了「飢人地藏」[1]。說到飢餓，一般人都會先入為主地聯想到東北，真是沒想到九州竟然也發生過飢荒。

當我說完話，前輩馬上接著說道：「關於福岡有一本很有意思的書喔。」前輩說的書是帚木蓬生的懸疑小說。

隔天，前輩馬上寄來一封信，告訴我小說的標題是《白夏的墓碑》（新潮文庫）。當天工作結束後，我趕緊到八重洲Book Center買了這本書。

這本書為我提供線索，讓我解開在福岡所發現的謎團。

飢人地藏

某年七月，我在祇園山笠[2]前一天到了博多。在中午炎熱的氣候下，汗流浹背地辦事，到

圖① 博多飢人地藏菩薩

了夜晚才稍微涼快一些。隔天一早就要搭機回東京，為了感受祇園山笠的氣氛，晚上我便走上街去。

從博多站前的旅館走向中洲，所到之處都擺放著由保全看管的山笠。晚上十點人潮仍然不減，人們愉悅地走著，抬頭欣賞明天才要正式登場的山笠。

那珂川和博多川圍住的中洲，是西日本最大的鬧區。當天因為是熱鬧的祇園山笠前一晚，更顯得絢爛華美。

在這絢爛的中洲，我突然發現博多灰暗的過去。

散步累了，我坐在映照著霓虹燈的博多川邊，一個人喝著啤酒，獨自享受博多的夜晚。到了將近十二點，準備回旅館時，我發現左手邊有個奇怪的祠堂。

祠堂中的燈籠帶來些許照明，但仍稱不上明亮。大概因為這裡是絢爛華麗的中洲，在準備迎接祇園山笠的熱鬧氣氛下，更襯托這座祠堂的昏暗。

仔細看了一下，裡頭擺了地藏，上頭的看板寫著「飢人地藏尊」。

飢人地藏尊？在福岡有祭祀餓死者的地藏，這裡不是北海道也不是東北，這裡可是溫暖的九州。難道九州曾經發生飢荒？

由於時間已晚，祠堂周遭也無人可詢問關於這座地藏尊的事情，投了香油錢、拜了地藏，我便走回旅館。

回到房間後，我馬上上網查詢「博多飢人地藏」。我找到了飢人地藏的圖片，就是圖①。

❖──發展不自然的福岡

一七三〇年代享保十八年，日本因遭受白背飛蝨的害蟲侵襲而發生大飢荒。往後，這個飢荒被列為享保、天明、天保此江戶三大飢荒之一。

在這次的「享保飢荒」中，西日本受到巨大的傷害。特別是黑田藩所在的福岡，受災規模非常大。關於受災規模有各種說法，根據推斷，光是博多就有六千多名死者。

特別是因為博多本來就有不少貧民，再加上周圍農村的飢民湧入，受災規模因此擴大。在福岡市內就有五處供養享保飢荒餓死者的地藏尊及地藏塔。從這點可推斷福岡市的災情非常嚴重。

這時已凌晨兩點，因為明天還有事情，我只好關了電腦去睡覺。從那個夜晚開始，我就不斷思索著關於「福岡」的事情。

知道福岡發生過大飢荒之前，我其實就想過關於福岡的問題：「為什麼福岡這個脆弱的土地上聚集了這麼多人，而發展成這樣一個大都市呢？」

福岡市的面積只有三百四十平方公里，在如此狹隘的土地上卻住著一百五十萬人。不只是人口眾多，福岡市還聚集了西日本的中樞機構，這裡因為是行政、產業、商業、的中心而發展起來。

福岡市這座巨大都市的發展十分不自然。

❖危險環伺的福岡

歷史上，繁榮的都市都具備四個條件：安全、糧食、能源、交流軸。那麼，福岡的「安全」如何呢？非常遺憾，不管怎麼看，福岡都不安全。

日本曾遭受蒙古軍的入侵，那是日本唯一一次受到外敵入侵，當時的舞台便是福岡。

圖② 襲擊博多地下街的濁流

（國土交通省提供）

福岡和朝鮮半島之間只隔著一個玄界灘，而且距離很近。只要通過朝鮮半島，大陸上的帝國就能輕而易舉地進攻福岡。福岡也沒有山這種可以防禦外敵的天然屏障。福岡的海岸線又呈現開放狀態，連敵軍的船隊隨時能入侵的入江都「準備」好了。

福岡不僅無法防禦外敵，也無法預防自然災害，豪雨尤其是福岡的弱點。七百年前繪於鎌倉時代柱吉神社的繪馬圖中，福岡市的市中心被畫成汪洋。直到鎌倉時代，博多市中心的中洲、天神一帶都在海面下。

江戶時代以後慢慢地填海造地，才逐漸形成今天的福岡，而這正是福岡排水不佳容易淹水的原因。一旦下豪雨，農田便會淹水，人們只好往高處聚集而居。明治時期以後，福岡低平的農地一口氣發展為都市，並逐漸擴張起來。

現在博多市區矗立著高樓大廈，已看不出地形的原貌。每當豪雨侵襲，洪水便朝向藏在大樓下的低窪處襲擊而去。二〇〇三年，博多發生了震驚日本全國的事件，當時大水灌入大樓的地下室，造成人員死傷。圖②是侵襲博多市區的洪水。

福岡也處於地震的危險當中。雖然人們一直認為福岡不會發生強烈地震，但二〇〇五年發生在福岡西部外海芮氏七級的強震，完全摧毀了原先人們對福岡免於地震的信心。

不論在面對外敵或自然災害上，福岡都顯得脆弱。福岡這座巨大都市就是構築在如此危險的地理和地形上。

缺乏糧食和能源的福岡

現代社會的糧食和能源由廣大的運輸網絡所支撐。在明治時期以前，糧食和能源是否能自給自足，是決定一塊土地能否發展的關鍵。

當時主要的糧食是稻米，主要的能源是木材。

河川是稻米以及木材生長的共同必要條件。河川所堆積的沖積平原以及河水使人們能夠種植稻米；河川上游的森林則提供了人們作為能源的木材以及木炭。而都市能夠確保發展所需的糧食和能源的關鍵，取決於「有無大型河川的流經」。

大家都知道世界上最古老的四大文明，歷史上文明與河川的關係在日本也是一樣。日本文明也誕生於河畔，文明發展的規模與河川的規模成正比。

日本首都的遷移便是典型的例子。大和川的奈良、淀川的京都、利根川的江戶，河川的規模與首都的規模成正比。

到了近代明治時期以後，其原則也沒有改變。畢竟在近代都市生活的人，不論是日常生活或生產行為，都需要用到大量的水資源。對於近代都市而言，河川是不可或缺的要素。

日本的中樞都市，例如札幌有石狩川，仙台有名取川、阿武隈川，東京有利根川，新潟有信濃川、阿賀野川，名古屋有木曾川、庄內川，大阪有淀川，廣島有太田川，以上這些地區都依偎著一級河川而發展起來。

圖③非常特別，它是一張利用河川流域劃分日本的地圖。

從圖③可以得知，札幌、仙台、新潟、東京、名古屋、大阪、廣島等主要都市，都在寬廣的河川流域健全地發展。

和以上都市相比，地圖上福岡市的位置與河川相關的紀錄是空白的。雖然這塊區域有那珂川之類的細流，不過卻沒有可被寫進全國地圖的大規模河川。

圖③　日本的河川流域圖

（九州的擴大圖）

❖ 調水

流經福岡市內的那珂川總長三十四公里，流域面積僅有一百二十平方公里。市區所見的那珂川水量雖十分充足，不過從博多灣倒灌進來帶鹽分的海水，無法用於居民的生活及都市的運作中。

福岡是一座僅靠細流發展的巨大都市。除了福岡之外，沒有第二個都市能夠在缺乏大型河川的情況下發展。這樣不自然地發展必然會產生副作用。

近代以後，福岡發生了眾所皆知的悲劇。在那裡發生了近代都市水道發展史上最糟糕的一起事件。一九七八年福岡嚴重缺水，該年整個福岡都市圈將近一年都處於缺水狀態，嚴重傷害了市民的生活及都市的機能。

現在，福岡都市圈越過山岳從外地調水。每天福岡不斷從筑後川調來十八萬立方公尺的水。福岡是勉強靠著其他流域調來的水而支撐的都市。

福岡的地理不利於軍事防衛，容易淹水，又時常缺水，會發生飢荒，能源也無法自足，是一座脆弱的都市。

福岡具備的都市條件中，四項裡有三項（安全、糧食、能源）都不合格。為什麼福岡會成為如此特異的巨大都市？福岡不斷發展的原動力又是什麼呢？

我在博多街頭看到飢人地藏的時候，便開始正視之前對福岡的疑問。兩個月後我讀了帚木的小說。

❖B型肝炎病毒亞種的分布

帚木先生在一九四七年生於福岡，東京大學法文系畢業後任職於TBS電視台，兩年後進入九州大學醫學部就讀。現在是精神科醫生，也是第一位榮獲許多獎項的日本醫學懸疑小說作家。他的第一部作就是《白夏的墓碑》。

其中寫得最精彩的部分是開頭介紹的「B型肝炎病毒」。

B型肝炎病毒是一種藉由血液緊密交流而傳染的特殊病毒。這個病毒的傳播途徑是人傳人，和文化傳播是一樣的途徑。以人為途徑傳播的文化會有地域上的特徵。於是該書中便產生一個假說：「B型肝炎的許多亞種也會帶有地域上的特徵。」根據這個假說，主角的醫學團隊開始研究日本及日本周邊地域的B型肝炎病毒亞種「r型」和「w型」的分布。

研究結果指出，各地方的B型肝炎病毒亞種明顯帶有不同的特徵。r型多分布在九州，w型則愈往北愈多。各地的r型佔有率：福岡是百分之九十二、廣島是百分之八十九、岡山是百分之八十五、神奈川是百分之七十七、東京是百分之六十八、栃木是百分之六十一、秋田是百分之四十六。透過各地的佔有率，可以清楚呈現r型隨著北上而有下滑的趨勢。

如果照數字下滑的趨勢來看，北海道應該會降到百分之三十左右，但實際情況卻是和東京相同的百分之六十八；反過來說，以距離來說最可能接近百分之九十的沖繩卻呈現百分之十四。

不僅如此，日本周邊各國的亞種分布也相當令人震驚。中國、韓國的r型佔有率是百分之百，w型則不存在。更讓人吃驚的是，台灣、菲律賓、印尼則相反，w型佔有率是百分之百，r型則不存在。

接續以上的說法，接下來的推論十分具有說服力：「一開始，日本民族是感染了w型B型肝炎病毒的南方人種。從中國大陸來的r型感染患者從九州及本州的西部上陸，逐漸向北移動，最後到達本州的北邊。不過到了明治時期，全國各地都有人移居北海道，因此北海道的數值和東京一樣，較為平均。另一方面，r型的人因為不會南下，所以沖繩仍持續保持著w型的原型。」

B型肝炎病毒的亞種分布，提供了我們瞭解萬年前發生在日本列島上民族交流的線索。這真是令人感到興奮的假說，藉由肝炎病毒的傳播，我們知道了日本人的根源。

當我讀完這個部分，將書本闔起來時，我叫道：「啊！說不定……」。我便急忙走向書櫃，從書櫃中的檔案夾取出一份資料，那是一幅日本列島的垃圾洋流分布圖。

◆垃圾洋流分布圖

幾年前在一場土木學會主辦的研討會上，防衛大學的山口晴幸教授發表了一個奇特的研究，那就是「垃圾洋流分布圖」。

圖④是山口教授調查的垃圾洋流分布圖。山口教授為了維護日本周邊海上的安全，開始研究漂流向日本列島的物體。日本國土安全的維護是藉著這種不起眼的調查研究來支撐的。

結果和我想的一樣。

根據圖④垃圾洋流分布圖，絕大多數的海外漂流物都在福岡。其中有許多是標有韓文的漂流物，然後是大陸系漢字的漂流物。在先島諸島和沖繩，標有台灣漢字及菲律賓英文字的漂流物的比例則上升。

本州最北邊的青森，大都是韓文漂流物。雖然帚木先生沒有在書中列出青森的B型肝炎病毒亞種的佔有率，但從垃圾洋流分布圖來推測，大概是因為北上的黑潮遭遇到南下的親潮，而被推往青森的方向，因此青森的漂流物才會增加。垃圾只是無機地在海上漂流而已，但漂流在海上的人們是活著的，一看到陸地就會拚命上岸。換句話說，漂流者第一個上陸的地點就是福岡。

可見福岡就是日本的玄關。透過垃圾洋流分布圖，無法判別先到達日本的是南方人種或大

圖④　自外國飄來的海洋垃圾分布

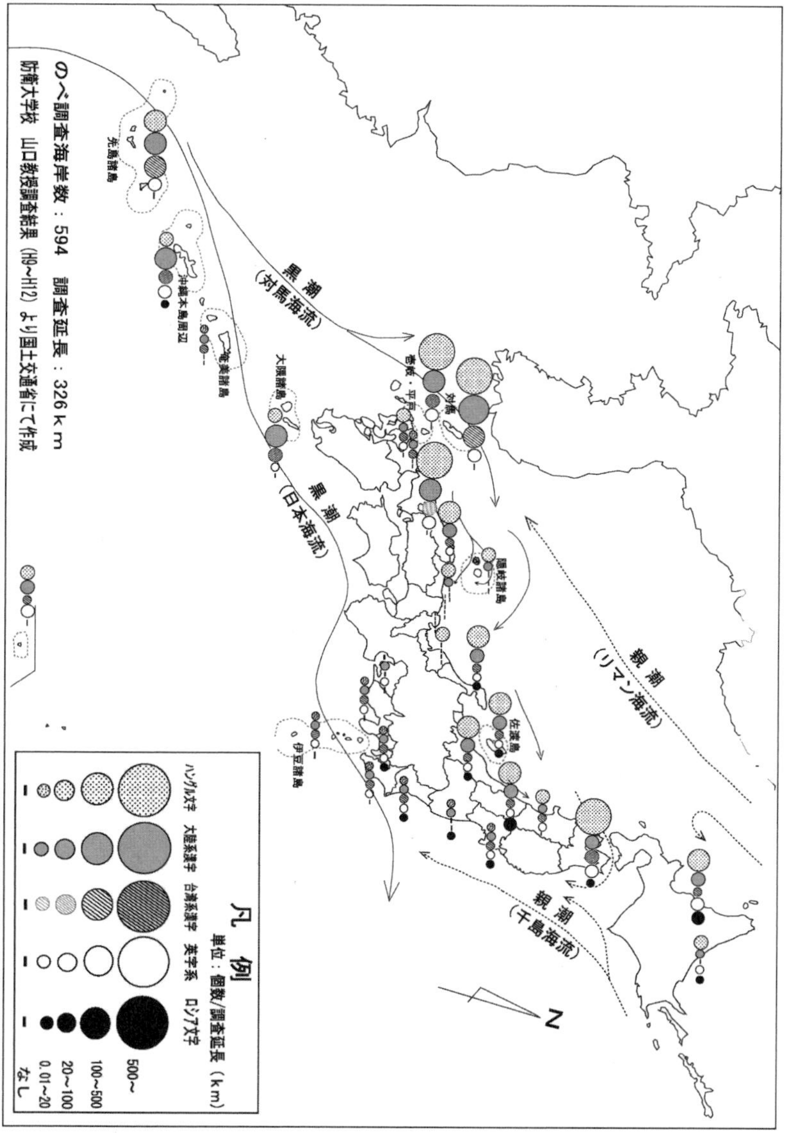

（防衛大學校山口晴幸教授製圖）

陸系人種，不過可以確認的有兩點。首先，日本列島的日本人是南方人種及大陸系人種混種而成；其次，福岡是從大陸到日本列島的入口。

肝炎病毒亞種分布和垃圾洋流分布圖，這兩份不同領域的資料，意外地提供我解開福岡謎團的線索。

這個線索就是「大交流軸」。

❖大量情報匯聚而成的大交流軸

福岡的發展十分仰賴都市條件中的第四個項目，也就是「交流」。福岡不僅位在連結本州以及九州的交流軸上，其位於橫跨歐亞大陸，經朝鮮半島到達日本，這條巨大的世界文明交流軸上。

各種傳播訊息的媒介中，內容最渾厚的媒介是人。自古以來，做為情報聚合體的人流向了福岡，而這段交流過程可上溯至歐亞大陸的大交流軸，即絲路以前的時代。藉由海流這股自然的力量，福岡的交流史可上溯到黃河文明時期，也或許可上溯到印度河流域文明及美索不達米亞文明時期。地球誕生以來，海流便不斷地將世界各地的人和情報運往福岡。

福岡沒有「安全」、「糧食」、「能源」這些優勢，優越的「交流」卻足以打破以上的發展障礙。身為日本列島的玄關，福岡迎接著來自世界各地的漂流者，這裡豈有不繁榮的道理。

到了二十一世紀的今天，情況還是一樣。只要搭乘新幹線到博多，然後從博多站轉乘鹿兒島本線，我們便可察覺，在列車的廣播中，緊接著日文播放的是韓文和中文。

來自南太平洋及歐亞大陸的旅人，抵達這座漂浮在東方的海上島嶼。這座列島以東是一望無際的太平洋，漂流到這座島上的人於是決定在這裡定居。幾千年來，從世界各地漂流而來的人在此地不斷混合，也往列島各處移動。而後，這些人花了一段漫長的歲月，逐漸地創造出獨特的日本文明。

福岡這座發展奇特的都市，是值得紀念的，它創造了日本文明的先人們的足跡。

福岡的繁榮是必然的。

譯註

1 享保十七年（一七三二年），日本發生大飢荒，博多也出現大量的死者。這尊地藏像便是為了追悼這些死者而設立的。

2 山笠是日本的傳統花車。

第18章

為何有「兩次遷都」？

首都必須搬遷的時刻

日本文明誕生於奈良，後來首都遷往京都。之後德川幕府的江戶成為首都，進入近代後改名為東京。日本的歷史由三個首都——奈良、京都、東京——所構成。換句話說，日本經歷了兩次重要的遷都。

對於桓武天皇從奈良遷都到京都，歷史學者提出了一些理由，例如：桓武天皇為與道鏡所擁護的佛教之間有爭執、桓武天皇與藤原氏之間有爭執、天智天皇系與天武天皇系之間的爭執等。另外，德川家康選擇在江戶開設幕府是因為：要和大阪的豐臣家及西邊的大名保持距離、模仿源賴朝和朝廷保持距離、為了牽制東北的伊達家等。

以上的說法都是從人文社會的視角來解釋遷都的理由，而有各種不同的解釋。但在沒有決定性證據的情況下，不會有定論。

然而，只要從地形和自然環境的觀點來看，兩次遷都的理由就會了然於胸。以地形和自然環境等下層結構的觀點來詮釋歷史，不只是日本史，我們可以在世界史中找到許多文明的繁榮及滅亡的普遍性結論。

❖文明的存續

美國已故的國際政治學學者杭亭頓（Samuel Huntington）認為，人類史上有十二個文明，其中七個文明已經消失，包括美索不達米亞、埃及、克里特島、古希臘・羅馬、拜占庭、中美洲和安地斯文明。

而現在還存在的文明有五個：西歐、中國、印度、伊斯蘭和日本文明，再加上三個新興文明：東正教（俄羅斯）、拉丁美洲和非洲文明，便構成了今天世界八大文明。（《文明衝突與二十一世紀日本》，集英社新書）。

八大文明中，日本文明大放異彩，因為它是在一個島國上自成一體的文明。沒有其他文明和日本文明敵對或合作，日本文明的特點是孤立。

日本文明歷經了兩千年，持續到今天。日本形成類似國家的體制後，幾乎沒有遭受過外敵武力的侵略及征服。日本之所以免於外敵侵略，是因為日本是一座極東島國。

日本文明能夠持續到今天，僅是因為「島國」這個理由嗎？

文明的滅亡有兩種情況，一種是「遭受強大外敵的侵略」，另一個是文明的「自我毀滅」。

日本文明沒有遭受到外敵的侵略，難道日本沒有「自我毀滅」的可能性？

「日本文明在歷史上有兩次自我毀滅的可能性，不過兩次都藉由『遷都』來解決。」

這就是本章的結論。

❖日本的兩次遷都

遷都的概念非常廣泛，因此一開始必須先予以定義。

本章所謂的遷都指的是「政治、行政中樞機構和掌握文化核心集團的遷移」，並不拘泥於天皇御所的地點。

依照這個定義，日本有兩次遷都。第一次是七九四年桓武天皇遷都至京都，第二次是一六〇三年德川家康在江戶開設幕府。

此外，在鎌倉時代，擔任政治權力中樞的武士集團移往鎌倉。不過當時擔任文化旗手的是公家，所以文化的中心仍是京都。後來到了室町幕府及南北朝時代，文化的旗手逐漸轉為武士集團，不過政治的根據地又再次回到關西，文化上又變成以京都為中心的北山文化和東山文化。

一四六七年應仁之亂後，日本進入戰國時代。

戰國時代，勝利者在自己的據點築城，於城池周圍的城下町發展出獨特的文化。信長的安土城及秀吉的大阪城是此時期的代表。不過，城下町的繁華在日本文化的發展上實在過於短暫。

除了以上的例子，日本或許還有一次遷都，那就是從邪馬台國[1]遷往大和的奈良盆地。不過邪馬台國的所在地至今尚無定論，可惜在本章不列入遷都的案例。

本章的遷都是指「奈良遷往京都」及「京都遷往江戶」這兩次遷都。

❖充滿謎團的平安遷都

七九四年，桓武天皇出了奈良盆地，將首都遷往京都。

四世紀左右，畿內的豪族聯合起來，在大和創造統一政權。往後大約四百年，奈良盆地都是權力和文化的中心。雖然政治中樞曾暫時移到大阪的難波京及大津的近江京，但奈良盆地始終都是首都。

在奈良盆地上，依序於六世紀末建了飛鳥京、六九四年建了藤原京、七一〇年建了平城京。奈良盆地可說是日本文明的發祥地。

桓武天皇決定離開這塊孕育出日本文明的盆地。這是一次十分正式而徹底進行的遷都，首先於七八四年遷往淀川畔的長岡京，十年後再由長岡京遷往平安京。

這次遷都不僅帶走朝廷和貴族，連官人、工人和一般庶民也一併帶走。此外還將宮廷內的建材、瓦及裝飾品解體後搬遷，奈良盆地除了一部分的寺社和農民之外，一無所剩。

自從這次遷都以後，日本史便以琵琶湖—京都—大阪的淀川軸為中心而發展。

這次遷都仍有一個疑問：「桓武天皇遷都的理由是什麼？」

遷往平安京的理由，歷史學者眾說紛紜。其中一派說是因為桓武天皇要擺脫以道鏡為首的佛教勢力；另一派的說法則是，桓武天皇是天智天皇家系的緣故，因此他打算離開掌握於天武天皇家系手中的奈良；但又有另一派說，桓武天皇是為了擺脫藤原一族等舊有貴族勢力的影響。

歷史學者是文科出身，會以政治、經濟、宗教等人文社會的視角來解釋歷史。以上人文社會的視角存在許多層面，但因為沒有決定性的證據，討論不會產生定論，歷史上的謎團也不會水落石出。

我從地形、氣象、社會建設等下層結構的因素來論述歷史，這次也一樣。換句話說，我認為從「奈良盆地的地形」可以解釋奈良盆地為何會被選為首都，以及之後首都為何會被搬遷到京都。

奈良盆地成為首都的必然

圖①是從日本地圖中，擷取並放大近畿地區的圖。

看了二十一世紀奈良的地形，也無法理解「為什麼奈良盆地會成為首都？」

圖①　近畿地區的河川流域圖

奈良盆地是遠離大阪灣的內陸地區。周圍由山環繞，和其他地區往來不便。奈良怎麼說都算不上是交通要衝。

討論歷史有趣之處在於，穿過時光隧道，試著以當時人的心情，揣摩他們的行為。考慮地形和地理也一樣。以現在的地形來考察歷史易產生錯誤。地形會因為時間而產生變化，因此以地形解釋歷史，也必須穿越時光隧道，以當時的地形來思考。

本章和第十五章〈誕生日本文明的奈良為何會衰退？〉有部分重複，我們將以三至四世紀的地形，來模擬奈良成為日本第一個首都的過程。

今天的大阪平原在當時是濕地帶。大阪灣通過上町台地深入內陸。此外，今天的大和川流經堺市。不過奈良時代的大和川在離開奈良盆地後北上，注入大阪灣。今天流經堺市的大和川，是江戶時代開鑿的人工河道。

在奈良成為首都的四世紀，大阪平原到內陸深處，都廣布著海和河川混雜而成的濕地帶。這塊土地也因此被稱為「河內」。

乘船從瀨戶內海進入大阪灣，轉進上町台地，溯大和川而上，便可到達生駒山、金剛山的山麓地帶。因此，從中國大陸乘舟可以直達生駒山麓的柏原市。在柏原換乘小舟穿過生駒山及金剛山之間的龜之瀨，就可以抵達奈良盆地。

奈良盆地佈滿著廣大的沼澤。在沼澤中，乘舟便可自由往來於奈良盆地。整個奈良盆地能避開大阪灣的風浪，是海面十分平穩的天然內陸港。藉著船運，在奈良盆地移動相當方便，也能夠輕鬆地和歐亞大陸的文明進行交流。

從地形上來看，奈良盆地成為日本的首都相當合理。不過，奈良盆地位在的大和川流域太過狹隘，在圖①只有豆子般的大小。

河川流域小，能夠利用的資源也會變少。而河川流域影響的資源是水和森林，水是生命的泉源，森林則是能源的來源。大和川流域這座狹小的奈良盆地，僅有有限的水和森林。

地貌變遷後的奈良盆地

物種之中只有人類的生活必須使用能源。對於文明的誕生及發展而言，燃料，也就是能源，是必要的資源。十九世紀開始使用煤炭以前，日本文明使用的能源是木材。

木材不只是能源，也是建材。寺社、房子、橋、舟等日本的建築物都是木造的。地處季風氣候區的日本，擁有豐富的森林資源，木材輕易可得。森林既是能源也是資源，更是日本文明發展的前提。

根據已故的岸俊男（奈良縣立橿原考古學研究所所長）的推論，平城京內外共有十到十五萬居民。另外，根據作家石川英輔的說法，做為燃料、建材等用途的木材，在江戶時代平均每人一年要消耗二十至三十根左右。

如果將奈良時代每人一年最低使用量設定為十根木頭的話，奈良盆地一年必須消耗一百萬到一百五十萬根木頭。就算日本的森林資源豐富，但還是有一定的限度。大和川流域無法承受每年採伐一百萬根以上的木頭，這個消耗量遠超過這座森林的再生能力。

如果森林的採伐量超過了森林本身的再生能力，山林就會荒廢。如果盆地遭到荒廢的山地所包圍，情況會變得非常麻煩且危險。荒廢的山地缺乏保水能力，會造成湧泉枯竭，也會陷入缺乏乾淨的飲用水的困境。

此外，每當降雨，山上的土石就會滑落。滑落下來的土石會掩蓋盆地中央的濕地湖，奈良盆地的排水功能便會不斷惡化。當排水功能惡化，汙水就會累積在盆地內，生活環境會逾來愈不衛生，許多疾病將會開始蔓延。此外，排水不佳的奈良盆地每逢降雨，河川就會氾濫，淹沒住家及農田。

桓武天皇離開這塊奈良盆地，將首都遷往淀川流域的京都，是理所當然的選擇。那裡比大和川流域來得寬闊，也擁有豐富的水和森林資源。

現在的奈良盆地，周邊的山巒已恢復生機。在第八章已詳述過其理由，因為奈良盆地被摒除在淀川交流軸之外，被歷史遺忘了。在這段被歷史遺忘的一千年中，奈良的山巒恢復了生機。

「從地形上來說，奈良遷往京都是必然的。如果繼續待在奈良盆地，日本文明便會衰退進而逐漸滅亡。」

以上是我對於桓武天皇將首都遷往平安京的解釋。

❖——濕地環繞、開發艱鉅的江戶

日本史上的第二次遷都，是從京都遷往江戶。

一五八三年，豐臣秀吉開始打造大阪城。同年，德川家康也開始著手建造甲府城。不過在一五九〇年，家康接受秀吉的命令，放棄了打造中的甲府城，遷往江戶。當時家康還沒有足以對抗秀吉之命的力量。

家康放棄了交通要衝的甲府，不得不轉往難以開發的江戶。當時的江戶是塊十分棘手的土地。

當時利根川的出海口不在銚子，而在江戶灣，因此江戶的下町一帶是廣大的濕地帶。當時的吉原遊郭，原本位於今天的日本橋附近。如同吉原的發音「YOSHI（葦）HARA（原）」，當時那裡真的是蘆原。

在繩紋時代，關東平原一帶曾經是一片汪洋。到了江戶時代，關東平原仍然是一塊處於利根川水患威脅下的氾濫平原。關東平原要成為富有魅力的土地，必須等到利根川的出海口移到銚子的工程結束以後。

以上大型工程稱為「利根川東遷」，時間橫跨家康、秀忠、家光三代將軍，費時六十年，在一六五四年竣工。

將時間拉回一六〇〇年，家康打贏了關原之戰，在一六〇三年成為征夷大將軍。當時家康並沒有選擇將幕府設在大阪，而是離開關西回到了江戶。遷都到江戶，至此正式確立。

此時戰火尚未平息。如果要壓制覬覦天下的各地大名，比起江戶，關西地區的地利之便更為明顯。大阪、京都、滋賀等關西地區都是良好的地點，但家康還是回到濕地環繞、不斷受利根川氾濫侵襲的江戶。

對家康的政治生涯來說，這是一個危險的賭注。

❖厭惡關西的家康

「為什麼家康要回到江戶？」

在圖②，能源給了我們答案。這張圖是巨木採伐圈的變遷圖。如同該圖的標題：「紀念性建築所使用的木材」，這張圖標記了為了打造宮廷、寺社、城等建築物，所採伐的巨木產地的時代變遷圖。

巨木的採伐區域及時間，是根據寺社保存的緣起繪來確認。可說是一張精心調查後所製成的圖片。

根據圖②，遷都到平安京時的巨木採伐圈和淀川流域完美重疊。從圖②甚至可以清楚看到，從安土桃山時代開始，採伐區域迅速從近畿的中部、北陸、中國、四國地區擴散。

根據東京大學名譽教授太田猛彥的說法：「最初是採伐建築材料的巨木，接著才是燃料用的木材，最後是農民燒墾用的木材。」

圖② 紀念性建築所使用的木材採伐區域圖

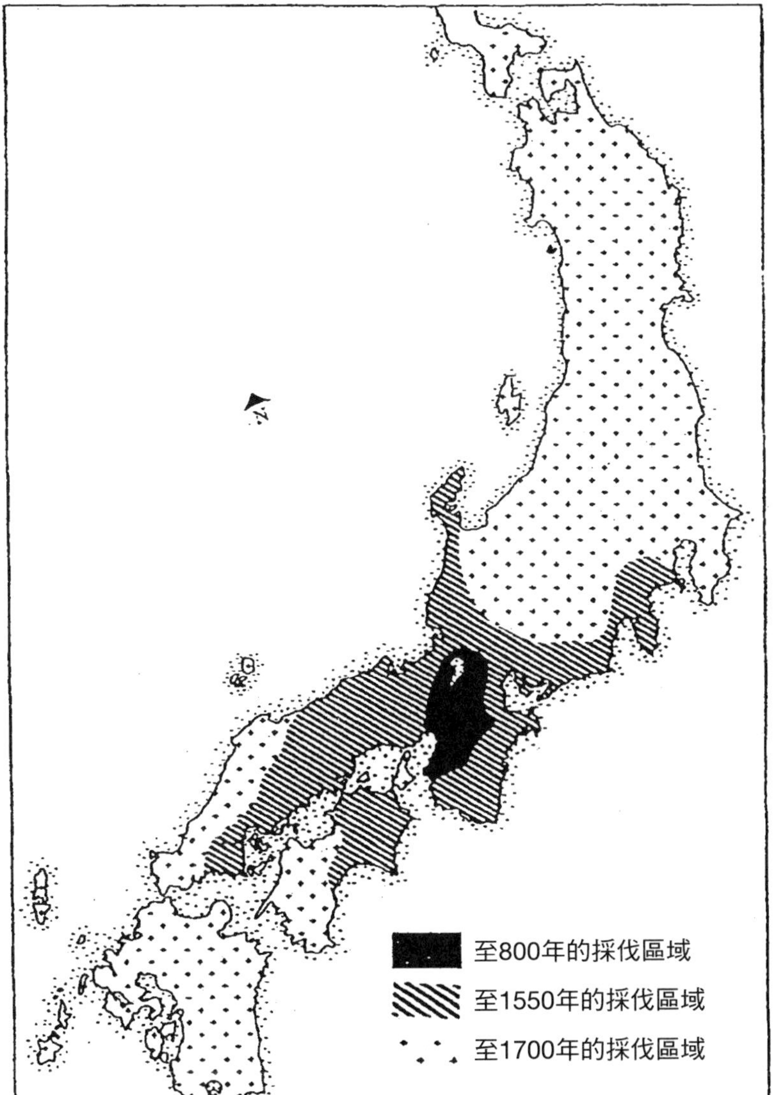

（引自：《河川》2001年1月，原出處：Conrad Totman，熊崎譯，1998）

從圖②不僅可以理解巨木採伐範圍的擴大，也可清楚看到伴隨人口增加及文明發展，森林消失和山地荒廢面積不斷擴大。

從圖②可以得知，家康在打關原之戰時，對於木材的需求已經超過了關西地區森林的再生能力。估計當時大阪約有四十萬居民，京都大約也有四十萬居民。保守推算，關西每年要消耗八百萬根的木材，這樣的消耗量必然使關西的山地荒廢。據說在室町幕府時代後期，京都的東山和比叡山已經被採伐殆盡。

山地荒廢後，每當降雨，包含養分的表土層便會流失，森林再生會變得比原先更困難。兵庫縣的六甲山、滋賀縣的田上山都是具代表性的例子。昭和時期以前，以上山地都被政府擱置一旁，任其荒廢。

一九三八年七月，梅雨季的豪雨使六甲山各處坍方，造成大規模的土石流。這起災害被寫進谷崎潤一郎的小說《細雪》之中。神戶、蘆屋市被土石掩埋，造成七百人喪生。這場災害發生的遠因，可以追溯到四百年前秀吉為了打造大阪城而採伐森林。

德川家康注意到關西山地已經荒廢，而他也嫌棄了這樣荒廢的關西地區。一五九〇年家康受命轉封至江戶時，他所看見的是日本最廣大的利根川流域，以及該流域上還未經他人採伐的森林資源。這樣豐富的資源預告了利根川流域會有繁榮的未來。家康於是選擇了利根川的江戶做為首都。

以上就是我根據能源的觀點而提出的，「為什麼家康會回到江戶」這個問題的答案。江戶幕府確立了強大的政權，擴大了木材供應地，不只是利根川、荒川流域，全國都有幕府直轄的木材區域，包含日田、吉野、德島、木曾、飛驒、秋田、蝦夷等地。江戶幕府成功地將能源負擔平均地轉嫁給全國各地。從全國各地到江戶的大型船，都載運著大量的木材。日本全國的資源注入江戶，才造就江戶這個當時世界上最大的百萬人都市，德川幕府也因此維持了長達二百六十年的統治。

不切實際的東京遷都

未來東京會遷都嗎？

現在的日本不僅需要從國外進口能源，如石油、石炭、鈾等，就連木材、纖維、礦產、穀物也都仰賴進口。不只是首都東京，現在全日本的物資和能源都仰賴國外進口。日本已經不使用國內的森林，現在的日本是世界上木材輸入最大國，佔全世界木材進口比例的百分之二十五。

我們無法避免地球資源匱乏的問題，但這個全球性的資源匱乏並不構成遷都的理由。首都東京現在的問題是如何建立危機管理流程，來應對當直下型大地震發生時的危機。

危機管理是一種認知概念和理念，是於人類頭腦中進行的各項模擬。因為是人類的頭腦所想的事情，和實際遷都沒有關聯。

遷都總是造成歷史的劇變。遷都需要巨大的能量及龐大的資金，因此需要強大的權力才能實現。當然，握有權力者還須擁有不屈的意志。

桓武天皇和家康都握有著強大的權力，對於遷都也都抱持著不屈的意志。不過，這兩位所擁有的意志，並非在腦中模擬而產生的「應該要遷都」這種意志。

兩人是因為親眼目睹森林遭到採伐、土壤流失、山地荒廢的慘狀才「不得不遷都」。眼前的現實，逼迫著桓武天皇和家康下了不得不遷都的決心。

遷都可說是因為被「現實」所逼，而不得不產生的「結果」。

而歷史發展並非計畫下的產物，一切都是結果論。

❖——合乎現實的北京遷都

在我們身邊有個實際的遷都例子，就是北京的遷都。

這並非筆者自身輕率的見解。這是中華人民共和國朱鎔基總理脫口而出的想法。二○○○年（平成十二年）的春天，沙塵暴襲擊北京。視察北京郊外的朱總理親眼目睹草原地帶的沙漠化。震驚於眼前的景象，他便脫口說出從北京遷都這樣的話。中國沙漠化就是如此嚴重。

朱總理說出上述的話時是二〇〇〇年。隨著沙漠化加劇，沙塵暴的情況愈來愈嚴重。日本和韓國的受災情況也加劇，現在已經不能開玩笑說黃沙是春天的一景了。

現已沙漠化的黃河流域，以前曾擁有過茂密的森林。證據是一萬兩千公里長的萬里長城，以及埋葬了八千具陶俑的兵馬俑坑。

西元前，秦始皇為了打造萬里長城使用的大量磚瓦，以及皇帝的陵墓中所擺置的陶製人偶，燒製以上料需要消耗極大的木材。其量大到難以估計。而這兩個世界遺產本身被製造的事實，其實就是黃河流域曾經是茂密森林地帶的證據。

為了獲得燃料而進行森林採伐，造成了沙漠化，至少有二千年以上的歷史。

然而，到了近代以後，這個過程更加快速。隨著人口迅速增加，為了獲得糧食和燃料，而導致森林的過度採伐以及家畜的過度放牧。

中國原有日本國土面積二．五倍的草原，但到了一九六〇年代，其中百分之六十消失了，變成了沙漠。根據報告指出，沙漠化現在每年以和神奈川相當的面積——二千五百平方公里——的速度進行中。

沙漠化一旦發生，養分豐富的表土層就會因為下雨或颳風而被帶走。看著中國人為了使森林再生，在嚴苛的氣候下站在荒廢的大地上植樹的身影，我內心感到十分絕望。

中國政府決定實施將長江的河水引到黃河的「南水北調工程」。北京的沙漠化能夠撐到這個工程完成嗎？若南水北調事業能夠完成，確實能解決飲用水及產業用水的問題。但是一旦沙漠化，土地就很難恢復成原先的森林和草地。

對中國的首都北京而言，遷都是切身的問題。說不定我們能看到中國遷都的戲碼。

因為邪馬台國的所在地至今仍沒有定論，所以這章沒有談到邪馬台國遷到奈良盆地。不過，依據本章的一個假說：「一個地方發展到河川流域森林的極限後便會遷都」，我們來一場邪馬台國所在地的推理小遊戲吧。

也就是說，假設邪馬台國所在的流域比大和川流域來得小，所以才會遷往奈良盆地。我們從全國各地邪馬台國所在的可能名單中，找尋比大和川小的流域。那麼，只有一個地方符合，就是面向福岡博多灣流域的伊都國。

註釋

1 邪馬台國是中國史書《魏志》東夷列傳中所載，由倭的女王卑彌呼統治的國名。對三世紀的日本古代國家形成史有重大意義，但其實尚難判斷，因其位置所在不明，目前有北九州說與大和（畿內）說兩種。（蔡錦堂註）

2 參見沈才彬，〈中國「沙漠化」的嚴重性及「北京遷都」實現的可能〉，《經濟學人》，二〇〇一年十月二十三日。（原註）

本書根據PHP研究所出版的《土地的文明》（土地の文明，二〇〇五年六月）、《幸運的文明》（幸運な文明，二〇〇七年二月）二書重新編輯而成。書中出現的組織、職位等名稱都是以當時的情況而定。

國家圖書館出版品預行編目（CIP）資料

藏在地形裡的日本史：從地理解開日本史的謎團 / 竹村公太郎作；劉和佳, 曾新福譯. -- 初版. -- 新北市：遠足文化, 2018.03
面；　公分. --（歷史.跨域；2）
譯自：日本史の謎は「地形」で解ける
ISBN 978-957-8630-16-1（平裝）
1.歷史地理　2.日本史
731.69　　　107000028

遠足文化　　讀者回函

歷史・跨域02
藏在地形裡的日本史：從地理解開日本史的謎團
日本史の謎は「地形」で解ける

作者・竹村公太郎｜譯者・劉和佳、曾新福｜責任編輯・龍傑娣｜協力編輯・楊晴惠｜校對・楊俶儻｜封面設計・紀鴻新｜出版・遠足文化事業股份有限公司・第二編輯部｜社長・郭重興｜總編輯・龍傑娣｜發行人兼出版總監・曾大福｜發行・遠足文化事業股份有限公司｜電話・02-22181417｜傳真・02-86672166｜客服專線・0800-221-029｜E-Mail・service@bookrep.com.tw｜官方網站・http://www.bookrep.com.tw｜法律顧問・華洋國際專利商標事務所・蘇文生律師｜印刷・崎威彩藝有限公司｜排版・藍天圖物宣字社｜初版・2018年3月｜初版九刷・2023年11月｜定價・420元｜ISBN・978-957-8630-16-1

陰陽師 外傳

翁

源氏物語祕帖

夢枕獏——著
茂呂美耶——譯

目錄

序幕 9
卷一 車爭 23
卷二 道摩法師 39
卷三 謎題鬼 63
卷四 六条御息所 81
卷五 摩多羅神 113
卷六 阿哇哇十字路口 129
卷七 大酒神 157
卷八 蟲 171
卷九 太秦寺 195
卷十 常行堂之宴 245
終卷 277
後記 不好意思，這是部傑作 281
附錄 《源氏物語》簡介（附《源氏物語》人物關係圖） 291
推薦導讀 當「陰陽師」遇上《源氏物語》 陳明姿 297

平安時代中期的平安京

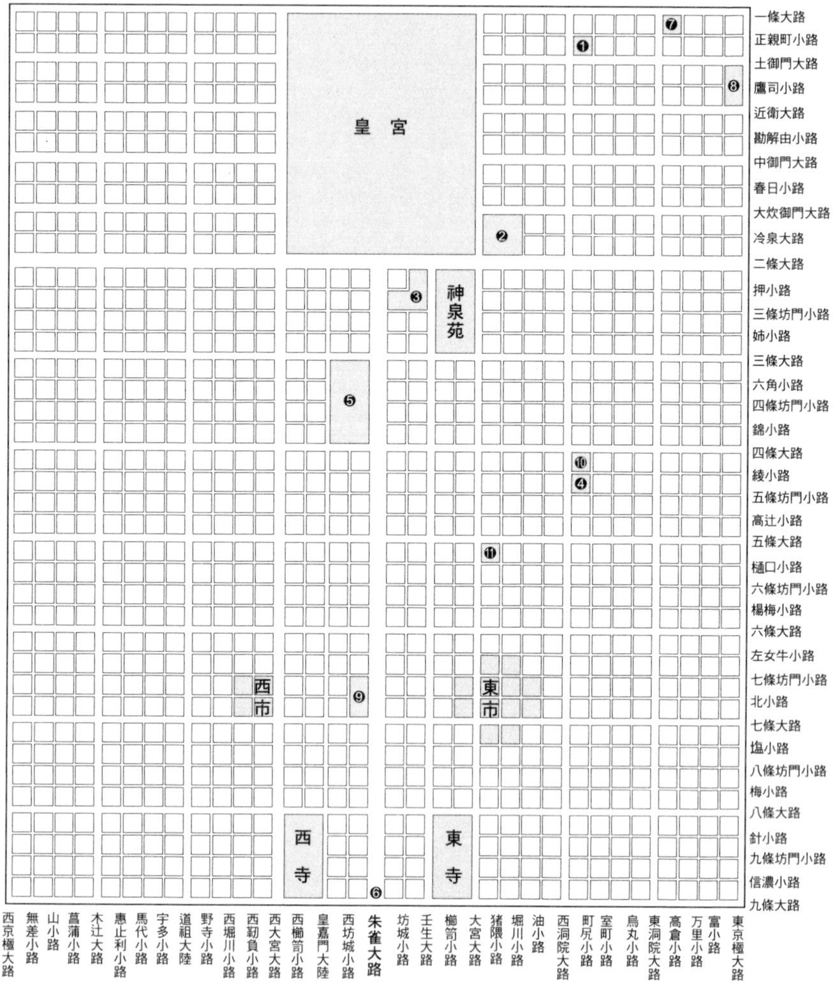

❶安倍晴明宅邸　❷冷泉院　❸大學寮　❹菅原道眞宅邸　❺朱雀院　❻羅城門　❼藤原道長「一條第」
❽藤原道長「土御門殿」　❾西鴻臚館　❿藤原賴通宅邸　⓫藤原彰子邸

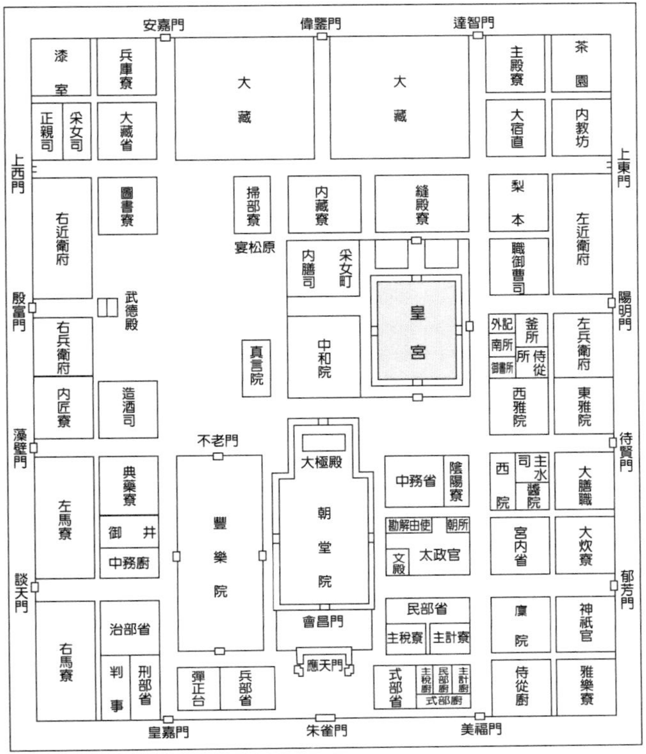
安嘉門
偉鑒門
達智門
漆室
兵庫寮
大藏
大藏
主殿寮
茶園
正親司
采女司
大藏省
大宿直
內教坊
上西門
上東門
右近衛府
圖書寮
掃部寮
內藏寮
縫殿寮
梨本
左近衛府
宴松原
內膳司
采女町
皇宮
職御曹司
殷富門
武德殿
陽明門
右兵衛府
真言院
中和院
外記
南所
御書所
釜所
侍從所
左兵衛府
內匠寮
造酒司
西雅院
東雅院
藻壁門
不老門
大極殿
待賢門
中務省
陰陽寮
西院
主水司
醬院
大膳職
左馬寮
典藥寮
豐樂院
朝堂院
御井
中務廚
勘解由使
朝所
太政官
文殿
宮內省
大炊寮
談天門
郁芳門
民部省
廩院
神祇官
右馬寮
治部省
會昌門
主稅寮
主計寮
判事
刑部省
彈正台
兵部省
應天門
式部省
主稅廚
民部廚
主計廚
式部廚
侍從廚
雅樂寮
皇嘉門
朱雀門
美福門

大內裏

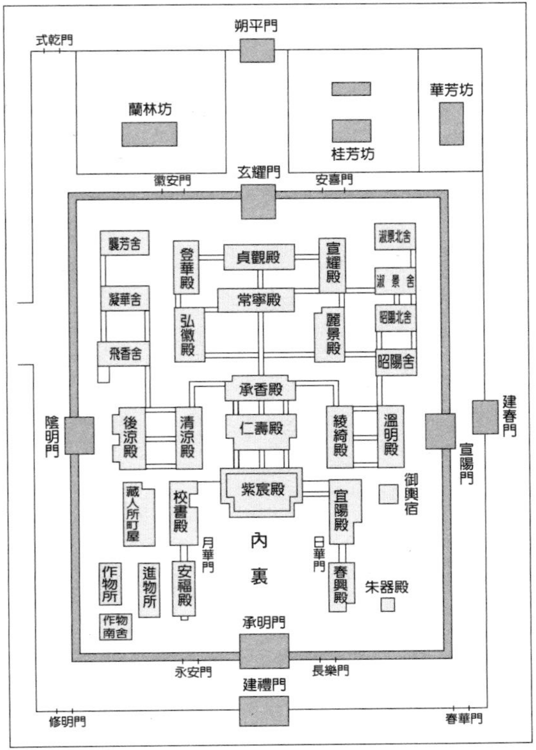
朔平門
式乾門
華芳坊
蘭林坊
桂芳坊
玄耀門
徽安門
安喜門
襲芳舍
登華殿
貞觀殿
宣耀殿
淑景北舍
淑景舍
凝華舍
常寧殿
弘徽殿
麗景殿
昭陽北舍
飛香舍
昭陽舍
承香殿
建春門
陰明門
後涼殿
清涼殿
仁壽殿
綾綺殿
溫明殿
宣陽門
紫宸殿
御輿宿
藏人所町屋
校書殿
宣陽殿
月華門
內裏
日華門
作物所
進物所
安福殿
春興殿
朱器殿
作物南舍
承明門
永安門
長樂門
建禮門
修明門
春華門

內裏（皇宮）

蓋翁之妙體，若追溯其根源，乃於天地開闢之初出現，直至現今人王，始終守護王位，潤益國土，為人民造福，從不間斷。

若追溯其本體，乃兩部[1]越遇之大日[2]，或超世悲願[3]阿彌陀如來，或應身釋迦牟尼佛，具法、報、應三身為一德。

一德分三身，即現為式三番[4]，翁[5]也……

——《明宿集》[6]，金春禪竹[7]

---

1 指金剛界和胎藏界兩部曼荼羅。

2 指佛教密宗所尊奉最高神明大日如來。

3 阿彌陀佛所發的願。亦即超越十方三世諸佛的悲願。

4 廣義的「能樂」為「式三番」、「能」、「狂言」之總稱。其中「式三番」內容為祝禱之舞與吉祥詞，被各地視為鄉土藝能與神事加以保存，在能樂中是非常神聖隆重之曲。

5 「翁猿樂」，「式三番」別稱。據推斷，翁猿樂承繼咒師猿樂系統。能樂集大成者世阿彌主張：能樂的謠（戲曲）與舞之根本即為翁之謠與舞。

6 能樂理論書。

7 一四〇五—一四七〇（?），能樂演員、劇本家，世阿彌的女婿。

序幕

一

來自異國的相士在七条朱雀的鴻臚館[1]與那孩子會了面。

高麗相士第一次見到那孩子時，心裡暗忖：

——是女子!?

這也理所當然。

那孩子身穿長下襬的白平絹單袴，看上去確實像個女童。但是，比起服裝，那孩子的白皙膚色更令他看起來像個女童。而且，他的白，並非普通的白。是那種透明得似乎可以看得見肌膚內血色的白。

那孩子四周飄蕩著類似肌膚內的鮮血芳香。

長相很美。

相士於事前已聽說那孩子行年七歲。

又聽說，那孩子是右大弁[2]的兒子。

對方託相士給那孩子看相，相士一口答應。

「無論風水或宿曜，大體上我都有心得，我去看看吧。」

相士於兩天前如此說。

因此，今天那孩子被帶到鴻臚館，此刻正坐在相士面前。

1 日本平安時代的外交迎賓館。

2 左右大弁為日本平安時代判官的最高等級，唐名「尚書」，從四品上。

孩子睜著細長清秀的雙眸，面無懼色地望著相士。

相士感覺，好像不是自己在為孩子看相，而是孩子在為自己看相。那孩子的雙眸，不但看得見現世的東西，連非現世之物也似乎見慣不驚。

那孩子的嘴唇微微泛紅，嘴角浮出含著蜜汁般的笑容，顯得很老成。

「開始吧……」

相士聚精會神地望著那孩子。

「唔，唔……」

相士哼哼道。

相士的額頭和脖子不停冒出粒粒汗珠，汗珠逐漸膨漲，順著肌膚流下。臉色也逐漸發青，甚至渾身顫顫哆嗦起來。

「這、這……」

相士上身情不自禁往後仰，雙手拄著地板。

「您怎麼了？」

坐在孩子一旁的右大弁問道。

「沒、沒什麼……」

相士抬起拄在地板的手，抹去額頭的汗珠。

「麻煩您先帶這孩子到別的房間……」

聽相士如此說，右大弁帶著那孩子離去，不一會兒，單獨一人回來。

「到底怎麼回事？」右大弁問。

「我好像看到那孩子的背後有什麼東西。」

相士的聲音稍微平靜下來，答道。

「看到什麼？」

「人……不，不是，是個老爺子。是個長著白鬍鬚的老爺子……」

「老爺子!?」

「不，是我看錯了。我以為有什麼東西附在他身上，是我看錯了……」

相士不停擦汗。

「不過，那孩子確實不是個普通孩子。至今為止，我為很多人看過相，但那樣的孩子，我倒是第一次看到……」

「什麼意思？」

「聽說那孩子是令郎，但是，那孩子的面相，是帝王之相。」

「帝王之相？」

「是將來會成為一國之尊，理應登上帝王之位的面相，不過，若真如此，到時國家可能會大亂，憂事迭起。」

「哎呀……」

「因此我再觀看他是否可能成為朝廷重臣，輔佐皇上，讓國家趨於和平，結果他在這方面也具有非凡能力，然而，我總覺得事情不可能到此為止。」

「那，到底是……」

「我只能說，那孩子是我力難勝任的大人物。往後，他將步上什麼樣的道路，我完全無法想像。」

異國相士頻頻擦拭流下的汗水，如此說。

二

那是極為駭人的月光。

月光蒼白又鮮豔，連人的靈魂似乎也會被奪走。倘若站在這月光中，恐怕不到半個時辰，人就會發狂，變成非人之物。

黑暗中，傳來一股不知開在何處的菊花幽香。

「我總覺得很恐怖……」

女子會靠在一旁的男子身上，也是情有可原。

宅邸和庭院都荒蕪至極。

不但圍牆倒塌，屋頂也坍落了一半，柱子和屋簷都留著焦黑痕跡。

男子讓女子搭上牛車，拐騙般地帶到此地。

抵達時，天還未全黑，牛車也不是從大門駛進，而是自圍牆倒塌處進來。牛車輾過露水沾濕的黃花敗醬[3]，駛進庭院。

兩人登上西對屋[4]。

從西對屋望向庭院，可見在風中搖曳的芒草，地面幾乎全罩著秋天野草。宛如望著秋季原野。

只有兩人登上的地方，屋頂看似補修過，地板也鋪上繧繝緣[5]榻榻米，甚至掛著幔帳。

男子乳母的孩子，名叫惟光，忙東忙西地準備一切瑣事，不但做了稀飯，傍晚還送來火盆和燈火。

惟光擱下燈火即離去，天黑後的此刻，屋內只剩下男子和女子。

「好像會出現妖邪之類的……」女子細聲說。

「會出現。」男子道。

「啊？」

「正因為會出現，我才選了這裡。」

「這……」

「妳正是今晚的供品。」

---

3 日文為女郎花（おみなえし，ominaeshi），學名*Patrinia scabiosifolia*，為多年生草本植物，秋天七草之一，中藥上多用於清熱解毒。

4 日本平安時代的貴族寢殿式建築，寢殿為正殿，寢殿左右及後方配置對屋，供家眷居住。寢殿與對屋用渡廊連結。

5 邊緣用彩色錦紋製成的高級榻榻米。

聽男子如此說，女子不禁與男人拉開距離。

「別擔心，它們不會怎樣……」

男子那雙細長潤澤的眸子，映著火光。雙眸俯視著女子。

「它們是……？」

「它們是住在天與地之間的『東西』。」

男子若無其事地答。

紅脣嘴角微微上揚。

男子似乎在笑，女子卻覺得脖子被冰冷手指觸及那般，打了個寒顫。

「這宅邸有各種傳聞……」

「確實有……」男子點頭。

女子說的宅邸，正是這所河原院，往昔是左大臣源融的居所。

源融是嵯峨天皇的兒子，甚愛奧州[6]。

他模仿陸奧國塩竈[7]的風景，在此處蓋了庭院。宅邸四面，南方是六条大路，北方是六条坊門小路，東方是東京極大路，西方是萬里小路，占地廣闊。

源融每個月命人從尼崎[8]運來三十石海水，煎海鹽消遣作樂。

源融過世後，兒子源昇繼承了宅邸，日後進獻給宇多上皇，成為仙洞御所。

宅邸曾幾度失火，一直都沒有補修，導致庭院雜草叢生，房舍任其荒廢。

---

6 今日本東北地方。

7 位於今宮城縣中部，面臨松島灣。

8 位於今兵庫縣東南部。

女子說的各種傳聞，確實都是奇聞怪談。
某日，宇多上皇在宅邸過夜時，源融的靈魂出現了。
「此處是我家。」源融說。
「別胡說，你兒子已經將此處讓給朕。」
據說，宇多上皇如此作答後，源融的靈魂就消失了。
另一種傳聞則說，宇多上皇當時和御息所[9]在庭院賞月。
結果，有人如黑影般出現，抓住御息所，打算拉御息所進屋。
「誰!?」上皇問。
「我是源融。」黑影答。
之後，黑影放了御息所，消失無蹤。
上皇奔向前，扶起御息所一看，御息所已經氣絕。
此外——
有對夫婦自東國[10]上京，預計在河原院過夜。
丈夫正在繫馬時，聽到一聲慘叫。
「哎呀！」
丈夫回頭一看，看到一隻蒼白大手正抓住妻子，欲拉妻子進屋。丈夫不及搶救，妻子被拉進房舍後，格子門即關上。

9 天皇歇息之所，後引申為女御或更衣若有生下皇子皇女者，亦被稱為御息所。有時，未生下皇嗣的女御、更衣也使用此稱呼，後來只要是女御、更衣以下的嬪妃皆可稱御息所。

10 今關東地方。

丈夫用盡力氣想開門，卻打不開。於是砸壞格子門，進屋一看，只見妻子的屍體躺在地面，全身的血已被吸光。

女子似乎再度想起這些傳聞，渾身打哆嗦地靠向男子。

男子伸開雙臂摟住女子，伸出鮮紅舌尖舔吮女子的白皙脖子。

「很可怕吧……」

男子壓低聲音在女子耳畔細語。

「是……」

「夕顏啊，看妳怕成這個樣子，讓我很心疼……」

「那麼，您是想看我害怕的樣子，才帶我來這兒嗎？」

是的——

男子沒有如此答，只是以笑聲代之。

「哈哈……」

燈火無聲地搖晃著。

更深夜闌，月亮逐漸升至中空。

古人亦如此，宿夜徘徊乎？
吾人猶未知，拂曉戀情路[11]。

11平安時代的男女幽會只限夜晚，男子必定於黎明前離去。

男子吟誦和歌。

不知山邊心，月亮隨山移，[12]
只怕窮碧落，驀地影匿之。[13]

女子如此作答。
男子再度輕笑。
「聽說，人在月光中會顯現魔性。」
男子伸手取起擱在一旁的笙。
「我來吹笙吧。」
男子把火盆拉到近旁，用炭火烘笙。
「可惜沒有人舞蹈，或許……」
「或許？」女子問。
「哈哈……」
男子笑著，依舊用火烘笙。
「妳知道嗎？」
男子望著手中的笙，自言自語般地問。

12 山邊暗喻光源氏，月亮暗喻夕顏。
13 整句和歌的意思是：「我不知道你將帶我去哪裡，我竟迷迷糊糊跟來了，或許我會在半途死去。」

「知道什麼？」

「有關猿樂的事……」

「猿樂？」

「猿樂的樂音和受樂音吸引而起舞的人，都是獻給天地之神的供品。」

「是……」

「現今，樂音和舞蹈都是人為了娛樂自己而演奏或起舞，但那本來是獻給眾神的供品。」

「供品？」

方才，女子也聽了男子說過同一句話。

也許想起了此事，女子的眼神又添增一分恐懼。

「聽說猿樂原名叫神樂。」

「是。」

「古人廄戶大君[14]取去神字的部首『示』，稱為申樂[15]。」

男子低聲私語，宛如在述說天地之祕密。

「後來申樂改稱為猿樂，最初是為了娛樂天地之神的祝詞……」

大概判斷笙已經焐得夠溫熱了，男子舉起笙，挺直背脊。

「若笙音象徵自天上射下的陽光，那麼，笙音應該也能召喚神……」

---

14 聖德太子，相傳於馬房前出生，取名「廄戶」。另一說法是出生地附近有「廄戶」這個地名，引此而取名。

15 此處的「申」在日語發音中同「猿」，也代表猴子的生肖。「猿樂」是日本能樂和狂言的源流。

男子低語，繼而雙唇含著吹嘴。

音色滑出。

那音色彷彿自男子雙手捧住的笙中飛出一隻鳳凰，輕飄飄地在檐下月光中起舞般。

相傳「笙」是依照鳳凰合起翅膀的形象設計而成。此刻，猶如男子將那鳳凰化為音色，放其飛至天空。

笙音在月光中爍爍飛舞。

鳳凰在月光中裊裊上升。

那光景彷彿夢境。

笙音裹著月光，月光裹著笙音。

過一會兒——

笙音中夾雜著某種聲音。

砰！

砰！

那聲音很低微。

聽起來像是有人在黑暗中擊鼓，響聲卻比鼓聲低。

砰！

砰！

砰！

聲音依舊響起。

同時又傳來「喔」、「呀卡」、「阿哩」[16]的輕微叫喚聲。

「喔」聲響起時，「砰」聲也隨之響起。

接著「呀卡」聲響起時，同時也傳來「砰」聲。

之後是「阿哩」聲響起，同樣又傳來「砰」聲。

伴隨著那喚聲和砰聲，有某物在月光中反覆浮現於半空，閃閃發光。

——是毬？

似乎有人在黑暗中踢毬。

每逢喚聲和砰聲響起，那在月光中閃閃發光的東西，應該是縫毬時用的金線吧。

秋草中，有小小黑影在動。

總計有三條黑影。

毬浮現在月光中時，一條黑影會奔向毬落下之處，用腳接毬後，輕輕踢起，第三次再用力踢高。

其次是第二條黑影跑去接毬。

---

16 「喔」、「呀卡」、「阿哩」均為日本古代貴族玩踢毬遊戲時的號子聲。

看來是孩子。
原來是三個身穿白色窄袖便服[17]的童子，在夜晚的河原院庭院中踢毬。
不，說是童子，那黑影似乎又太小。
是猴子!?
難道是猴子學人類，穿著窄袖便服在踢毬嗎？
有人在更漆黑之處凝望著踢毬的三條黑影。
是一名長著白鬍鬚的老人。
不知男子是否看見這一切，他只是繼續吹著笙。
這時——
「哎呀！」
女子的叫聲響起。
男子總算停止吹笙，望向女子。
男子在燈火中看見了。
女子的長髮全部倒豎向天花板——

17原文為「小袖」（こそで，kosode）。

卷一 車爭

一

黑暗中傳出僧人的誦經聲。

那聲音如波浪高低起伏，無休無止地持續著。

大殿寢所設置了護摩壇[1]，僧人依次將護摩木[2]投入火爐中，一心一意在誦經。夜居僧都——是平日在內廷清涼殿值宿，為天皇加持祈福的護持僧。

此僧都之所以滿頭大汗，額上發光，並非全基於熊熊燃燒的火焰。他是因為竭盡所有體力和精力在進行這次的法術。

護摩壇對面擱著臺座，臺座上是坐在青牛背的忿怒相明王。

六頭、六臂、六足——全身青藍色，三隻左手各持戟、弓、索，三隻右手同樣各自握著劍、箭、棓（棒）。

是大威德明王[3]。

迎請這位明王時，施行的法術即大威德明王法，據說此法術在高野山、比叡山也是最強力的修法。

護摩壇一旁鋪著被褥，有名女子仰躺於上。女子緊皺眉頭，閉著雙眼，痛苦地扭動身子，不時發出呻吟。

女子枕邊擱著一座燈臺，其上點著燈火。

---

1 密教修護摩法所用之壇。即中央設火爐，焚燒供物以修護摩法之壇。

2 密教修護摩法時爐中所焚之木。又稱護摩薪、護摩柴、火木。

3 五大明王之一，梵名「閻曼德迦」（Yamantaka）。即降閻魔尊之意。譯作解眾生縛。能摧伏一切惡毒龍。斷除障礙。以大威德王為主所主修的法，曰大威德明王法，其奉修目的為調伏怨敵。

另有一名身穿白色公卿便服[4]、作男子打扮的女子坐在燈火旁——閉著雙眼，那女子是扶乩。

——唵瑟底哩迦羅嚕哞缺娑呵。

僧人不停念誦著大威德明王的真言。

過一陣子，扶乩女子「喀」一地睜開眼睛。

雙眸翻著白眼。

本來應該位於眼球中央的黑眸，消失在睜開的眼皮內。

「來了。」

僧人停止念誦真言，向後方說道。

「我知道。」

身穿白色狩衣[5]的年輕男子平靜地答，他坐在僧人後方。

在燈焰亮光下看，也看得出男子的膚色很白。不過，嘴脣卻透紅得似乎可以看見內側的鮮血，嘴角微微浮出在這種異常情況下應該說很詭異的笑容。

細長雙眸，看似罩著一層碧綠。

扶乩女子緊握雙拳，「咻……」一聲吐出氣息，繼而雙手拄著地板，左右搖頭。

僧人望向寢鋪上的女子。

4 原文為「水干」（すいかん，suikan）。下級官吏、地方武士、平民的日常著裝，與貴族穿的狩衣（便服）類似，但質料不同。

5 貴族平日穿的便服。

女子和方才一樣，緊皺眉頭，依舊在發出低沉呻吟。

「光君[6]，不是這個。」

僧人微微搖頭。

「我明白。」

僧人稱為「光君」的年輕男子，面不改色地點頭。

僧人轉身面向扶乩女子，問道：

「你是誰？」

「我是糺森[7]的鹿神……」

扶乩女子發出不像女人聲的低沉沙啞聲。

「糺森的鹿神為何會附在人體內？」僧人問。

「這世間亂成一片，人們漠視古來眾神，一味地隨心所欲，前幾年，甚至開始砍伐糺森的樹木。此情此狀實在令人愕然。我為了糾正眾人，才附身在這女子體內……」

僧人望向年輕男子——光君。

光君微微搖頭。

「這是迷神[8]。和這種神進行問答，只會受騙。馬上祓除……」

「明白了。」

---

6 《源氏物語》男主角源氏的別稱之一。

7 位於日本京都賀茂川和高野川匯流處，古人相信此處為洗淨罪惡污穢的聖地，「糺」意謂神現身之處。

8 迷惑人類的神。

答話的幾名僧人起身，繞到扶乩女子背後，將手中的念珠掛在女子的脖子上。

「唔，唔。你們想幹什麼？你們不聽我相告嗎……」

扶乩女子發出男聲道。

僧人對著扶乩女子呼出一口氣。

「唵瑟底哩迦羅嚕哰缺娑呵。」

念誦真言後，再用手掌「咚」一聲擊打扶乩女子背部。

「啊！」

扶乩女子發出低微叫聲。

眼球轉了一圈，黑眸回歸原位。

扶乩女子收回拄著地板的手，問僧人：

「怎麼樣？」

「是別的神。真正附身的仍在夫人體內……」

「還要繼續下去嗎？」扶乩女子問。

僧人望向光君。

「這已經是第八個迷神，如此下去沒完沒了。今晚姑且到此為止吧。」光君答。

「是，明白了……」僧人點頭。

扶乩女子和僧人退出後，光君又坐在原位，默思了片刻。

光君的妻子——光君稱其為葵之上[9]的女子，如此臥病不起，已經將近一個月。

葵之上出門前往新齋院參觀祓禊儀式那晚，回來後便開始發燒。

本來以為只是過度疲累而發燒，但過了一天，又過了兩天，直至三天過後仍不退燒。

光君傳喚和尚和陰陽師來進行加持祈禱儀式，卻完全不見效。

妻子比光君大四歲。

光君在十二歲舉行了元服禮[10]，同年便娶葵之上為妻。

十年過去，光君現今是二十二歲，葵之上已經二十六歲。

令光君憂心的是，葵之上在婚後第九年，好容易才懷了孕。此刻臥病在床的葵之上，腹中懷著光君的孩子。他絕不能讓這次的附身事件影響到腹中胎兒。

「這不是普通病症。」

「有某物附在她身上。」

和尚與陰陽師均異口同聲如此說。

然而，沒有人能祓除。

有時看似已經祓除了，卻都是迷神，附在葵之上體內的主體毫無被祓除的跡

9「上」為高貴女性之尊稱。

10 即換作成人打扮，表示成年的儀式。

象。

「這是極為惡毒之物……」

眾陰陽師都如此說。

五天前，光君請來高野山的高僧進行祓除儀式，但到了今天，也只出現一名迷神而已，狀況幾乎毫無變化。

光君閉眼默思，燈火不知何時已滅，房內只剩火爐中的護摩木炭火，通紅發亮得宛如正在詭異地呼吸著。

葵之上仍在發出低沉呻吟。

不久——

光君睜開雙眼。

「惟光。」

光君呼喚，接著傳來踏著窖廊[11]的腳步聲。

「在。」

外面響起低沉恭敬的聲音。

「邪教和尚也好，左道旁門的陰陽師也好，你去找靈力高超的人來……」

光君道。

11原文為簀子（すのこ，sunoko），為平安時代的建築方式，最外面的長廊沒有牆壁，由板條製成，可以讓雨水漏到板條下的地面。

二

這個年代，在京城，只要提起祭禮，說的通常是賀茂祭。

每年四月中旬酉日舉行正式祭禮，而在祭禮三天前，舉行齋王[12]禊儀。

被選為齋王的人，必須先在賀茂川進行祓禊，住進初齋院，直至第三年的賀茂祭之前，再度於賀茂川進行祓禊，之後進入紫野的野宮，才能參與並進行祭禮。

負責擔任齋王的人，基本上都是未婚內親王。

擔任今年祭禮齋王的人，是桐壺院的新齋院女三宮[13]。

並非葵之上主動表示要去參觀祓禊儀式。

是服侍葵之上的女官們想去參觀，一大早就在吵吵鬧鬧。

前面已說過，葵之上現在腹中懷有光君的孩子。

「光大將[14]也是今天的儀列扈從之一吧。」

「就算我們各自偷偷跑去參觀，也沒意思。我們要和大殿[15]一起去，才能讓我們面子上更添光彩呀。」

「今天的觀客都是特地來瞻仰大將大人容姿的。就連那些身分低賤的人，也從遠國帶妻小上京來觀看。我們不去看的話，豈不是太可惜了？」

「最有資格瞻仰大將的人就在這裡，不去的話，不是太過分了？」

---

12 又稱「齋皇女」，在伊勢神宮和賀茂神社出任巫女的未婚內親王（女性皇嗣）和女王（天皇直系六代內的女性可受封），代表日本皇室侍奉天照大神。侍奉伊勢神宮的稱齋宮，侍奉賀茂神社的稱齋院。

13 此指光源氏生父桐壺帝的第三皇女，不同於後來嫁給源氏的朱雀帝之女「女三宮」。當時桐壺帝之子、源氏異母兄朱雀帝繼任皇位，其妹（亦源氏異母妹）女三宮被選為新齋院，所以賀茂祭較之前盛大。

14 當時源氏的官職。

15 身分高貴之人，在《源氏物語》第九帖〈葵〉中為葵之上的尊稱。

「反正只要坐在車內就行了，不會影響到腹中的孩子。」

聽眾女官異口同聲如此說，葵之上的母親大宮[16]也建議：

「像今天這種日子，妳是不是也會開心一點？既然女官們都很想去，妳就出門一趟吧。」

「好吧。」

葵之上總算答應，好不容易才決定出門。

葵之上搭乘的牛車抵達儀列預計通過的一条大路時，四周已擠滿觀客和牛車。人多得無以數計。

不僅儀列，連觀客的牛車也裝飾得極為豪華，欣賞這些車子也是觀客的目的之一。

各按所好搭建的看臺裝飾更是煞費苦心。有的看臺以可能在自家庭院盛開的藤花裝飾，也有的看臺掛著一束束金銀絲線。

女官們故意各自在牛車垂簾下露出十二單衣袖口，供人觀賞，光是服飾，就足以讓觀客大飽眼福。

只是，葵之上雖然特地來了，牛車卻排在後列，前面的車子擋住視野，無法看得很清楚。

16 三条的大宮，桐壺帝的同母妹。

人山人海的觀客，主要目的是觀看光君，亦即光大將，但光大將的妻子葵之上竟然排在其他車子後面，這事令僕從很不高興。

「有沒有別處可以騰出空位呢？」

葵之上在車內問，無奈到處都擠滿了車子和僕從，完全沒有空位。

「喂，讓開！讓開！」

葵之上車子四周的僕從出聲喝斥附近的車子挪出空位。

雖然葵之上的牛車比較晚到，但其他車子的僕從看了牛車規模，再看車子四周的僕從成員，大致都明白那輛牛車到底是誰家的車子。

擋在前面的牛車僕從只能死心，開始一輛輛挪移位置，葵之上的車子總算移到前面，但最前面另有一輛車子擋著。

那是輛有點陳舊的網代車[17]。

車子雖舊，但下簾[18]看上去似乎是頗有來歷的門第。隔著垂簾隱約可見的袖口和衣裙下襬、汗衫等，顏色搭配雖不顯眼，卻很風雅。

一看即知此人身分不低，為了不引人注目，故意裝飾成樸實牛車在此排列。

「喂，你們還不趕快讓開……」葵之上的僕從喝道。

「這怎麼行？我們這輛車子的主人，不是你們說挪就可以隨便亂挪的身分。」

17 典型貴族用車，殿上人的用車表面以竹為原料製成，公卿則使用檜木。車上繪有彩繪圖案，有時還配以家紋。

18 牛車垂簾內掛的絲布或緞子帳幕，長約三公尺，垂掛至牛車外側。通常只限少納言以上的官位或女官使用。

舊車的僕從答。

「讓開！」

「不讓！」

就在雙方爭持不下時，葵之上的一名僕從突然低聲道：

「哎呀，這是……」

「這不是齋宮[19]的母親，御息所[20]的車子嗎？」

僕從的聲音剛響起，舊車垂簾內傳出聲音。

「唉……」

是低微的女子聲。

那是因自己的身分曝光而發出的感嘆。

「既然如此，那就更應該讓開。你們不過是大將往昔玩過一陣子的女人的車子而已，既然明知大將夫人的車子在後面，怎能排在前面？你們不要仗著大將是大戶人家，故意擋在這裡不讓開，這怎麼行……」

「什麼!?」

「你說什麼!?」

葵之上的一名僕從伸手抓住網代車的車轅，御息所的僕從也伸手拂去。

「算了，算了。」

---

19 當時新選的伊勢齋宮，後來的秋好中宮，又稱齋宮女御，為六条御息所與前東宮太子所生的獨生女。

20 六条御息所，住六条京極附近而得名，桐壺帝同母兄弟前東宮太子之妃，東宮死後，車爭當時，她已是比她年輕的光源氏的祕密情人。

在前面負責開道的年長僕從打算從中排解，卻無法平息糾紛。

因為雙方都喝了酒，立即打成一片。

若要比人數，當然是葵之上的車子這邊人多，網代車的僕從沒多久就都被毆打在地。

葵之上車子的僕從中也夾雜著光君家的僕從，其中也有熟知御息所的人，他們雖然認為御息所很可憐，卻也無計可施。

「讓開！讓開……」

有名醉酒的僕從拉著御息搭乘的車子就地亂轉，最後不但踩壞板榻，甚至連車轅也卡在其他車子的車轂，導致御息所的車子無法動彈。

這時，葵之上的車子已經挪至空出的位置。

此時，恰好颳起一陣風。

葵之上的車子垂簾被風掀起，隨風舞動。

斯時——

「儀列到！」

聲音響起。

原來是儀列來了。

儀列靜肅地通過。

扈從高官身上繫的下襲[21]顏色、外衣褲裙上的家紋、馬、鞍等，全是新品。

參與儀列的人，無論身上穿的服裝或裝飾，都在陽光下閃閃發光地搖來晃去，看上去宛如夢境。

「噢……」

騎在馬上的光君出現時，四周響起類似嘆息的聲音。

光君看似自華麗夢境中走出來，將這夢境本身作為服飾穿在身上，從容不迫地出現在眾人眼前。

光君宛如一尊技藝高超的佛像師雕刻出的菩薩像，脣邊浮著笑容，雙眸如佛陀夢見涅槃那般，望著前方。

那容姿、那姿勢、那表情，都令人以為無論在四周有無數觀客的地方，或單槍匹馬穿過杳無人跡的原野時，這位貴公子可能都面不改色。

如此，光君彷彿光的化身一般，通過葵之上和御息所面前。

三

「聽說發生了這樣的事。」

惟光向光君報告了在一条大路發生的騷動。

21 腰間繫的長布，越長，表示身分越高。

「這件事，我已經聽說了。」

光君點頭，聲音平淡。

「是不是您通過時察覺到了……」

「我看到六条御息所的車子停在稍遠處，好像被遺棄了似的……」

「您打算怎麼辦？」

惟光以試探光君的內心的語氣問。

以前光君往返六条御息所住處時，惟光曾代光君送過詩文與和歌，在兩人之間頻繁往返。

「在場的人都知道那輛車子的主人是誰。那位夫人丟盡了面子……」

惟光的表情看似真的很惦念御息所。

「您最近一直沒去御息所夫人那兒。大家都知道夫人目前過著夜夜獨守空閨的日子，御息所夫人也明白大家都知道此事。可是，夫人竟然依舊前去觀看儀式，可見夫人事前一定下了很大決心。雖然夫人故意打扮得很不起眼，但她仍想堅守自己的品格，才將車子停在那地方吧。她應該很想掩人耳目，悄悄觀看光君，即便是遠遠的一眼也好。結果事情變成那樣，而且對方是葵之上，這對她來說，應該極為痛苦……」

惟光好像在代替御息所向光君訴說內心的苦楚。

「您打算怎麼辦？」

惟光再度問了同樣問題。

「不去一趟不行。」光君答。

「去哪裡？」

「六条御息所那兒……」

卷二

道摩法師

一

「病情怎樣了？」

發問的人是頭中將。

「沒有變化。」

答話的光君臉色蒼白，雙頰似乎燃燒著一絲悽愴。

附在葵之上體內的東西，仍未消失。

目前是五月中旬，發生車爭事件之後，已經過了一個多月。

方才，頭中將來光君宅邸拜訪。

光君的妻子葵之上和頭中將是同父同母兄妹。頭中將是葵之上的哥哥。因這層關係，光君認識了頭中將，兩人的交情比真正的兄弟還深。

頭中將的父親是左大臣——

他和光君一樣，颯爽英姿、言行舉止均會成為宮中女官們的話題。只是，光君和頭中將的話題有微妙的溫差。

若非要形容，大概可以用「畏懼」這句話來形容。

頭中將沒有光君那種令人「畏懼」的感覺。

「無論怎麼祓除，迷神都不見減少。以為除掉了，第二天，那東西依舊會回來。數量完全不減……」

光君說。

「聽說連夜居僧都也放棄進行祓除儀式了……」

頭中將道。

兩人坐在窄廊。窄廊擱著兩個圓坐墊，兩人面對面坐在其上。細雨自上空降落在庭院，已下了一陣子。

最近連續好幾天都在下梅雨。

近一個月來，上空籠罩著低垂密布的沉重烏雲，今天將近中午時，雲層開始飄動，逐漸變得稀薄。

罩著薄雲的上空射下微弱亮光，此刻，整個天空發出銀光。在這亮光中，雨絲如柔軟細針，正泛著亮光自天而降。

「是我叫他不用再進行了……」光君說。

「施行大威德明王法了吧……」

「嗯。」

大威德明王——

是密教的尊神，比如說，吐蕃人（西藏）稱其為閻曼德迦。

在吐蕃，祂是牛頭忿怒神。

閻曼德迦的「閻曼」即夜摩天的「夜摩」。在日本，「夜摩」是主宰陰間地獄的閻羅王。

「閻曼德迦」是「啖食閻羅王」之意。

具有屠殺地獄王能力的可怕尊神「閻曼德迦」——正是大威德明王。

附在葵之上體內的東西，連這尊明王的咒法也無法祓除。

「我想，用正規咒法大概不行，所以命人去找其他人。」

「其他人？」

「無論邪教和尚或左道旁門的陰陽師，任何人都好。只要能祓除那東西。」

「找到了嗎？」

「沒有。」

光君微微搖頭。

「事情變成這樣，確實是在車爭事件發生以後吧？」

「唔……」

「對方是那位六条御息所……」

頭中將以試探眼神望向光君。

然而，光君的表情看不出任何感情。

人無法完全隱藏住內心的某種感情。無論怎麼隱藏，感情也會隨時自假面下顯現。即便假面做得再精巧，感情也會如地底下的水養育地層表面的草芽那般，自然而然地自假面下滲出，冒出草芽的顏色。

光君卻沒有這種感情。

不，是看似沒有這種感情。

「我妹妹讓六条夫人丟盡面子。雖然不是我妹妹下令讓僕從這麼做，但也等於是她下令的……」

「確實如此。」

光君低聲地贊同了頭中將的意見。

「六条夫人沒有錯……」

頭中將依舊邊觀察光君的表情邊說。

「嗯，她沒有錯。」

「我妹妹也沒有錯。」

「你說的很對。」

「錯的是……」

「是我吧。」光君道。

「不，我不是想說這是你的錯。我要說的是，錯在機緣不巧……」

「機緣……」

「男人和女人之間，說誰對、誰錯，都是一種藉口。無法和意中人結歡的人，心思和感情都無處可洩。因此，人才會在人或人心上標上善惡之稱，藉此平息自己的心靈。但是，戀情怎麼可能有善惡之分呢？」

「……」

「往昔頻繁往返，現在不去了，這種例子多得很……」

光君聽聞這句，似乎輕笑了一聲，但那輕笑到底是真是假，連頭中將也判斷不出。

「聽說你沒見到六条夫人……」

「嗯。」

光君聽了惟光的描述後，親自前往六条御息所宅邸。

「目前齋宮在舍下留宿，必須齋戒沐浴，不可輕舉妄動，所以無法見您。」

御息所恭敬地婉拒了，所以光君沒見到她。

這時期，恰好六条御息所的女兒被選為伊勢齋宮，正處於齋戒沐浴期間。因此，宅邸四周和便門均豎立著綁上楮皮絲的楊桐[1]葉。光君也看到了。

「夫人的心靈大概受到很大創傷……」

頭中將低語，繼而道：

「你認為這回的事和與御息所之間的車爭事件有關，所以才前往六条嗎……」

---

1 又名紅淡比，學名*Cleyera japonica* Thunb.，日文名「榊」（サカキ，Sakaki），山茶科（Theaceae）常綠小喬木，樹高達五公尺，葉子倒卵形，全緣，葉背側脈不明顯，花淡黃色。日本古來用以神道教祭祀等神事。

「這個……」

「御息所是個痴情的人……」

「唔……」

「不過，我剛才也說過了，這並非誰對誰錯的問題。我們只能讓時間來療癒她的創傷……」

頭中將像是也說給自己聽似地點頭。

光君無言地望著發光的細細雨絲。

頭中將望著光君一會兒，先說明一句：

「這只是聽說的。」

繼而接道：

「據說宮中的女官們都很怕你。」

「怕我……？」

「她們說不明白你在想什麼，也不明白你感覺怎樣……」

「……」

「不過，對女官們來說，正因為不明白，反倒是一種刺激。」

「是嗎……」

「有女官說，要是和你結縭，會被你吃掉；也有女官說，只要對方是你，被你吃掉也心甘情願。」

頭中將微微搖頭。

「哎呀，女人的心真難懂。」

頭中將微笑地望著光君。

這時，慌慌張張的腳步聲傳來，是惟光。

「找到了！我找到合意的人了！」

他並非跑步過來，卻微微鼓著雙頰，氣喘吁吁。

「真的嗎!?」

光君之所以如此問，是因為至今為止出現過幾名自稱法力高超的法師及陰陽師，卻都弄虛作假，其中也有只為討得一天飯菜而來的人。

「聽說此人有點問題，但法力相當高超。」

「是誰……」

「播磨[2]的法師陰陽師。」

「是嗎？」

陰陽寮的陰陽師歸朝廷所屬，而法師陰陽師則類似民間陰陽師。某些寺院和尚，由於光靠和尚這門職業過不了日子，於是留長髮、戴烏帽，自稱陰陽師，到處為人治病或驅邪，這類和尚也稱為法師陰陽師。

2今日本兵庫縣西南部。

「他叫什麼名字？」

「道摩法師……名叫蘆屋道滿。」

惟光答。

二

那座茅屋搭在鴨川河灘上。

茅屋是利用浮木豎在石子間當柱子，同樣用浮木橫搭在柱子上，再用乾草編成的繩子綁住，充當房梁，屋頂只鋪著乾草和樹枝。牆壁也徒有其名，只用樹枝交叉搭成，再塗上泥巴而已，有牆等於沒有，稍微起風就會刮進雨水。

入口雖然垂著草編的粗蓆，但這也類似可有可無之物。

河灘上四處搭建著相似的茅屋，自鋪在屋頂的乾草縫隙間冒出青煙，升向出梅的天空。

風中可以聽見開始鳴叫的蟬聲。

自從去年鬧饑荒後，這類茅屋在鴨川河灘上增加許多。

那間茅屋的地板正是河灘地面，中央用河灘石子圍成一個圓圈，大概用來當爐灶。

爐灶內有正在燃燒的火苗。

茅屋搭在稍高之處，背面是堤防，河川就算漲點水，也不用擔心會被沖走。只是，待梅雨期結束，真正要迎來暴風雨時，這地方大概也會泡在河裡。

有名年約四十歲的男人，仰躺在草榻上，已呻吟了好一陣子。

男人身上穿的破爛窄袖便服，早已形同一塊破布。

敞開的胸部和腹部可見斑斑點點的蚊子或蝨子咬痕。蚊子能隨處自由進出茅屋。爐灶中燃燒的草煙，雖然多少能夠驅蚊，但河邊這種場所本來就多蚊多虻，燃燒的煙到底有無效果則不得而知。

有個女人坐在一旁俯視著男人的臉，這女人身上也穿著破布般的窄袖便服。

女人一旁站著個年約十歲的瘦瘠童子，同樣在俯視男人。

另一旁站著個老人。

老人的白髮倒豎般地蓬亂如麻，身材乾瘦。身上穿著破爛的黑色公卿便服。貌似法師陰陽師，卻沒有剃髮。下巴也長著白鬚。鬍鬚和頭髮大概很久都沒有整理，在臉頰纏成一團，看不出從何處起是鬍鬚，又從何處起是頭髮。

老人的雙眸如貓頭鷹，黃得炯炯發光。

這是個古怪老人。

他身上到底重疊了多少寒暑呢？光看外貌，完全猜測不出。倘若有人活到一百歲才死去，屍體不吃不喝，死後又增添數十年歲數，大概就會形成老人這副模樣。

仰躺的男人，呼吸斷斷續續，而且微弱。

身子明明很瘦，肚子的一部分卻鼓脹得驚人，如同肉瘤。

臉上的皺紋深得宛如雕刻。

「看來不行了……」老人低語。

老人剛說完，女人即不知所措地來回望著老人和男人。

「嗝……」

男人從因忍耐痛苦而牙根緊咬的齒間發出類似笑聲的聲音。

「我不是說過了？這病，治不好的。我自己的身體，我最清楚……」

男人骨碌碌地轉動雙眼，望向老人。

他大概因肺部無法漲大，所以呼吸短淺急促。看似光是呼吸就很痛苦的樣子。

「我、我會死嗎？」男人問。

「會死。」老人答。

「我還能活多久？」

「快的話，三天。再撐，也只有十天吧。」

「煩哪。」

男人說。

「我不想再忍受下去了。忍著忍著，忍到最後還是會死吧？為了死而忍，我實在受不了……」

「你想死嗎？」

「我不想死。不想死啊……」

男人雙眼撲簌簌掉淚，真令人懷疑他體內真否殘留有如此多的水分。

「我有妻子和孩子。我怎麼會想死呢？可是，我不想再忍受下去了。我、我只想讓自己解脫……」

「我可以讓你解脫。」

「拜、拜託……」

男人呻吟道。

「老、老公!?」女人握住男人的手。

「那麼，我該收什麼東西呢？」老人問。

「收、收東西？」

「總不能免費做吧。」

「我家什麼都沒有。能送給您的，只有……」

女人支支吾吾，右手按住胸前。

「不要。我想要的不是那類的……」

男人只是反覆淺短地呼吸著，看似已經無力說話了。

「那麼，您、您到底要什麼……」女人問。

「靈魂……」

老人以嘶啞低沉的聲音道。

雙脣綻開，露出黃牙。

老人看似在笑。

「靈魂!?」

「是的。」

「那到底是什麼東西呢？該怎麼做才能將靈魂送給您呢……」

「妳不需要明白。」

老人說畢，俯視著男人。

「喂……」老人叫喚。

男人好不容易才轉動眼球，望向老人。

「你現在只要說一句：死後願意將靈魂送給我。這樣就可以。」

「我把靈魂送給您後，我會怎麼樣？我能前往阿彌陀淨土嗎？」

「不能。」老人道。

「不能？」

「因為這世上根本沒有阿彌陀淨土。陰間怎麼可能有呢？不管你願不願意將靈魂送給我，你都不能前往淨土。你放心吧，不僅你不能去，任何人都不能前往極樂淨土……」

「那、那麼，人死了後，將會去哪裡？」

「不知道。」老人道：「所以人才會死。」

男人的眼球停止轉動。

他閉上雙眼，五官擠成一團。

扭動著身子。

看來男人體內正遭逢劇痛。

「給、給你……」

男人說。

「我死後，不管靈魂還是其他什麼，通通給您。您就、就趕快讓我解脫吧……」

男人忍著劇痛，從齒間一面發出呻吟，一面如此說。

老人點頭，右手從懷中取出木碗。

「你去汲水來。」老人說。

孩子抓住木碗，飛奔出去。

不一會兒，孩子回來了。

木碗內盛著半碗鴨川河水。

老人又從懷中取出小布袋，自布袋內取出一個白色小圓珠。

「你用力握著這個。」

老人將圓珠擱在男人右手，讓他緊握。

接著，老人又不知自何處取出一粒約小指尖大小的黑色藥丸。

「你喝下這個。」

老人把藥丸塞進仰躺的男人口中，繼而從孩子手中接過木碗，在男人上方彎下腰。

「喝下。」

老人把木碗邊緣貼在男人嘴上。

男人發出咕嘟聲喝了水。

喉結在消瘦得露出青筋的喉嚨中升降。

老人自男人嘴邊移開木碗。

接著——

男人的眼球突然睜大。

「喀！」男人大叫。

男人張著嘴巴，呼……呼……地大口呼吸了幾下。
呼吸驀地停止。
喉嚨深處傳出「喀」一聲。
男人張著雙眼，斷氣了。
「老、老公!?」
女人伸手搖著男人的肩膀。
老人自男人的右手取出白色圓珠，和木碗一起收進懷中。
「那，我走了……」
老人低語，背轉過身。
他穿過粗蓆，走至河灘的風中。
夏季的野草在河灘隨風搖曳。
有名身穿白色狩衣的年輕男子，站在風中。
男子身旁又站著另一名男子。
正是光君和惟光。
光君向步出茅屋的老人說：
「您是蘆屋道滿大人嗎？」

三

道摩法師如亡靈般，在鴨川堤防上悠悠忽忽往前走著。

光君也並排在一旁往前走著。

兩人望著右手邊的鴨川，往上游方向——北上前行。

惟光隔著幾步之差跟在兩人身後。

夏日陽光已火辣辣地射在堤防。

叢生在堤防斜面的夏季野草，順著河面吹過來的風搖來晃去。蟬聲不停自堤防上的櫻樹和松樹枝頭落下。浮雲飄在青空，三人已處於夏日風中。

此刻，道摩法師正好聽完光君簡單描述事情的來龍去脈。

「無聊……」

道摩法師自黃牙間低聲道。

「不管你女人身上附了什麼東西，那些東西都是有理由才會附在人身上。你不去追究原因，只想驅除附在她身上的東西，那些東西當然又會再度附身。只要你解決根本原因，附身的東西自然而然會消失……」

「但是，我不知道到底是什麼理由。」光君說。

「那就置之不理……」

「我不能置之不理。」
「為什麼？」
「置之不理的話，我女人會死。」
「讓她死吧。」
這句話冷漠得無可理喻。
道摩法師彷彿在追逐飛往天空的、看不見的風，仰起臉往前走著。
彼此沉默了一陣子。
沉默中間，道摩法師依舊悠悠忽忽往前跨出腳步。
光君默不作聲地跟在道摩法師一旁走了一會兒。
之後，光君似乎有了盤算。
「您說的沒錯。」
光君點頭。
「就讓她死吧……」
光君低聲說了一句。
「或許，對女人來說，這也是一種幸福……」
聽了這句話，走在後頭的惟光大吃一驚。
「不能這樣做！不能這樣做！」

惟光跟上前，並排在光君旁。

「這世上哪有人會說讓自己的妻子死掉算了呢？」

惟光抬高聲音。

「原來那女人是你的妻子？」

「是。」

「你很愛她？」

「似乎如此……」

一副事不關己的語氣。

光君和道摩法師一樣，仰起臉望著上空的青藍色風。

「你這人很怪。」

道摩法師似乎心生好奇，望著光君。

「唔……」

法師駐足。

光君和惟光也跟著駐足。

「我見到你時就注意到了。你的雙眸，是菩薩眼。而且你的容貌是龍相……」

「什麼意思？」

「所謂菩薩眼，意指看得見別人看不見的東西。就是具有『天眼通』這種神通力的眼睛。龍相是具有天子之相的容貌。我第一次遇見同時擁有菩薩眼和龍相這兩種相的人……」

道摩法師觀看了光君一會兒。

「原來如此。大約十五年前，我聽說有名高麗相士看了個七歲小孩的面相後，吃驚得很，原來那孩子是你。」

法師將骨節突出的手指伸進頭髮中，用力搔了搔頭。

「我不知道那名相士到底對你是怎麼說的，應該什麼都沒說，所以我先告訴你……」

「告訴我什麼事？」

「快去死吧。」

「我？」

「是的。你對世人無益……」

道摩法師說後，發出類似泥土煮滾的咕嘟咕嘟笑聲。

「哎呀，我竟然說出這種無聊話。對世人無益的不僅是你，我也是其中之一。而我既然能活到這個歲數，卻對別人說『快去死』……」

法師搔了頭後，順勢抹了一下臉。

「恕我失言了。」法師道。

「雖然我不留戀我這條性命，不過，好像也沒必要故意去死。」

光君依舊說得事不關己。

「嗯。」

「我不知道自己到底能活多久，但我必須活到我死去的那天。既然活在這世上，那麼，在我有限的生命期間，就必須用某物來填滿我的人生。」

「用什麼來填滿？」

「這個……用什麼來填滿較好呢？」

「去賞玩一些對世人無害的東西來填補吧。詩歌、管弦之類的應該最合適……」

「最合適……？」

「難道你要用觀看女陰去填滿……」

「這主意也不錯。」

光君緩緩邁開腳步。

不一會兒，道摩法師也緩緩邁開腳步。

惟光在兩人後面追上去。

「難道是古代神……」

道滿邊走邊喃喃自語。

「古代神？」

「莫非被古怪神或古代神，或是古代新生神附體了……」

「……」

「若是這類神，我倒是有興趣……」

道滿一面喃喃自語，一面緩步前行。

「我還有一件事沒說出……」光君道。

「什麼事？」

「我妻子的腹中懷有孩子。」

「什麼!?」

道摩法師再度駐足。

「我妻子目前有孕在身。」

光君也停下腳步。

「喔喔，原來如此……」

道摩法師突然笑出聲。

「好，我接下。」道摩法師道。

「您願意接下嗎……」

「我來接下，但我必須先告訴你一件事……」

「什麼事？」

「我願意接下，是因為我聞到了味道。」

「味道？」

「是人心逐漸腐爛的味道。是人放出的瘴氣。我喜歡別人的不幸。我是靠啖食人心而活的。我啖食人心的黑暗。凡是從頭髮、眼珠、嘴巴、牙齒、指甲，甚至內臟滲出的汙穢黑暗，我都吃。待問題解決後，你就讓我吃這些東西吧。這正是我要的謝禮。我不要財物。工作期間，我只要有酒飯就行了。你覺得怎樣……」

「不成問題……」光君道。

蘆屋道滿——亦即道摩法師，便如此為光君打開一扇通往奇妙旅程的門扉。

卷三

謎題鬼

室內只有一盞燈火。

燈臺上僅有一朵火焰在搖曳。

有個赤身裸體、腹部鼓脹的女子，閉著雙眼坐在火焰亮光中。

閉起雙眼的那張臉，美得有如菩薩。

女子脫下身上的衣服擱在一旁，全身一絲不掛。火光的影子在白皙肌膚上晃動。

女子身上沒有衣服，卻扎著無數根細針。

背部、肩膀、頸子、手臂、乳房、腹部……

女子的上半身只有臉龐沒有扎著細針。

每一根細針都貫穿著寫有不知是什麼咒語的符咒，女子可以說全身都是符咒。

在女子面前悠悠忽忽地比手劃腳，做著如舞蹈般動作的人，是道摩法師。

他抬起右足往前跨出一小步，咚一聲用力踩住地板。再抬起左足，向右足併攏，咚一聲落地。接著，跨出剛落地的左足作下一步，再抬起右足，靠攏左足，咚地落地。

道摩法師反覆做著同樣動作。邊做邊舞蹈。

自傍晚起，一直持續至深夜此刻。

光君坐在一旁凝望道摩法師和女子。

道摩法師一面舞蹈，口中一面低聲念念有詞。光君當然聽得到法師的聲音，卻聽不懂意思。光君只知道可能是某種咒語，卻沒有開口問內容到底是什麼。

女子膝前擱著某物。

是一只四腳香爐。香爐內有一縷紫煙裊裊上升。

香爐內燃燒的是罌粟。在爐中焙燻的罌粟煙，飄至道摩法師的腰際，即隨道摩法師的手腳動作所捲起的微風而紛亂飄向四方，繼而消失於黑暗。光君也聞得到罌粟香味。

那味道雖甘甜，卻具有一種不可思議的妖嬈，類似逐漸腐爛的花香。

道摩法師將罌粟放入火內燃燒時——

「這是阿芙蓉……」

道摩法師說。

「可以用來驅除周遭的雜靈或迷神，但如果吸太多，恐怕連當事人都會成為迷神……」

道摩法師說完這句話後，嘴角浮出一抹邪笑。

此刻正在舞蹈的道摩法師臉上，依舊留著那抹邪笑的殘影。

道摩法師停止舞動，右手伸向女子。他伸出的右手食指觸及女子額頭。

「出來出來在這天地之下沒有任何同一尊神……」

道摩法師低語後，收回手指。

女子睜大雙眼。

「出來了，這是第九十九個。」道摩法師說。

女子那美麗的五官正在變形。

紅舌在張大的口中無力地蠕動。

「不是我……」

女子口中發出男聲。

「放火燒掉應天門[1]的人不是我。那是有人打算陷害我而做的。啊呀，可惡，太可惡了，太可恨了……」

女子抬起手指彎成鉤形的雙手，刨著半空。

「不是這傢伙。」

道摩法師用黃色眼眸瞄了一眼光君，光君只是微縮下巴點頭。

道摩法師將右掌貼在女子額頭——

「速速退散！」

法師喊了一句。

1 發生在日本清和天皇貞觀八年（西元八六六年）的「應天門事件」，太極殿前的應天門突然起火，時任中納言的源融也被大納言伴善男告發為犯人，最後反而是伴善男、伴中庸父子被控共謀遭流放，古代名門伴家（大伴家）與紀家被清洗，藤原良房一系從此獨攬大權。

「吩！」

再呼出一口大氣。

女子閉上雙眼，變形的五官恢復原狀。

道摩法師自懷中取出細針，再用細針穿過新的符咒，接著將細針扎上女子的右乳房。

「這樣，剛才出現的迷神就不會再度附身。」

法師對光君低語。

「剩下的應該不多了。第一百個傢伙可是個了不得的……」

法師揚起半邊嘴角發出嗤笑。

咚！

道摩法師再度跨出腳步。

他緩緩抬起手。

接著，又用力踏下腳步。

咚……

咚……

那聲音以同樣節奏響起。

道摩法師口中發出念誦咒語聲。

黑暗中，有某些東西步步迫近。
那些東西在黑暗中現身，而且在蠕動……
「怎樣？你應該看得見吧……」
道摩法師問。
「是。」
光君點頭。
「果然如此。你是我們的同類……」
「同類？」
「你曾經和它們玩樂過吧……」
「我和它們玩樂嗎……」
「算了，現在不是聊這種話題的時刻。」
道摩法師再度邊舞蹈邊念起咒語。
光君確實看得見它們。
凡是燈火亮光照得到之處——
幔帳後……
柱子後……
它們都靜悄悄地躲在這些物體的陰影中，包圍著三人，望著他們。

光君每次高歌玩耍，或在敲擊物體時，它們會從物體中現身或爬出，成形而聚集過來。

從小，光君便能看見它們。

它們只是自然而然地存在於四周——如同石頭、樹木、水、野草存在於四周那般。石頭和樹木、水、野草都是大自然的一部分，光君起初認為它們也是大自然的一部分。正如石頭和樹木不會傷害人一樣，光君以為它們也不會傷害人。光君始終認為它們只是自然而然地存在於四周而已——

直至十七歲那年為止——

此刻，它們圍繞在光君和道摩法師、女子四周。

有的具有人的外形。

老太婆。

孩子。

方才自女子體內出去的老人也在場。

有的是用壞的杓子。

有的是破掉的罈子。

狗。

鳥。

其他另有外形是蛇的東西，也有人體獸足之物。

哭泣的女子。

呻吟的男子。

屍。

和尚。

還有看不出到底什麼形狀的東西。

這些東西很難維持同樣形狀。

方才看似年輕女子的東西，不知何時已變成老太婆；也有形狀完全走樣，化為不知外形為何的模糊黑影。小孩子會在不知不覺中和身旁的狐狸融為一體，原本是朦朧不清的綠色物體也會在不知不覺中變成小妖。

光君今日也是第一次看見如此多的這些東西。

此時——

「快出現了……」

道摩法師突然開口。

「這個和之前的完全兩樣。這傢伙很危險。」

道摩法師還未說畢，女子即冷不防地站起。

不知何時，女子已睜開雙眼。

女子的雙眼望向光君和道摩法師。

噢——

四周妖物全發出無聲之嘆，當場伏地。

「你是誰？」道摩法師問。

喀喀喀喀喀……

女子笑出。

「你們不知道吧，你們不知道吧……」

女子瞪視著兩人。

接著，突然張大雙腿，就地而坐。

當然是赤身裸體。

因身懷六甲，腹部鼓脹。

「我們來玩猜謎遊戲……」女子說。

她雙手握拳，從中各自伸出食指，舉至頭部兩側。

「在地底迷宮深處的黑暗中，獸頭王用黃金杯喝著黃金酒在哭泣……這是什麼？」

女子嗤笑。

「你說什麼!?」

道摩法師剛說完，女子的長髮即唰地往上飛。

「嘰！」

女子發出聲音。

「嘰嘰嘰咿咿咿咿！」

女子的黑髮往上倒豎。

圍攏在四周的東西似乎在哄堂大笑。

「完全一樣……」

光君喃喃自語。

情況確實完全一樣。

五年前，光君帶夕顏[2]前往六条河原院時，也發生過同樣事情——

那時，對方不也和眼前女子一樣頭髮倒豎嗎？

女子的身子像是被頭髮吊著似地浮在半空。無力地下垂的雙腳腳尖，微微離地。

「喔……」

道摩法師欣喜地望著女子，抬起右腳，用力往下踏地，再往前伸出右掌。

「哈！」

法師呼出一口大氣。

2 三位中將之女，葵之上兄頭中將妾室，兩人育有一女玉鬘，因頭中將正室嫉妒，夕顏母女離去。住源氏乳母（惟光之母）家隔壁，源氏由之結緣，兩人互隱身分往來。

瞬間，那東西出現了。
是隻巨大的手。
是左手。
原來是那隻左手用五根手指抓住女子的頭髮，讓女子浮在半空。
「看到了。」道摩法師說。
「讓我來……」
道摩法師身後響起清朗的聲音。
回頭一看，原來光君已拔出長刀握在右手，站在法師身後。
光君往前跨出兩三步。
「喝！」
光君舉起長刀自斜下方往上砍去。
喀嚓！
女子的頭髮一刀兩斷，抓住頭髮的手也遭砍傷。
「啊！」
巨手發出叫聲，消失於天花板。
消失前，巨手在天花板飄飄搖搖，動作很怪。
之後，消失蹤影……

當女子的頭髮被鬆開，身軀倒向地板時，道摩法師那乾瘦的身體不知哪兒來的力量，及時摟住了女子。

道摩法師慎重地讓女子橫躺在地板上。

雖然看不出女子到底知不知道方才發生的事，或自己身上發生了什麼事，總之，她閉著雙眼在地板上熟睡著。

「消失了……」

光君握著拔出的長刀，望著昏暗的天花板低道。

天花板寫有文字。

鬼手逃離之前在天花板做了奇妙動作。應該是那時寫下的。

是首用鮮血寫下的和歌。

二

「那是生靈……」

道摩法師將酒杯端至嘴邊說。

「是。」

光君蠕動著紅脣答。

道摩法師和光君面對面地坐在窄廊上。
他們已身在早晨的陽光中。
「你昨晚說，心中已大致有底了。」
道摩法師嘖嘖作聲地啜飲著酒。
他用握著酒杯的右手背抹去自嘴角淌下的酒。
昨晚，道滿問光君：
「你心裡有數嗎？」
「或許有。」光君答。
「我在鴨川見到你時，你那時說，完全不明所以，現在你已經知道原因了？」
「是。」
「是誰？」
道摩法師將酒杯擱回托盤，問道。
「對方有對方的立場，我現在不能道出。」
這和夕顏五年前遭遇的情況完全一樣。
五年前——
河原院。
那時，夕顏長髮倒豎吊在半空，待她被扔至地板時，已經斷氣了。

「不說也行。」

道摩法師伸手握住酒瓶，往自己的酒杯內倒酒。

「話說回來，你知道那是什麼意思嗎？」

「您指的是……？」

「猜謎問題。」

「原來是那個……」

在地底迷宮深處的黑暗中，獸頭王用黃金杯喝著黃金酒在哭泣……這是什麼？

這句話是女子——葵之上於昨晚說的話。

「我不知道。」

光君回答後，接著說：

「不過，我大致猜得出……」

「你說說看。」

「若是地底，指的應該是黃泉國。若是黃泉國，統治者是素戔嗚尊[3]。獸頭王指的是冥府的牛頭天王、馬頭天王。據傳，素戔嗚尊是牛頭天王，因此，獸頭王

3日本神祇，天照大神之三弟。原有荒暴多變之暴風雨神特質，佛教傳入日本後，形象又與守護祇園精舍的牛頭天王混淆。

指的應該是素戔嗚尊。豎起雙手食指貼在頭部兩側，這不就是牛角嗎……」

「呵，你猜得很正確。但，那王用黃金杯喝著黃金酒在哭泣，這又是什麼意思？」

「黃金象徵權力。既然手中握有權力，卻又在哭泣，可以解釋為凡握有權力之人，都明白權力的空虛吧……」

「哦，你很會猜謎。可是，這到底暗喻什麼呢？那東西又為何說出這種話呢？」

「我不知道。」

「無論迷神或生靈，它們都不見得會說真話。不，應該說，它們說的話通常是謊話，它們往往只是為了好玩，便胡說八道或隨口瞎說……」

「我知道。」

「沒有必要每次都聽信……」

「是。」

「只是，有一點很奇怪……」

「什麼地方很奇怪？」光君問。

道摩法師只是嗤笑一聲。

「不說。」

「不說？」

「你不是也不說對方是誰嗎？所以我也不說。」

道摩法師饒富興味地望著光君，伸手端起酒杯。

「你今天要去吧？」

「是。我正讓惟光去準備一切……」

「是女人吧。」

道摩法師說畢，一口飲盡杯中酒。

「對方是女人吧？」

「是。」光君點頭。

「內心充滿悲哀的女人，正是飢餓的魔王……」

「……」

「她們在不知不覺中說謊，也在不知不覺中說出真心話。二者交織在一起，就會開出謊言與真心話交雜的花。你不要上當……」

「是。」

「你也不要被女人的眼淚迷住。女人的眼淚，是男人的美酒。萬一醉倒了，你會看不清真相……」

「道滿大人，這一切，我都明白。」

光君微笑著，接道：

「我去女人住處時，會順便問她謎題的答案……」

「我有言在先。」

道摩法師擱下酒杯。

「這件事不會在短時間內結束。這只是剛開始而已……」

「什麼事剛開始呢？」

「宴會。」

道摩法師愉快地笑道。

「宴會……」

「沒錯。」

「到底是什麼宴會呢？」

「是怎樣的呢……」

道摩法師只沉默一會兒，又說：

「男人與女人，人與獸，陰與陽，愛戀與悲哀，過去與未來，菩薩與阿修羅，地獄與極樂，黑暗與光明，神祇與妖鬼，人與人之間的……」

「……的宴會嗎？」

「嗯。」

「那應該很有趣……」

光君臉上也浮出詭異微笑，徐徐地道。

巻四

六条御息所

一

兩盞燈臺上點著燈火。

由於周遭空氣停滯，那兩朵燃燒的火焰幾乎文風不動。

分明仍是白天，卻因為拉門和格子窗緊閉，外面的風吹不進來。不僅風吹不進，也隔絕了屋外的亮光。

因此，屋內才會點著燈火。

而且，隱約可以聞到罌粟味……

「我以為妳會拒絕見我……」光君開口。

「我想，您應該會前來……」

片刻過後，響起女子的聲音。

是六条御息所。

眼前掛著垂簾。

垂簾內鋪著繧繝緣榻榻米，六条御息所坐在其上與光君會面。

兩人的左右側豎立著高腳燈臺，上面正燃著火焰。

僅有兩人在場。

六条御息所摒退所有人，並圍起四周以避人耳目。

垂簾內隱約可見六条御息所的容貌，但即便就著火焰亮光看，也看得出她臉色蒼白。

拉門和柱子間有微小縫隙，一道尖細利刃般的陽光自縫隙射進，伸長至地板。

「之前，我來了幾次，卻都被拒於門外……」光君道。

六条御息所沒答話。

光君環視四周，靜靜地說：

「今日，此處只有我們兩人。這表示，妳已經明白我今日前來的理由吧？」

對方默不作聲，過一會兒，才響起低弱應聲。

「是……」

那聲音有點顫抖，似乎拚命在壓抑內心感情，卻又聽得出聲音主人的決意。

光君此刻停頓了一會兒。

這片刻時間，是為了理解御息所的答話內容。

光君開口。

口中傳出低沉清朗的聲音。

吾魂在虛空亦悲嘆亦徘徊

願郎君結前衫角繫我遊魂

是首和歌。

正是妖物在昨夜留下的和歌。

那隻巨手消失於天花板暗處之前，在天花板做出奇妙的動作。

食指在天花板飄來飄去，看似在爬行，又看似在抓撓，之後便消失蹤影。

其後，仔細觀看天花板，才發現在一條橫梁上留有那首用鮮血寫下的和歌。

光君用長刀割斷葵之上的長髮時，長刀上傳來另一種與斬斷頭髮不同的感覺。

可能是刀尖割傷了妖物的手指。妖物用自己的鮮血在橫梁寫下這首和歌。

前衫——

意謂穿和服合攏前襟時，位於內側的部位。

角[1]——

亦即和服長衫下襬左右兩條長邊。

——我的靈魂因過於悲嘆，一心嚮往天空，脫離肉體而迷了路，請郎君將內側長衫下襬兩端的角邊打個結，讓我返回本身。

這是和歌的意思。

當時的人們相信只要見到脫離肉體的遊魂，就得趕快口誦：

我見不知何人之遊魂

1 即日文中的「褄」。

快結前衫角讓其返身

再將內側長衫下襬兩端角邊打個結，脫離肉體的遊魂便能返回身體。妖物留下的和歌正是此意。

「昨晚，有人在某處作了這首和歌。」光君道。

「那是……」

光君打斷御息所的話，問：

「我該如何是好……」

「該如何是好？」

「對方陷於很痛苦的處境，正因為很痛苦，才出現在我面前作了這首和歌。我該怎麼做，才能讓對方脫離痛苦的處境呢……」

光君說畢，兩人皆緘口，這是至此為止最長久的沉默時刻。

沉默其間，光君一直凝望著垂簾內的御息所。

「毫無辦法……」

御息所開口。

「這是莫可奈何的人心所致。只要時光層疊，日月流逝，有人會在不知不覺中療癒自己的心。可是，這世上也有永遠無法療癒的心……」

那是嘶啞、低弱的聲音。

聲音雖氣息奄奄，卻字字清晰地傳入光君耳內。

「即便我剖心給對方看，也莫可奈何嗎？」

「沒有任何人能夠讓別人看自己的心。」

「如果我告訴對方，我對她仍很鍾情，這也莫可奈何嗎？」

「啊……」

御息所輕叫了一聲。

「若您這麼說，對方的耳朵確實能聽到您說話的聲音。若您以胳膊摟住對方，對方的身體也能感覺到您的臂力。但是，心……」

「心？」

「心該如何相信您所說的話呢……」

「只要我的心是真誠的……」

「這世上有真誠的事、真誠的話嗎？花會開落，人心也會變易。某顆心在某個時刻是真誠的，但到第二天，那顆心未必仍是真誠。正如我們無法阻止花謝，我們也無法阻止人心變易。我深知此理。然而，深知歸深知，我也無力阻止因思慕而擅自脫離肉體的魂魄……」

「五年前，妳也在河原院出現過吧……」

又是一陣沉默。過一會兒——

「是……」御息所點頭。

「前些日子的車爭事件，實在很抱歉。但那是隨從們擅自起鬨，不是我妻子命他們如此做……」

「……」

「話雖如此，那種無禮冒犯之事，確實不可原諒。這全是我的罪過……」

「您不要再說了。」

御息所道。

「您不要再說了。這些，我都明白。我全都明白。但是，您說得愈多，我的心會愈亂，愈動搖，萬一我壓抑不住自己的心……」

「……對不起，我說了無益的話。」

又是一陣沉默。

「您還有什麼事嗎……」

御息所的聲音響起。

「沒有。」

光君微微抬起腰。

左膝在地板迅速滑動。

接著是右膝、左膝、右膝、左膝，膝蓋不停滑動。光君膝行挨近垂簾。
他在垂簾前停住。
「抱歉……」
手指捏著垂簾下緣。
「您想做什麼!?」
光君不顧御息所的呼喝，掀起垂簾。
繼而敏捷地將身體滑進垂簾內。
御息所抽身欲逃，光君握住她的左手。
御息所停止動作。
光君將御息所的左手拉到燈臺的燈火下仔細觀看。
「我記得妳是左撇子……」
御息所的左手食指尖有刀傷。
「啊！」
御息所叫出聲，想抽回手，卻抽不回。
因為光君使勁握住她的手，並低下頭，用嘴唇含住那根有刀傷的食指。
此時，光君的雙膝已落在繧繝緣榻榻米上。
瞬間，御息所的身體幾乎酥軟下來，卻又立即伸出右手抵在光君胸前。

「請不要這樣。」

她用力推開光君。

光君鬆開嘴脣時，御息所趁機從垂簾側邊逃至地板。

光君自後方摟住御息所。

他將御息所拉進懷抱中時，聞到一股罌粟香。

自拉門射進的尖細亮光，映在御息所的左眼至右頰上，看上去彷彿被一把利刃砍傷的痕跡。

兩人互相凝望。

「我會死。」御息所說。

光君放鬆雙臂的力量。

「看起來像是真的快死的樣子。」光君道。

即便如此，御息所仍在光君的懷抱中。光君已經放鬆力道，她若想逃，隨時可逃。然而，御息所沒有逃開。

「剛才您說過，您對昨晚那人仍很鍾情……」

「是。」

「這句話是真心的嗎？」

「是真心。」

「那麼，您對您的妻子不鍾情嗎……」
光君近距離俯視著橫躺在懷中的御息所。
「妳想讓我說出口嗎？」
光君微笑著。
「是。」
「我當然對她很鍾情。我對我的妻子，當然也很鍾情……」
「那麼，其他人呢？」
御息所問，並一一道出所謂「其他人」的女子名字。
這些名字中，不但有光君呼其為「空蟬」[2]的女子名字，也有光君呼其為「夕顏」的女子名字。
「是。」光君點頭，「妳說的人，我對她們都很鍾情。」
「真的？」
「是。」
「您在撒謊。」
「撒謊？」
「至今為止，您從來沒有真心愛過任何人，您就是這種人。」
御息所用雙手推開光君的身體。

---

2 原中納言兼衛門督之女，後嫁與伊予介為繼室。曾與源氏短暫交往，深知兩人身分差距，後堅決拒絕源氏求愛，留下薄衣一件如蟬蛻殼後離開，故名之。

力量不大。

不過，光君仍被推開了。

「您聞到了吧？」御息所說：「我身上有罌粟味……」

「聞到了。」光君點頭。

方才起就聞到罌粟香。

大概想去除這股罌粟香，所以房內焚燒著濃郁沉香，卻仍蓋不掉罌粟的味道。

「這味道去不掉。」

御息所說。

「無論我洗了多少次身體，無論我換了多少次衣服，這味道始終去不掉。這股罌粟味已經滲進我的體內……」

御息所的聲音比之前大。

「起初，我不明白這到底是什麼味道。不過，每天早上醒來時，我都會聞到這股味道，當我明白這股罌粟味的原因時，您知道我有多吃驚嗎……」

御息所凝望著光君。

「這股罌粟味，讓我理解了一件事：原來我每晚做的噩夢都是事實。五年前的那場夢，原來也是事實……」

光君只是默不作聲地聽著御息所說的話。

焚燒罌粟的目的，是為了祓除附在人身上的惡靈。
葵之上臥病在床時，也焚燒了罌粟。
御息所正是沾上了這股味道。
「夜晚睡覺時，我的魂魄會脫離肉體對別人作祟。我知道不能這樣做，我也認為這種事不該發生。可是，到了夜晚，又會發生同樣的事。我沒法阻止我自己。」
聲音變得高昂。
「既然如此，那就別無他法了。」
御息所伸手從懷中取出某物。
是一把短劍。
御息所用左手緩緩抽出短劍。
亮光映在冰冷的刀身上。
「能在最後一刻見到您，我很高興。」
御息所說畢，立即將刀尖抵上自己的咽喉。
「住手。」
光君抓住御息所的左腕，自她手中奪去短劍。
「請讓我死！」
御息所大喊。

「不，請您殺掉我。只要我死去，日後就不會再發生那種駭人的事吧？」

御息所的雙眸簌簌落下淚珠。

「不能死。」

光君望著御息所。

「妳內心棲息著如此深濃的痴情，既然活著時可以成為生靈，死後可能也會變成鬼魂去作祟別人。」

「您說的沒錯……」

御息所低語。

接著垂下臉，啜泣起來。

「只要我還活著，我會成為生靈去作祟，死後也會變成鬼魂去作祟吧。生為女人……不，大概是我生性如此……」

「妳儘管去作祟。」

光君說。

聲音很溫柔。

「妳儘管去作祟，沒關係……」

御息所抬起臉。

她以不解的眼神望著光君。

「妳所作的祟，全讓我來承擔。」

啊？

御息所茫然不解地仰頭望著光君。

「或許，那男人有解決問題的好辦法。」

「那男人？」

「是個名叫蘆屋道滿的法師陰陽師……」

光君說畢，再度問：

「話說回來，那個，到底是什麼意思？」

「什麼事？」

「猜謎。就是那個獸頭王的謎題。對方說，獸頭王邊哭邊喝著黃金杯內的黃金酒。」

「是我說的!?」

「是，昨晚說的……」

「我不記得。我不記得曾說出這種話。」御息所答。

二

仰躺的葵之上發出輕微的呼吸聲。

她身上蓋著一條薄被，看得出被子徐徐地上下起伏。

一旁，光君和蘆屋道滿相對而坐。

光君正描述完方才與六条御息所見面時的過程。

「果然如我所料……」

道滿聽完後，點頭道。

「果然如此。這麼說來，『那東西』和該女子不相關。」

「道滿大人，您說『果然』這詞，表示您一開始就知道了嗎……」光君問。

「嗯。」

道滿點頭。

「猜謎鬼附在這女子體內，借這女子的嘴，向我們出了一道謎題。攪起這女子頭髮的生靈，是在體外打算對這女子作祟之物。換句話說，這兩人，或者說，這兩者互不相關……」

「道滿大人，既然您在事前已知道二者不相關，為何又叫我前去見對方呢？」

「反正橫豎都得前去確認一下。再說，真正想去的人，不正是你嗎？如果我阻止，反倒不識趣……」

太陽已西傾，庭院的松樹影子伸長至地板。

傍晚即將來臨。

「那之後呢？」

道摩法師問光君。

「之後？」

「那女子，是不是又說了些什麼？」

「是的。」

光君點頭。

那之後，光君和六条御息所又提到其他事。

三

「對了……」

六条御息所似乎想起某事，目光朦朧地望向遠方。

「什麼事？」光君問。

「那時，現場似乎還有別人……」

六条御息所低語。

「別人？」

「當我的魂魄化為生靈在外徘徊時，本來就像在做夢般，一切都模模糊糊，許多事的記憶也不怎麼明確……」

「……」

「不過，我當時感覺好像有某人在某處一直望著我……」

「在某處是什麼意思？」

「在很深邃的地方。我只能這麼形容。假若是河川，應該是深淵，那深淵的形狀和顏色都很模糊，朦朦朧朧地搖晃著，我感覺有人在那深淵底部一直望著我……」

「那人是誰？」

「我不知道。雖然不知道，但我感覺對方很可怕、很駭人……」

「……」

「我想像不出異國之神到底是什麼樣子，但是，倘若非形容不可的話，對方就像異國的禍神，很可怕，又來路不明，我感覺對方好像在深淵底層一直望著我……」

六条御息所說完後，看似被自己說的話嚇到那般，全身縮成一團不停發抖。

四

「原來如此，異國的禍神……」

蘆屋道滿揚起嘴脣一端，露出一口黃牙。

「她大概看到極為奇異的東西吧……」

道滿微微發出痙攣般的喀喀笑聲。

「對了，我還沒問您一件事。」光君道。

「還沒問什麼？」

「有關那道謎題，道滿大人的謎底是……」

「我確實還沒說出。」

「今天早晨您說過，有一點很奇怪。到底是什麼事令您覺得很奇怪呢……」

「異國的禍神。」

「那只是一種比喻而已吧？」

「或許不能說那只是一種比喻……」

「什麼意思？」

「我們現在供奉的佛陀，原本不也是異國之神嗎？而守護佛陀的帝釋天、梵天，也都是來自天竺的神。有誰清楚在這個國家的何處潛藏著什麼異國之神嗎……」

「確實如此……」

「有人稱我為秦道滿。因為我身上有秦氏[3]血緣。而這秦氏血緣，追根究柢，也是在遠古時代來自異國的。只要血脈進來，亦即只要有人進來，那麼，其供奉之神也會隨之一起進來。神明進來，該神明的另一個陰影……也就是禍神，亦會跟著一起進來……」

「是。」

「另一點令我在意的是獸頭王……」

「獸頭王？」

「你說獸頭王是素戔嗚尊……亦即牛頭天王……」

「是。」

「雖然目前還不能證明到底誰的謎底正確，不過，這道謎題確實可以解釋為另一種謎底。」

「另一種謎底？」

「唔。」

「什麼謎底？」

「在我說明之前，我想先確認一件事。」

3 日本古代移民氏族集團，據說是秦始皇的後裔。

「什麼事？」

「你說過，你看得見它們。」

「它們？」

「昨晚，我在行反閇[4]時，從四周聚集過來的那些東西。」

「是。」光君點頭。

昨夜，道摩法師在此房內一面踏步一面念咒時，光君確實看得見從四周黑暗聚集過來的那些東西。

「那些東西，一般人是看不見的。你明白吧……」

「是。」

「你認為它們是什麼？」

「這……」

光君答不出話。

至今為止，從未有人如此直接地問他有關「它們」的事。

光君自幼就看得見「它們」。

只要入夜，那些聚集在黑暗裡的東西反倒能看得一清二楚。

有成形的，也有不成形的——各式各樣都有，但光君是在懂事後過了一陣子，才理解原來其他人看不見那些東西。

4 中國稱「禹步」，道士在禱神儀禮中常用步法，蓋兩足不相遇者，傳為夏禹所創，故名。其步法依北斗七星排列位置而行步轉折，用以召役神靈。日本稱「反閇」，神事中用以清淨場域。

「那些是什麼？」

光君曾問過乳母或其他人。

「你在問什麼？」

對方都只是莫名其妙地反問光君。

眾人都看得見四周的樹木、石子、流水、花草。因而光君起初認為「它們」也是大自然的一部分。然而，過了一段日子，光君才明白，原來「它們」和那些大自然的產物不同，並非眾人都看得見。

光君明白此道理之後，便不再提起「它們」的事了。

當然也不再向別人提出「它們」到底是什麼東西之類的問題。

「什麼都沒有啊。」

「少爺是不是做夢了？」

因為光君已聽膩了這類答話。況且，自從不提「它們」的事以後，也從未發生過任何不便。

直至五年前那時為止——

「我也不清楚它們到底是什麼。不過，對我來說，它們和那些自古以來就存在的石子或樹木、流水一樣，正如樹木等本來就存在那般，它們的存在也很正常，是大自然的一部分……」

「是嗎？」

「若非要問它們到底是什麼，我只能說，它們大概就是所謂『物氣』之類的東西……」

「原來如此……」

道滿點頭。

「你說的沒錯。它們的確是棲宿於物的東西，類似物體的氣。無論任何物體，都有它們的存在。就此意義來說，它們確實可以稱為『物氣』，或許也可以稱為『物靈』[5]……」

「您是說，任何物體都有？」

「是的。」

「那麼，例如人體，它們也棲宿在人體嗎？」

「嗯。」

「狗也有？」

「嗯。」

「連草和石子，或者例如那棵松樹都有嗎？」

「都有。」

「難道它們是類似生命的東西？」

---

5 「物氣」（物の気）與「物靈」（物の怪）的日文發音「もののけ」就是用作「怪物」的意思。

「是類似生命之物，卻又與生命不同。不過，你認為它們是大自然的一部分，這種想法很正確。」

「是。」

「它們吶，在沒有人類的地方，便只是『物氣』。」

「什麼意思？」

「在有人類的地方，它們會成為神祇。」

「神祇？」

「當人類看到它們，思及它們，它們便會逐漸成為人類所認為的該形象之神。例如四處都存在的那些迷神或雜靈，大部分都是它們形成的……」

「……」

「它們吶，如果和那些石子一樣，只是存在於該處的話，它們便只是『物氣』。但是，即便是石子，只要有人握住那石子，打算扔向其他人時，石子會變成什麼呢……」

「……」

「原本只是石子的物體，會變成武器，變成禍害之物，不但會傷害人，甚至會殺人。」

「我明白。」光君點頭。

「你說你明白，表示你過去有經驗嗎……」

「有一次，它們聚集成一團，化為妖鬼攻擊我們。那時，它們附在一名女子身上，結果那女子死了……」

「它們正是這類東西。」

「……」

「我不是說過了？人類怎麼看待它們，它們就會成為人類所想像的神祇。即便它們本來是無害的東西，但若有人傾心，經常念念不忘，它們便會成為禍神或鬼神……」

「……」

「它們很容易感應人類的氣息、人類的動作、人類的聲音、人類奏出的樂音或其他音色。因此，這世上也有人把它們當作神祇供奉……」

「是些什麼樣的人呢……」

「傀儡師、民間藝人[6]或咒師等。」

「是……」

「它們是棲宿神。是一種夙神[7]，也是守宮神，此外，我們操縱的式神，其實也是它們形成的。無論神祇或地名，那些被取為宿、夙、佐久、荒[8]等之類名稱的，都是同一根本……」

---

6 日文為「放下師」，即演出「放下」的藝人。「放下」是一種從「田樂」轉化而來的街頭樂藝，與猿樂有深厚關聯。

7 意指住宿在空地、河灘等無人之處的地主神。為下階層人、流浪者的信仰。「夙」、「宿」等日本古代皆指社會最低階層者所住之區域。

8 「宿」、「夙」、「佐久」、「荒」的日文發音都很相似。

「……」

「在天津神[9]降臨、國津神[10]出現之前，亦即在更遠古的時代深淵，便棲息於這個國家的神祇，正是宿神。它們在人類唱歌時出現，在人類打拍子時出現，人類奏樂時亦會出現，人類舞蹈踏步時也會出現。它們是所有眾神的母神……這正是宿神……」

「宿神和這次出現在謎題中的神有關嗎……」

「這個嘛，到底有關還是無關呢……」

道滿以唱流行曲調的語氣說。

「無論神祇或物氣，妖鬼或人心，在黑暗中看上去都是同樣形狀。有時很難區別，有時則形狀相同……」

道滿以試探的眼神望向光君。

「好，我們先來討論出現在謎題中的神……」

「是。」

「倘若那並非牛頭天王，你會解釋為什麼？」

「會不會是野豬頭……」

「哦!?」

聽了這句話，道滿大聲叫出，瞇起雙眼。

---

9 自高天原降臨的神祇總稱，天神。

10 出現在大地的神祇總稱，亦是天津神的子孫，地祇。

此時，太陽已落至西方山後，四周逐漸昏暗。
「太有趣了。你果非凡人。你解釋為野豬頭。原來如此，我完全沒想到會是野豬頭……」
「說起賀茂祭的起源，本來就是遠古時代的卜部[11]問卜之後的結果。據說，當時給馬繫鈴，人戴著野豬頭面具，騎馬奔馳……」
「你說的沒錯。此事記載於《秦氏本系帳》裡……」
道滿宛如目閱該書般誦念出口。

——其祭祀日，乘馬矣。蓋志貴島宮御宇天皇之御代，天下舉國，風吹雨零，百姓含愁。爾時，敕卜部伊吉若日子命卜之。奏曰，乃賀茂神祟也。故，撰四月吉日，馬繫鈴，蒙豬頭而驅馳，以為祭禮，令能禱祀。因之五穀成就，天下豐年。乘馬始於此也。

「這是《山城國[12]風土記》裡的一節吧。」光君說。
「沒錯。《秦氏本系帳》正是引用這節文章……」
志貴島宮御宇天皇——是欽明天皇（五三九年或五三一年即位）。
當時遭遇暴風雨，全國各地大鬧饑荒。

11 負責龜卜的部署，屬神祇官廳。

12 今京都府南部。

於是命卜部占卜。得出的結果是：

「這是賀茂神在作祟。」

為使賀茂神息怒，繫鈴於馬，並讓騎馬者戴上野豬頭面具馳騁，結果五穀豐稔，國富民安。

「為何戴上野豬頭面具呢？」道滿問光君。

「野豬是賀茂神，也是雷神……」

「你真是知識豐富。確實如此……」

道滿欽佩地點頭，接著道：

「賀茂祭本為秦氏讓給賀茂氏的祭典……」

「讓給賀茂氏？什麼意思？」

「賀茂氏比秦氏先住進山城國。秦氏是之後才來的。那時，秦氏招賀茂氏之子當女婿，以此結緣，雙方都住在此地……」

「然而，秦氏沒有親自祭祀統率此地的神，讓給賀茂氏主掌一切儀式。」

「是的。和你談話，不用說明太多，很輕鬆。」

道滿說。

「但是，賀茂神可以說是此地的土地神，秦氏為何不肯祭祀呢？」

「因為秦氏已經打算在此地祭祀其他新神吧？」

「新神是誰呢？」

「佛。」

「是廣隆寺[13]。」

「秦河勝[14]祭祀了廄戶大君賜予的彌勒佛，當作此地的新神……」

「不過，對此地來說雖是新神，但祂其實是遠古就存在的神祇……」

「是的。」

「話說回來，你知道廣隆寺的別稱嗎？」

「秦公寺，葛野寺……或是太秦寺吧？」

「你知道得很多，真是知識淵博啊。那麼，剛才你說的野豬頭祭神儀式和這回的事件，該怎麼串連呢？」

「御阿禮祭。」

光君從容不迫地答。

「哦！」

道滿深感興趣地探出身子。

「為何是御阿禮祭？」

「我向您說過我妻子和六条夫人之間發生過車爭事件……」

「嗯，聽說過。」

13 建於公元六〇三年，京都最古寺院。收藏日本國寶第一號「寶冠彌勒菩薩半跏思惟像」。

14 秦河勝相當於秦氏一族的族長，亦是聖德太子寵臣，負責建造廣隆寺。

「當天夜晚，賀茂社舉行了御阿禮儀式。」
「唔。」
道滿點頭。
在賀茂祭中，最重要的祭神儀式可說是御阿禮儀式。
是非公開的祕密儀式。
於正式祭禮前三天深夜，僅限一部分神職人員執行。
這是祕儀中之祕儀，知曉儀式過程的人極少。
只能從寥寥無幾的紀錄中得知一二，儀式過程似乎大約如下：
舉行祕儀的場為御阿禮所，設在位於上社[15]背後的神山山腳。
四周設有高大籬笆的「御圍」，中央擱著「阿禮木」（楊桐）和「御休間木」（杉木）。
當天深夜，宮司立於御阿禮所前，在神人[16]捧持的朱漆箭「矢刀彌」上，一面綁著幣帛[17]，一面口中反覆念誦「奉迎」、「轉移」之祝詞。
如此，在「御圍」中誕生的新神靈便會附在箭上。
之後，捧持朱漆箭的神人再從御阿禮所行至正殿，將神靈供奉在正殿中央已打開御扉的御帳台上，讓神靈遷移住下。
「該神祇是別雷神，也就是野豬的雷神……」

15 指上賀茂神社。
16 神社中的下級神職人員。
17 供神用具，在細木上紮有細長的紙或布。

「唔。」

「或許是該神祇因故而附在我妻子體內……」

「有道理，原來如此。這麼說來，謎題中的獸頭王指的是這位別雷神嗎……」

「不，我並非有確鑿證據，只是認為或許也能解釋為如此罷了。」

「你是說，賀茂神附在你妻子體內作祟，並出了一道謎題試探我們……」

「我沒有這麼說……」

「你正是這個意思啊。無所謂，無所謂。反正賀茂神本來就是作祟神。祂要是不高興，就會喚來暴風雨，是凶猛之神……」

「……」

「算了。總之，一切都看明天……」

「明天？」

「明天我帶你去。」

「去哪裡？」

「明天你就明白了。」

道滿說完這句話時，出現了搖曳的火光。

是惟光舉著燈火入室。

「已經入夜了，我來點燈火……」

惟光如此說，在燈臺上點燃燈火。

庭院已昏暗。

只有天空還殘留著微光。

光君和道滿正是在黑暗室內一直談話。

惟光退出後，光君和道滿兩人，在兩盞燈臺上搖晃的火焰亮光下，彼此互望。

「又是夜晚了……」

正當道滿低聲說出這句話時，事情即發生了。

本來在被子內熟睡的葵之上，身子竟然宛如浮現半空中那般，起身站在燈火亮光中。

被子輕飄飄地落在地板。

看上去毫無重量。

葵之上幾乎是用腳尖站在地板上，睜著雙眼望向兩人。

她嫣然一笑。

「真有趣……」

葵之上開口。

「我聽了你們的對話。」

她的聲調既像男人，又像女人。

「你們打算怎麼稱呼我呢？我到底是誰呢……」

「呵呵……」道滿微笑。

「再給你們一道謎題。」

葵之上掀起脣角。

「你說吧，我們洗耳恭聽。」道滿說。

「我只說一遍……」

葵之上說完後，伸出紅舌舔著自己的上下嘴脣。

「可憐的王在其中哭泣，悲嘆解不開繫緊的結。到底誰才能解開這結呢……」

葵之上說畢，輪流望向光君和道滿。

「你們猜得出嗎？你們猜得出嗎……」

她含笑閉上雙眼。

之後，葵之上飄然倒仰在地。

光君挨近俯視，此時，葵之上已發出輕微鼾聲了。

卷五

摩多羅神

一

光君和道滿並肩前行。

四周人聲嘈雜。

到處傳來小販叫賣聲以及買客的聲音。

有些小販在地面鋪著草席，再把蔬菜堆在其上；也有些小販把帶來的蔬菜直接擱在地面。

有人賣絲綢，有人賣筐子或水桶，也有人賣乾魚。

上空射下還未升至中天的陽光。

東市——

是販賣京城的生活必需品及雜貨的市場。

空氣中夾雜著各式各樣的聲音和味道。

道滿與光君正在這喧囂中步行。

「您昨天說要帶我去一個地方，原來是這裡。」光君道。

兩人走著走著，自然會引人注目。

飄然穿著白色狩衣的光君，以及全身髒汙不堪的道滿，令市場中的人均情不自禁投以好奇的視線。

畢竟在熙熙攘攘的東市中，罕見光君這種身分的人走在街上。

「沒錯。」道滿點頭。

昨晚，那之後便沒再發生任何事。

葵之上整夜都熟睡著。

然後今天早上——

光君進完早膳，和道滿一起離開宅邸。

「昨晚那件事……」光君說。

「那道謎題嗎……」

「是。」

「謎題怎麼了？」

「我一直在猜那到底是什麼意思……」

「猜出來了嗎？」

「不，猜不出。」

「應該猜不出。」

「道滿大人猜出來了嗎？」

「我也猜不出。」

可憐的王在其中哭泣，悲嘆解不開繫緊的結。到底誰才能解開這結呢？

「這道謎題中的繩結王，和第一道謎題中喝著黃金酒的王，是不是同一人物……」

「不知道。」

道滿仰望上空。

「你不用猜了。就算目前不明白也無所謂……」

「是嗎？不用猜嗎……」

「總有一天會明白。」

「是。」

「我們現在必須先查出附在女子體內的，到底是什麼神……」

「……」

「不知對方是什麼神，我們就無法祓除對方。」

「道滿大人也無法祓除嗎？」

「光是祓除的話，倒有辦法，只是，有可能給女子帶來危險……」

「是。」

「我們必須先查出對方到底是誰……」

「所以才來這裡嗎……」
「嗯。」
道滿點頭，接著問：
「笛子呢？」
「我帶來了。」
光君舉起右手貼在胸前。
剛才出門前，道滿說：
「笛子……」
道滿吩咐光君準備笛子，因此光君帶來了笛子。
「應該馬上用得到。」
「馬上？」
「就在那裡。」
道滿微微揚起下巴。
順著下巴方向望去，只見一群人聚在一起。

二

地點剛好在市姬神社[1]前。

鳥居旁有棵松樹。

松樹對面約二十四尺處，另有一棵松樹。

兩棵松樹之間懸著一條離地面高約十尺的繩索，有人站在繩上。而且那人只用右腳站著。

光著腳。

是名男子。

看上去年約三十出頭。

身上穿著粗劣衣服。衣服兩袖都從肩頭扯斷，露出健壯的雙臂。大概是故意扯掉兩袖的。

男子用右腳站在繩上，用左腳踢毬。

他用左腳腳背砰地踢了毬後，毬飛升至男子頭頂高處，然後落下。待毬落下，他再用左腳往上踢。毬飛至半空，再度落下時，男子又會往上踢。

自方才起，男子就在重複同樣動作。

四周擠滿了圍觀者。

1 市比賣神社，奉祀市場買賣守護神之神社。

「那是咒師的蜘蛛舞……」光君喃喃自語。

所謂咒師，意指幻術和妖術，也意謂使用幻術或妖術的人。

蜘蛛舞是咒師或民間藝人在繩索上表演驚險雜技之意。有時也包括金蟬脫殼之類的所有雜技。

「嗯……」

道滿應了一聲，在圍觀人群中止步。

繩索上的男子開始用右腳蹦跳。而且，他在蹦跳時，左腳依舊在踢毬。

落下的毬不偏不倚地停在男子的左腳上。之後，男子在繩索上往後翻轉一圈，再度用右腳站在繩上。

是翻筋斗——

而且用單腳在繩索上翻筋斗。即便如此，左腳上的毬也沒有掉落。

男子在繩索上翻筋斗時，圍觀者哇地叫出聲，看到男子連毬都平穩地站在繩上時，四周響起歡呼聲。

擊鼓聲隨著踢毬的動作而響。不，或許是男子和著鼓聲在踢毬。

在松樹下擊鼓的，是個年約十歲的少女。

少女前的地面擱著笊籬和盤子。

有名看上去五十多歲的男人在少女一旁負責述說。

每逢男子在繩索上表演特技時，男人會開口道：

「接下來是風車。」

「現在表演的是翻筋斗。」

他在向圍觀者說明雜技內容。

「接下來是唐國、天竺、本朝，三國合起來也僅有這位夏燒太夫辦得到的看家本領：倒翻筋斗。」

五十多歲的男人說完後，繩索上的男子即靜止不動，擊鼓的少女也跟著停止擊鼓。

「喝！」

男子發出叫聲，微微抬起左腳，上頭還擱著毬。

咚！

響起一聲比之前更響亮的鼓聲，接著，男子砰地把毬踢至比之前都高出一倍的半空，之後在繩索上翻了個筋斗。

男子站在繩索上時，用左腳接住落下的毬。

下一秒鐘，圍觀者即發出大叫。

「啊！」

因為男子的身體在繩索上大大地傾向旁邊。

正當眾人都認為「掉下來了」時，男子的身體已經掛在繩索上。

原來男子用右腳拇趾和食趾夾住繩索，撐住自己的體重。

左腳上的毬也沒有掉落。

他用腳趾和小腿夾住了毬。

此時，圍觀者才恍然大悟，方才那瞬間，男子看似自繩上掉落的動作，其實是他故意耍的特技。

擊鼓少女和五十多歲的男人都面不改色，從他們那副毫不在乎的神色看來，男子方才的動作確實是一種特技。

四周歡聲雷動。

乾魚和蔬菜被拋進擱在地面的笊籬中。

也有人把米粒嘩啦啦地倒入盤子。

之後，盤子中響起有人拋進堅硬東西的聲音。

是宋錢[2]。

負責述說的男人抬頭望向宋錢飛來的方向。

站在該處的人正是蘆屋道滿和光君。

2 中國北宋銅錢，十二世紀後半平清盛掌權時正式在日本流通。

三

表演蜘蛛舞的男子名叫夏燒太夫。

負責述說的男人名叫蟲麻呂，擊鼓的少女是青蟲。

三人在鴨川堤防上和蘆屋道滿、光君會面。

五人避開陽光，站在堤防上的一棵大柳樹下談話。

「原來如此……」

夏燒太夫開口。

「既然是道滿大人請託，我們也不能拒絕。可是……」

夏燒太夫望向光君。

「到時候，這位大人是不是也會在場？」

「嗯。」

道滿點頭。

「不過，這和我們的祕儀有關，除非必要，不能讓其他人觀看……」

說此話的是負責解說雜技節目的蟲麻呂。

「從衣著看來，我們也明白這位大人身分很高，請問到底是何方人士……」

「他正是在前些日子舉行賀茂祭時，擔任新齋院敕使的源氏大將大人……」

「哦，原來這位就是……」

蟲麻呂退後半步，重新望向光君。

「雖然不能詳細說明緣由，但我拜託你們進行的儀式，和這位大人有關……」

道滿說。

「可是，這回的儀式非常危險，若讓外行人在場，很可能會導致失敗。」

夏燒太夫以挑釁的眼神瞪著光君。

「你放心，這男人看得見。」

「看得見？」

「他看得見宿神，是我們的同類。你不用擔心。」

「夏燒太夫啊，道滿大人的意思是沒問題。我們就相信道滿大人吧……」

蟲麻呂從中勸解。

「笛子……」道滿說。

光君默不作聲，從懷中取出用錦緞裹住的東西，再解開打結的繫繩。

裡面出現一支龍笛。

是竹製的橫笛。

除吹孔外，另有七個音孔，又纏上劈成細條的櫻樹樹皮，再塗上漆。

靠近吹孔處有兩個類似雨滴的紅色圖案。

「真是支好笛……」蟲麻呂歎道。

「你吹吹看……」道滿說。

「是……」

光君面向河川，望著因反射陽光而發亮的河面，之後將紅脣貼在吹孔，閉上雙眼。

瞬間，龍笛滑出流暢璀璨的音色。

「哦……」

夏燒太夫發出叫聲。

那是種宛如可以看得見顏色的音色。

此龍笛用在吹奏雅樂時，會和有「大地的回音」之稱的篳篥音色纏綿，並與有「天光」之稱的笙音一同飄舞。

據說，龍飛升時發出的鳴叫聲，正是龍笛的音色。也因此得名。

笛音乘著微風，在河面蕩漾，繼而逐漸傳至天地間。

光君四周的柳枝在搖曳。

光君似乎已經溶入大自然的現象中。

此時——

光君的腳下輕盈地浮出一物，約人頭大小，外形似泡沫。

不只一顆。

有的大如拳頭，有的小如石子。

輕飄飄地。

輕飄飄地。

那些如泡沫的東西接二連三浮出，在半空飄蕩，若彼此相碰，會合成一個大泡沫，之後再和其他泡沫重疊，形成更大的泡沫。

泡沫比春霞更朦朧，依稀可見，只要轉移視線，頃刻便可能看不見，但道滿、蟲麻呂、夏燒太夫和青蟲，似乎都看得見。

而且，同樣東西也從垂柳枝的每片葉子中如霧般浮現。

葉尖各自浮出針尖大小、類似水滴的東西——

那些東西離開葉子，霧氣般地飄浮在光君四周。

那本來就是常人看不見的物體。

一和——

一進——

「這……」

光君的氣息自由自在地織出音色。

夏燒太夫發出叫聲。

「太美了……」

青蟲輕聲道。

不久，光君停止吹笛，嘴脣離開笛子，睜開雙眼。

浮在半空的泡沫也逐一變小，溶入大氣般消失了。

光君看似在觀看此光景。

他顯然看得見那些東西。

「你真的看得見……」夏燒太夫說。

「自幼就看得見……」光君答。

「我們從小就聽說有那種東西存在……亦即宿神，但只有少數人有機會親眼目睹……」

蟲麻呂以讚美的眼神望著光君。

「這樣就行了吧？」道滿笑出，接道：「還有，我想問你們一件事……」

「什麼事？」蟲麻呂問。

「有關太秦寺……」

「太秦寺怎麼了？」

「那邊是不是供奉摩多羅神[3]……」

「嗯，那當然。」

3又作摩怛羅、摩都羅。來源不明，傳為日本天台宗慈覺大師圓仁自唐返日本歸途中，於船上所感得之神。念佛之人臨命終時，受此神守護，可得正念而往生。其像為頭戴唐制之襆頭，身著日式狩衣，兩手擊鼓；其左右之童子，頭頂風折烏帽，手持赤竹葉與茗荷，作舞蹈狀，又其頂上之雲中描有北斗七星。

「摩多羅神是佛的背面神。叡山常行堂的後戶之神[4]，正是此尊摩多羅神……」

「這還用說。您到底想說什麼……」

「你們聽說過太秦寺的背面神嗎？」

道滿說畢，妖聲笑出。

「太秦寺的背面神？」

「也可以說是太秦寺真正的神。是秦氏帶來的異國神，至今始終隱藏其真面目的神。」

「我聽說過……」

夏燒太夫說。

「可是，我不知道那到底是什麼神。沒有人知道真相……」

「真的沒有人知道真相？」

「……」

「應該有人知道吧……」

「太秦寺的住持或許知道……」

「你們幫我查一下好嗎？」

「我們!?」夏燒太夫道。

4 後戶之神指安置於佛堂背後入口的神，相當於護法神或根源神。京都比叡山延曆寺西塔常行堂又稱「常行三昧堂」。本堂後有小祠，祠中供奉摩多羅神。故相對於本尊，稱此神為「裏戶之神」或「後戶之神」。因是祕佛，一般無法得見。

「難道你以為我不知道你們的兼職嗎……」

「……」

「是我道滿的請託……」

「明白了。我們試試看。不過，去接觸異國神，可能會帶來危險。」

「可能吧。」

「因為那裡的神官另有別樣身分……」

「我想也是。」

「萬一有危險，我們會立刻抽身。」

「那當然。」

道滿收回下巴，點了兩次頭。

卷六

阿哇哇十字路口

一

有個地方名叫「阿哇哇十字路口」。

是二条大路和大宮大路交叉的十字路口。

四方分別為大內東南角、神泉苑東北角、冷泉院西南角、木工町西北角。

道滿和光君正站在阿哇哇十字路口。

深夜——

月亮已掛在西方上空。

蒼白月光射在十字路口，在地面投下兩條黑影。

「他們大概快來了……」

道滿喃喃自語。

他們——指的是夏燒太夫、蟲麻呂、青蟲三人。

「大將大人啊……」道滿開口。

「是。」

「今晚我們將遇見的東西，和之前遇見的那些東西不大一樣……」

「什麼地方不一樣呢……」

「很危險。」

「危險？」
「你千萬不能表露出害怕的樣子。」
「如果表露，會怎麼樣呢？」
「人類恐懼的感情是它們的糧食，它們正是吃這種感情而成長……」
「吃？」
「我們愈害怕，它們就會變得愈危險。」
「……」
「只要我們內心認為可能會受攻擊，它們就會攻擊我們。」
「是。」
「就算我們毫不在乎，有時它們也會擅自攻擊……」
「攻擊我們嗎……」
光君微笑道。
「你為什麼笑？」
「我笑了嗎？」
「嗯，笑了。」
「那應該真的笑了吧。」
「為什麼笑？」

道滿再度問同樣問題。

「我覺得很好玩。」

光君說畢，再度微笑。

「好玩嗎……」

「是。我老早就很想親眼看看百鬼夜行的樣子……」

「你好像很高興。」

「以前就聽說這個阿哇哇十字路口會出現百鬼夜行。我也聽說，藤原兼家大人的尊翁藤原師輔公，往昔曾在此地遇見百鬼夜行。據說當時師輔公拚命念誦《尊勝陀羅尼》，才得以脫險……」

「自古以來，道路和道路交叉的十字路口，正是現世和陰間的分界線。無論人或『物』，或是神祇，有能力往返的僅限少數……」

道滿興味盎然地望著光君。

「你知道阿哇哇十字路口的起源嗎？」道滿問。

「不知道。」

「這個『阿哇哇』發音，寫成文字即是『粟粟』。是粟田氏的『粟』……」

「粟田氏[1]……是和八坂氏結緣的那個老氏族嗎……」

「沒錯。八坂的神祇素戔嗚是牛頭天王……牛頭天王喜歡吃粟……」

---

1 粟田氏為古代和珥氏之後裔氏族，以山背國（今京都府南部）為根據地。

「是那位牛頭神祇吧。」

「此外，阿哇哇的發音也可寫成『鴨波』。『鴨』指賀茂氏，『波』是『波多』，『波多』正是指『秦氏』[2]。我之前說過，賀茂氏和秦氏結緣後，各別祭祀不同神祇……」

「是。」

「簡單說來，『啊哇』就是賀茂氏和秦氏結緣成同族的地名。正是此地……」

「此地？」

「不，正確說來，不是這兒。」

「不是這兒？」

「你知道這附近……冷泉院池塘中小島祭祀的石神嗎……」

「知道。」光君點頭。

冷泉院池塘中的小島祭祀著火神，名為石神——是一塊六尺餘的巨大岩石，光君也知道此事。

「明確說來，賀茂氏和秦氏是在石神前結緣的。」

「那麼，也可以說是在此地結緣……」

「不不，其實那石神原本不在冷泉院。」

「那原本在哪裡呢？」

2日文中「鴨」與「賀茂」同音，「波多」與「秦」同音。

「在五条堀川某位大人宅邸的庭院……」

「我想起來了。是善宰相，三善清行大人的宅邸。」

「沒錯。」

三善清行——是漢學者。

二十七歲成為文章生[3]，翌年被選為文章博士候補生。

他曾參加過一次官吏考試，卻落榜。當時的考官是菅原道真。

三善雖是學者，但精通陰陽道，而且看得見非現世之物。其八子，是淨藏上人。

「當時住在結合賀茂氏與秦氏那塊岩石之處的人，正是三善清行……」

「是。」

「據說宅邸會出現怪物，清行趕走怪物後，就住進了宅邸。」

四、五十名身高約一尺的武者，騎著馬在宅邸內奔馳；另有嘴長獠牙的女子打開土壁房的門扉出來，這一切，清行均泰然自若以觀之。

「趕走了各式各樣的怪物後，最後剩下一名身穿淺黃色禮服的老翁。你知道這名老翁是誰嗎？」

「應該是那塊岩石的精靈吧？」

「是的，正是那塊岩石的宿神。」

3 在大學寮專攻文章道的學生，相當於現代的大學文科。大學寮隸屬於文部省，專門培育官僚。

「原來如此……」
「岩石雖是岩石，『石』的發音和『宿』相通，所以石神正是宿神……」
「那位宿神的外形是名老翁？」
「嗯。」
「這麼說來，是清行大人將那名老翁，亦即岩石，移至冷泉院……」
「應該是吧。」
道滿點頭。
「那名身穿淺黃色禮服的老翁，與岩石一起神移至冷泉院後，也曾被抓到過一次。」
道滿道。
時值夏令——
某人在冷泉院西對屋的沿廊[4]睡覺，突覺有人在摸自己的臉。對方是名身穿淺黃色禮服的老翁，高約三尺。該人假裝熟睡，暗地觀看摸自己的臉的老翁。那老翁摸了該人的臉後，走下庭院，行至池畔，消失蹤影。
這種怪事持續了一陣子，最後終於逮到那名老翁。
據聞，身穿淺黃色禮服的老翁被綁縛後，說道：
「啊，我想喝水……」

4 原文為「緣側」，日式住宅邊緣的長臺，與外界以落地窗隔開，形同走廊。

家僕端著一碗水給老翁，老翁即刻喝光，並說：

「再給我水。」

家僕乾脆提著一桶水給老翁，老翁也立即喝光，並催促：

「再多給一些，再多給一些，再多給一些水……」

家僕帶著老翁來到盛滿了水的盆子前，老翁興高采烈地說：

「哦，是水，是水。」

身上綁著繩子的老翁如此說後，即撲通跳進盆內。

瞬間，老翁溶化在水中，消失蹤影，盆內水面只浮出老翁身上穿的淺黃色禮服，以及綁縛的繩子。

「真是不可思議……」

「正因為有這位石神的存在，這個十字路口才和一般的十字路口不一樣。百鬼之所以會在此地鬧哄哄地夜行，也是因為這兒祭祀著石神……」

「換句話說，是神祇祭祀著另一位神祇……」光君喃喃自語。

「哦，來了……」

道滿望著西方說。

光君轉移視線，果然望見從西方順著二条大路逐漸挨近的三條人影。

是蟲麻呂、夏燒太夫、青蟲三人。

「讓您久等了，抱歉，因為我們需要準備……」
蟲麻呂瞄了一眼青蟲。
光君望向青蟲，微微高聲叫出：
「哦……」
青蟲——少女的臉龐以及自窄袖便服露出的纖弱手臂，甚至連雙腳都紅得在夜裡也能辨認。
「我們給她塗上丹砂。」夏燒太夫說。
月光中，只有少女的雙眸發出青光。
「天一神[5]西渡的時刻即將到了。我們開始吧。」蟲麻呂道。
「嗯。」道滿答。
「青蟲，要開始了……」夏燒太夫說。
青蟲默不作聲地脫下窄袖便服，扔在腳邊。
她一絲不掛。
「唔……」
光君的視線會被青蟲吸引也是人之常情。
因為不僅臉龐、手臂、雙腳，連微微隆起的乳房和腹部、臀部、胯下都塗上了丹砂。

5 為陰陽道中的方位神之一，掌管人的禍福，堵塞凶位。是地星之靈。

「耳孔、鼻孔、屁股眼……連陰道都塗了……」
蟲麻呂望著光君，嘻、嘻、嘻地低聲笑道。

二

二条大路和大宮大路交叉處——
全裸的青蟲盤坐在阿哇哇十字路口中央。
青蟲雙手合十，閉著眼睛。
除了頭髮和雙眼，其他部位都塗上朱砂，全身通紅。沐浴著月光，看似深紫色。
蘆屋道滿在青蟲四周緩慢地踏步繞圈子。
他先跨出左足，再跨出右足踏在左腳前，接著跨出左足並在右腳旁。
是禹步。
古代中國夏朝第一代君主是禹。
禹綏靖大地，治水平息其怒氣時，所用的步法正是禹步。
避疫或避禍時，都行禹步。
仙道書《抱朴子》[6]記載：

6東晉時葛洪所著，分內外兩篇，後為道教經典。外篇是葛洪生平自述、談論社會上各種事情，而內篇是葛洪對道家思想和丹道修鍊方法的闡述。引文即出自內篇。

或禹步呼直日玉女，或閉氣思力士，操千斤金鎚，百二十人以自衛。

前舉左，
右過左，
左就右，
次舉右，
左過右，
右就左，
次舉左，
右過左，
左就右。
如此三步，當滿二丈一尺，後有九跡，刻於大地。
「是反閇。」
蟲麻呂在光君耳畔低聲私語。
陰陽師稱「禹步」為「反閇」。
道滿一面施行禹步，一面口中喃喃念誦咒文。

每踏出一步，左右手掌也跟著輕盈飄舞，有時向上，有時向下。
其間，夏燒太夫則坐在地面擊鼓。
當道滿的腳掌踏在地面時，鼓聲便會響起。
繞了三圈，道滿止步。
「進來吧……」
道滿低聲說，夏燒太夫和蟲麻呂步入道滿用禹步作成的結界內。
「你也進來。」
經道滿催促，光君也和道滿一起跨進結界。
道滿、夏燒太夫、蟲麻呂、光君，四人圍著青蟲，面向東方而立。
月亮已升至中天。
五條黑影落在地面。
「笛子。」道滿說。

三

笛音在風中縹緲飛揚。
或許是笛音所致，風，在月光中看似閃閃發光。

咚、

咚、

鼓聲響起。

光君吹笛，夏燒太夫擊鼓。

道滿和蟲麻呂合著笛音和鼓聲，踏著地面舞蹈。

只是，不知能不能形容其為舞蹈。

既是人，又非人——

若要舉例來說，就像狗如人類般用後肢站起，並特意模仿人類似地晃動著手腳——他們跳的正是這種奇異的舞蹈。

有時，兩人的雙手會貼在地面，如狗那般用鼻子搓著地面。

兩人已持續了一陣子同樣動作。

「好像來了……」

道滿邊舞邊低聲說。

「繼續吹。除非我叫停，你絕不能停止吹笛……」

光君本就無意停止吹笛。

自己吹出的笛聲和夏燒太夫的鼓聲，以及道滿和蟲麻呂的舞蹈，都讓光君覺得十分愜意。

奇異的舞蹈和樂音形成一種不可思議的協調。

光君看著兩人的舞蹈，雖然仍不大明白，卻也漸漸理解其效用。

看來，道滿和蟲麻呂正在以舞蹈方式表演那些──例如棲宿於現世與彼世之間的陰魂或妖物──受優美樂音吸引而出現在此地的異物。

有趣……

光君一面吹笛，一面興致勃勃地暗忖：他們到底打算做什麼呢？

道滿正是在此刻叫喚了光君。

光君明白道滿所指為何。

因為光君也看得見那物體。

那物體看上去像一團淡薄光雲。

朦朦朧朧地，看似青色又看似綠色的煙霧──

光君看到二条大路東方遠處出現一團模模糊糊的霧氣。

那霧氣如爬行般，在地面低處移動著。

正在朝這邊挨近──

霧氣中，看似有各式各樣的東西在蠕動。

霧氣逐漸挨近。

接著，和著笛音和鼓聲，傳來一陣聲音。

砰……
砰……
砰……
聲音也逐漸挨近。
聲音愈挨近，光君也看得愈清楚。
砰！
每逢聲音響起，便有個閃閃發光的東西自霧氣中躍起，再掉落。
掉落後，又會響起「砰」一聲，霧氣中再度躍出那個閃閃發光的東西。
那東西落下後，會再度「砰」一聲地躍出。
同時，也傳來另一種聲音。
「喔……」
「呀卡……」
「阿哩……」
是毬。
原來有人在踢毬。
光君往昔曾聽過同樣聲音。
五年前——

大概在河原院。

「是秋園、春楊花、夏安林……」

道滿說。

「他們是毬精……」

道滿低語。

聽到這句話，光君終於想起一件事。

據聞，很久以前，某人為了許願，每天踢毬，持續踢了千日，從未休息過一天。這期間，一次也沒有接漏了毬。

結願當天夜晚，那人祭祀毬並誦經，爾時，出現三名如猴子的童子，自稱：

「我們是毬精。」

三名童子拂開覆在前額的瀏海，額上各自寫著三個名字：

「秋園。」

「春楊花。」

「夏安林。」

「秋園」正是「喔」，「春楊花」是「呀卡」，「夏安林」則為「阿哩」[7]——據說三人的名字和踢毬時的吆喝聲對應。

光君思及此事時，發現道滿正以嚴厲眼神望著自己。

7「秋園」發音為「shu-en」，「春楊花」為「shun you ka」，「夏安林」為「ge an lin」。

那眼神的意思是催促光君繼續吹笛。

光君於是繼續吹笛。

過一會兒——

光君看見了。

逐漸挨近的那團霧氣，最前列有白色的小物體在動。

是身穿白色公卿便服，大小如猴子的童子。

童子正在踢一顆毬。

「呀卡。」

「阿哩。」

「喔。」

是三名身穿白色公卿便服、猴子般的童子。

接著，光君看見童子身後的霧氣中出現眾多妖物。

用兩隻腳步行的狐。

學人類身穿窄袖便服的狸。

獨眼妖僧。

用獨腳一蹦一蹦跳著的火盆。

長著雙翅的貓。

人頭蜈蚣。
從人頭耳孔伸出舌頭般的東西，在地面爬行的蝸牛。
走動的門板。
有兩個屁股的山豬。
九個乳房的全裸女子。
「咩……」
「咩……」
哭聲如人類嬰兒的鹿。
長出手腳的破缸。
後腦勺有另一張臉龐的女子。
無以數計的妖鬼群。
在這群夜行百鬼的中央，有妖物負責抬轎。
是如狗般大小的巨大蟾蜍。
盤坐在轎子上的則是另一個妖物。
是個一歲左右的全裸赤子。
群鬼步入阿哇哇十字路口，在光君一行人面前止步。
在最前列踢毬的童子也停止踢毬。童子之一懷中揣著毬。那是有金銀絲線刺繡的毬。毬被踢高時，之所以在霧氣中閃閃發光，大概是金銀絲線的顏色所致。
道滿和蟲麻呂早已停止舞蹈。
夏燒太夫也不再繼續擊鼓，光君亦停止吹笛。
只有青蟲依舊盤坐在地面，雙手合十，緊閉雙眼。
身穿窄袖便服的狸用兩隻腳走近，接著看似觸到某種物體而止步。
正是道滿方才用禹步結成的結界邊緣。
「呀呀呀，這兒好像有刺，進不去……」
「哪裡？哪裡？」
用兩隻腳步行的狐走過來，同樣在狸身邊止步。
「果然有，果然有。這兒有刺擋著，進不去。」
獨眼妖僧站在狐身後。
「到底是誰？竟然膽敢擋住我們主人的去路。」
獨眼妖僧自結界上方俯視內側。
「有個紅色女童，三名男子，還有個怪老頭子。」獨眼妖僧說。
「咦？這個老頭子，我好像在哪裡見過。」狐道。
「哦，的確好像在哪裡見過……」
狸答。

「這傢伙，正是之前來冥界把我們鬧得團團轉的那個老頭子。」

「對呀，正是他……」

頭部前後都有臉的女子用兩個嘴巴輪流說。

「那不是蘆屋道滿嗎……」獨眼妖僧開口。

「噢，正是他。」

「是道滿。」

「既然是他，我們把他吃掉算了。」

「吸吮他的眼球。」

「連皮帶骨都吃掉。」

眾妖鬼異口同聲地說。

「可是，進不去。」

「嗯，進不去。」

妖鬼們逐一群集過來。

道滿只是奸笑地望著群集過來的眾妖鬼。

「誰說是道滿……」

妖鬼背後響起喝聲。

原來是坐在轎子上的赤子，以奇異的老成聲音發問。

蟾蜍們放下轎子。

「讓我看看。」

全裸赤子起身，下轎。

群鬼向左右閃開。

赤子東搖西擺地走近。

正如剛學會走路的幼兒那般，他的步伐看似隨時都會跌倒。

光著腳。

胖嘟嘟的白皙小腳踏著冰涼地面一步一步地走近。

赤子走至結界前，止步，伸出手。

指尖觸及結界時，發出青光。

「是這個嗎……」

赤子以老成的聲音說，再倒退走。

他把禹步倒過來踏。

他按照道滿等人踏過的禹步步伐反序逆行，從腳跟起步入結界。

夏燒太夫倒抽了一口氣，蟲麻呂則嚥下一大口唾液。

「哇，不愧是咱們的主人……」

「竟然破了結界……」

妖鬼群發出驚嘆。
赤子轉了一圈，面向光君一行人。
臉上掛著溫柔笑容。
雙眼細長得像一條縫隙，嘴唇很紅。
咧嘴笑開的嘴脣中，沒有牙齒。
「怎麼了……」
赤子以老成的聲音說。
他仰望著蟲麻呂和夏燒太夫的臉龐。
「你們在發抖嗎……」
赤子突然膨脹起來。
「你們是不是在擔心很可能被我吃掉……」
赤子那口本來沒有牙齒的嘴，噗地從牙齦長出一顆尖銳的小白牙。
「我有那麼可怕嗎……」
突！
突！
犬齒愈來愈長，赤子的身體也驀地高大起來。
「天一神大人，笛音令您滿意了嗎……」此時道滿出聲問。

「哦，道滿。你是那個身為人類，卻能在現世和我們的世界之間來來去去的禍人……」

「久違了。」

「道滿，你今天逃不掉了。」

「我不逃。」

「是嗎？」

「如果我打算逃，怎麼可能會在這種明知您會路過的時刻，特地在此地等候呢？」

「哼哼……」

赤子以試探眼神望向道滿。

「你是不是又打算說些莫名其妙的話來誆騙我們……」

赤子緩緩移動視線，望向光君。

「這位年輕人，身上似乎有高貴血統的味道……」

「方才吹笛安撫您的，正是他。」

「是嗎？原來那笛音是你吹的……」

赤子——天一神說。

「是。」光君點頭。

「很奇怪……」天一神道。
「天一神大人，什麼事很奇怪？」道滿問。
「這傢伙，不怕我們。」天一神望著光君，說道：「他好像很高興。」
「是。我很高興。」
光君望著天一神，露出微笑。
「你的笛音很好聽。像風，卻又不是風。雖然風聲也很美，但你的笛音裡似乎棲宿著另一種風聲沒有的東西……」
「……」
「我問你，樂音……音樂何謂也……」
天一神發問，光君沒回答。
「是啊，何謂音樂呢……」
光君將問題丟回給天一神。
他明白天一神打算主動說出答案。
「有些情感，人類無法用語言形容……」
「是。」
「無法用語言形容的心，只能用音樂代替……」
「是。」

「優美語言和優美音色，正如蜂蜜和奶汁那般，能湧出美味……」

「倘若樂音是一種隱藏的神祇……」光君道。

「哦……」

「隱藏的神祇……亦即神祕的餘韻，正是所謂的樂音吧？」

「我問你一個問題。」

「請便……」

「你剛才演奏的樂音，此刻在哪裡？樂音消失於何處？」

「不，樂音沒有消失。」

「什麼!?」

「樂音回來了。」

「回來了？回到哪裡？」

「回到神祇身上。無論任何樂音，在這現世被演奏出來的所有樂音，都會回到神祇身上。」

「你們人類稱呼我們為神祇。這麼說來，你此刻所說的神祇，指的是與我們同類的神祇嗎？」

「……」

「我們本就與此天地同壽。沒有形狀，沒有名字，存在於物體和物體的交界處，只是輕飄飄地浮動著。可是，遠古之前，不知自何時起，你們人類開始祭祀我們，為我們取了名字，你們人類愈畏懼我們，我們便會變成愈可怕的存在，變成你們人類所期望的存在，最後具有能在天地間行動的能力。是你們人類在祭祀我們，倘若你們人類在這天地間消失，我們也會陸續消失……」

「這麼說來，您的存在和樂音或笛音一樣……」

「怎麼說？」

「我不知道該如何區別我剛才說的神祇與類似你們這般存在的神祇。不過，我們人類和這世上將誕生，或已誕生的所有生命，應該都是我剛才所說『神祇』的存在……」

「有趣。」天一神答。

天一神又轉頭面向道滿說：

「道滿啊，這男子，很有趣。看在剛才他吹笛的分上，我就讓你騙一次吧。你到底有什麼要求……」

「這男子的妻子，被莫名其妙之物附身了。我查不出對方到底是誰。」

「道滿，連你也束手無策嗎？」

「是。」

「你要我做什麼？」

「我負責帶路，勞煩您進入這男子的妻子體內，幫我們查一下附身之物到底是何方神祇……」

「無論是何方神祇，只要是我們的同類之一，此事應該不難。我該怎麼做？我們有我們固定的通行道。今晚的通行道已於事前決定了，不能偏離這條道路……」

「我明白。」

「那該怎麼辦？」

「我們已經準備好乘坐物。」

「乘坐物？」

「正是那名女子。只要您附在那女子身上，我們也可帶領您走另一條道路……」

「是嗎？」

天一神望向青蟲。

青蟲依舊盤坐地面，雙手合十，緊閉雙眼，看不出她到底知不知道此刻自己四周正在發生的事。

「好，那麼，道滿，你帶路吧……」

外貌如赤子的天一神，東搖西擺地走向青蟲。

當眾人以為天一神即將撞上青蟲時，天一神卻若無其事地步入青蟲體內，消失蹤影。

「我們上路吧……」

道滿低語，青蟲搖搖晃晃地起身。

巻七

大酒神

一

道滿念誦咒語的低沉聲音響起。

葵之上仰躺在被褥內熟睡著。全身塗上紅色丹砂的青蟲，一絲不掛地躺在葵之上身邊。

燈臺上燃燒的火焰，在兩人身上妖異地搖來晃去。

光君坐在道滿右側，注視著眼前的一切。

夏燒太夫和蟲麻呂則坐在稍遠之處。

偶爾，葵之上的身體會略微一動。這時，青蟲的身體也會隨之略微一動。葵之上的左腕動時，青蟲的左腕也立即跟著動。看來，兩人的身體是連動的。

葵之上的體內似乎發生了某事。

葵之上微微發出呻吟，青蟲也微微發出呻吟。有時兩人會同時發出呻吟。

過一陣子，道滿終於停止念咒。

蓋在葵之上身上的被子，突然冒出個赤子頭顱。宛如自水中浮出水面那般，一張臉孔出現。赤子雙手撐住被子表面，抬起腰身，再依次舉起右腳和左腳，赤子——天一神站起身。站在葵之上身上蓋的被子上。

天一神一步一步從葵之上身上走下來，望著道滿和光君。

「怎麼樣……」道滿問。

「不清楚……」天一神答。

「什麼都沒有嗎……」

「說沒有……確實也什麼都沒有。可是，總覺得有點怪……」

「什麼地方怪？」

「只能說，太乾淨了。道滿啊，這應該是你徹底祓除了所有『東西』後的結果，但是，還是說不過去……」

「說不過去？」

「這世上有毫無一點灰塵，毫無一絲汙垢，毫無一處骯髒的房子嗎……」

「應該沒有吧。」

「如果將這女子比喻成房子，她正是這種房子。所以我才覺得有點怪。」

「原來如此……」

「這問題，應該去問其他的『東西』，而不是來問我……」

「其他的『東西』？」

「你不用裝糊塗。你應該也早就察覺到了吧。是太秦寺。你去問那兒的大酒神或許比較適合……」

「太秦寺，指的是……廣隆寺嗎……」

「是秦的神。你應該明白。」

「是摩多羅神吧？」

「沒錯。」

「這點，我早已考慮過了。」

「佛也好，摩多羅神也好，祂們原本都是異國神。不過，無論來自何方的神，其本質都是當地的宿神。只是，祭祀者為祂們取了各式各樣的名字，祂們才會成為祭祀者所期望的神……」

「是。」

「太秦寺祭祀著此地最古老的宿神和最新的宿神。你把那個謎題拿去問寺內的異國神，或許能得出答案……」

「……」

「萬一仍問不出……」

「問不出的話，該怎麼辦？」

「讓那個年輕人表演六十六番物真似[1]不就解決了……」

天一神望向光君。

「表演六十六番物真似？」光君問。

「喂，年輕人，你去問秦道滿……」

---

1 指「六十六番猿樂」，「物真似」為「模仿某物」之意。傳説聖德太子於國情不穩時，將自己雕成的面具與作成的六十六番曲授予秦河勝命其舞之，祈願天下太平、萬民安康，並為將此曲傳與後世，取去「神」的「示」字旁命其名為「申樂」，為猿樂之根本。即今日能樂與狂言中「翁」、「式三番」源頭，相當於祈求吉祥的神事。

「……」

「如果真要表演六十六番物真似，我會去。我也想親眼看看。太有趣了，真令人期待……」

天一神笑道。

「道滿啊，我要再度進入那女子體內，你帶我回十字路口……」

「遵命。」

「結果我沒幫上忙。」

「不，您不但親眼看了，也證明什麼都沒有，光這點就幫了我們很大的忙。」

「那，我走了……」

天一神說完，跨前一步，進入青蟲體內。

二

當天——

頭中將前來拜訪光君。

頭中將一抵達，立即叫光君摒退所有人，房內只剩兩人。

「我妹妹情況怎樣？」頭中將首先問。

「還是一樣，不見轉好。」光君微微搖頭。

「道摩法師大人呢？難道連他也沒法解決？」

「目前正在嘗試各種方法……」

「這件事啊……」

頭中將把臉湊近光君，壓低聲音說。

「怎麼了？」

「就是道摩法師大人的事。」

「道摩法師大人怎麼了？」

「我聽到很多有關他的風聲。」

「是嗎……」

「而且都不是什麼好風聲……」

「這點，我在事前就知道了……」

「不，就算你在事前已知道，也是……」

「也是怎樣？」

「這事好像傳到皇上耳裡了。」

「傳到皇上耳裡，又會怎麼樣？」

「皇上似乎覺得不大愉快。」

「你怎麼知道皇上覺得不愉快？」
「聽說是皇上親口說的。」
「皇上親口向你這樣說？」
「不是。」
「是誰聽皇上如此說的？」
「右大臣藤原物言大人。」
「物言大人!?」
「皇上不知從誰那兒聽說，得知你和道摩法師大人兩人在調查廣隆寺一事。皇上似乎對此覺得不大愉快……」
「是皇上親口對物言大人這樣說的？」
「是的。」
頭中將點頭。
「所以物言大人命我來向你忠告一句。」
「叫我放棄醫治妻子的病？」
「不，是叫你不要和道滿大人太接近。」
「難道還叫我不要去調查廣隆寺的事？」
「嗯。」

「這是皇上的想法或物言大人的想法嗎？」
「什麼意思？」
「我是說，是不是有人向皇上或物言大人灌輸了什麼？」
「這個……」
「皇上怎麼可能知道我為救妻子，和道摩法師大人一起行動這件事呢？這表示有人向皇上告密。」
「話雖如此……」
「你不知道是誰嗎？」
「嗯，不知道。」
「唔……」
「這件事有問題嗎？」
「坦白說，我也不清楚到底有沒有問題。」
「連道摩法師大人也不清楚？」
「道摩法師大人至少看得比我更深。只是，他不肯詳細說明，所以我也不清楚詳情。但是……」
「但是？」
「這件事很有趣。」

「很有趣？」

「雖然這件事和我妻子的性命攸關，不過，我的意思是，無論道滿大人本身，或他帶我去的場所，都很有趣……」

「什麼!?」

「前天夜晚，我和道滿大人因故前往阿哇哇十字路口……」

「結果怎樣？」

「遇見很奇妙的人。」

「什麼人？」

「對方也向我說了類似你剛才說的話……」

「你說什麼!?」

三

送天一神回阿哇哇十字路口後，歸途——

「請大人千萬要小心……」

說這句話的是蟲麻呂。

「為什麼？」

道滿止步。

光君也跟著止步。

青蟲和夏燒太夫也停止前行。

「我查了一下太秦寺，感覺很難辦。」

「什麼意思？」

「首先，沒有人知道太秦寺的內情。甚至有人說，最好不要接近太秦寺。」

「對方知道什麼嗎？」

「不。對方似乎完全不知道任何詳細內情，只是……」

「只是怎樣？」

「大家都說，那是會作祟的神。叫我們最好不要狗拿耗子多管閒事……他們都只警告我們不要接近太秦寺……」

「是嗎？」

「聽說，曾經有人試過，結果那人被燒死了……」

「燒死？」

「對我說這事的人，好像也不清楚詳情……」

「唔……」

「我們會再查查看。請您再等三天，到時候或許能向您報告新消息……」

蟲麻呂說完後，和夏燒太夫、青蟲一起離去。

離去前——

「您真是了不起，在天一神面前竟然膽敢說出那種話……」

夏燒太夫對光君說。

「青蟲對你的印象似乎也很好。往後如果還需要我們幫忙，您但說無妨。我們肯定幫得上忙……」

夏燒太夫說畢，轉身離去。

這其間，青蟲那雙晶瑩的眼睛始終望著光君。

「他們到底是做什麼的？」

待蟲麻呂一行人離去後，光君問道滿。

「是小偷……」

道滿答。

「我之前沒對你明說，其實他們真正的本領不是蜘蛛舞。他們的另一個身分……不，應該說真實身分，是小偷……」

「原來是小偷……」

「你想要什麼東西，叫他們去取就行了。無論任何珍寶甚或女人，他們都能幫你偷出來。不過，你要小心點。雖然他們對你的印象看似很好，但萬一弄不好，很可能連屁股眼的毛都會被他們拔光……」

道滿說完這句話，再緩緩邁出腳步。

之後——

兩人來到朱雀門附近時，發現門前的泥地上——一團黑影蹲在月光中。

道滿和光君都察覺了。

兩人在距離一丈半之處，止步。

約隔兩口氣的時間後，道滿開口問：

「是誰……」

「是來給你們忠告的人……」黑影答。

那人看似抱著膝蓋蹲在門前。

對方大概垂著臉，看不清眼睛在哪裡。

甚至不知對方是否望著兩人在說話。不，連對方到底有沒有臉，都看不清。

只聽得見對方的聲音。

「忠告？」

「你們可以為了女人的事到處奔走，但千萬別去接觸不必要接觸之物……」黑影說。

看上去像是某種漆黑妖物蹲在眼前似的。

對方似乎是人類，但也可以看成巨大如人的蟾蜍。

「什麼是不必要接觸之物？」

「道滿，不用問，你應該心知肚明……」

「哦？你知道我的名字？」

「你是個很難對付的傢伙。連天一神也拿你沒辦法……」

「哼。」

道滿跨前一步。

「抬臉讓我看看。」

結果——

道滿雖向前一步，不料黑影也立刻退後一步。

「你想逃嗎……」

道滿再度跨前。

黑影沒有站起，也似乎不見其移動雙腳，卻滑溜溜地往後退。

後退速度逐漸加快，過一會兒，黑影便溶入夜間的黑暗中，消失蹤影。

「對方是誰呢？」光君問。

「這表示有人不希望我們繼續查下去。」

「剛才那黑影說，道滿大人心知肚明……」

「這個嘛……」
「您不會就此作罷吧？」
「當然不會。」
道滿答，接著問：
「你的意思是，不想就此作罷……？」
「是。」
「因為你擔心你的女人……？」
「這只是理由之一。」
「其他還有什麼理由？」
「不能說。」
「為什麼？」
「我害怕說出口……」
「是嗎？」
「總覺得好像會誤入歧途……」
光君低聲說後，在月光中露出白皙牙齒笑著。

卷八

蟲

一

有人在哭泣。

有人摟著光君在哭泣。

那摟抱的臂力，感覺很舒服。力量溫柔。自己正被那股力量裹住。

那是極為溫柔，卻又虛幻、悲哀的力量。

也傳來一股香味。

是伽羅香嗎？

那人的衣裳是用什麼樣的薰香熏就的呢？不，還是那股香味正是摟住自己那人本身的味道呢？

那力量亦宛如深海。

波浪般反覆的感覺，到底是什麼呢？

既深沉又靜謐的鼓動——

啊，這是那人的心臟跳動聲。

那聲音會令人陷入沉睡的深淵。

心愛的人兒啊……

那人喃喃自語。

我已經無法繼續守護你了……

母親必須留下你，前往遙遠的地方……

那人在哭泣。

難道那人將前往某地？

那人將留下自己，前往不知名的地方嗎？

這股溫柔力量，即將會消失嗎？

不可能。

心愛的人兒啊，你是個特殊的孩子……

那人這樣說。

因為特殊，你將很孤獨……

往後，到底誰能撫慰孤獨的你呢……

往後，到底誰能理解你的特殊呢……

沒人能撫慰你的孤獨……

你的心靈將會很空虛……

由於空虛，你會感覺飢渴……

但這世上大概沒有任何人能理解你的飢渴……

啊，如果可能，我真不想死去……

不想死去……
我想一直照顧你直至你逝去為止，之後我再死……
這世上所有的人父人母，其實都不想比自己的孩子先死……
這世上沒有一個父母不想守護孩子，直至孩子逝去為止……
更何況，你是個罕見的孩子……
你是個特殊的孩子……
因此你將孤獨終生……
你已經看得見那些東西了吧……
雖然看得見，但你應該還無法理解那些東西是什麼……
啊，可憐的孩子……
你看得見別人看不見的東西，不一定是件可喜的事呀……
每次想到這點，我就覺得很悲傷……
這個溫暖的東西，是那人的眼淚嗎？
那人為何要如此哭泣呢？

大限有終，今長別矣，留戀殘生，怨嘆命運[1]

1 源氏生母為桐壺帝更衣（身分低微的宮中女侍），卻受天皇寵愛，此為桐壺更衣早逝時對天皇所吟之和歌，也是《源氏物語》全卷第一首和歌。當時光源氏三歲，其父桐壺帝原本有意冊封其為太子，但慮及缺乏有力外戚支持，最後降為人臣，賜姓源，令其遠離皇位之爭。

聽到這首和歌，光君醒來了。

光君察覺自己的臉頰被一種溫暖的東西濡濕了。

看來，自己又做了那個夢。

那是偶爾會夢見的夢。

夢中，有個女人摟著自己在哭泣。

光君在被褥中坐起身。

陽光已射進庭院。

二

在阿哇哇十字路口分手後，第三天中午時分。

夏燒太夫來到位於五条大路的光君宅邸，向光君說：

「能不能請大人救救我們……」

只不過三天而已，夏燒太夫的面頰竟瘦削得判若兩人。

夏燒太夫前來時，道滿問他：

「查出什麼事了嗎？」

「不，還沒有……」

夏燒太夫微微搖頭，繼而說出「請救救我們」一語。
光君和道滿坐在窄廊。
夏燒太夫站在窄廊前的庭院地面上。
他仰望著兩人，面容憔悴不堪。
「有什麼困難嗎……」道滿問。
「有。」
「什麼事？」
「蟲麻呂不好了……」
「不好了？」
「是蟲。」
「蟲？」
「他遭到大群蟲子攻擊，無法脫身。」
「什麼!?」
「那不是普通的蟲。而且數量多得驚人……」
「是嗎？」
「我們在兩天前察覺此事。」
夏燒太夫開始描述事由。

兩天前，他們在東市的市姬神社前表演蜘蛛舞。

事情正是在那時發生的。

三

夏燒太夫在繩索上翻了個跟斗，再度立在繩索上時，左耳突然聽到「嗡」一聲。

他並非第一次聽到這種聲音。

也明白這聲音到底是什麼。

是昆蟲振翅飛舞時發出的嗡嗡聲。在空中飛舞的嗡嗡聲，橫穿過夏燒太夫的左耳附近。

夏燒太夫眼角瞄到發出金綠色亮光的翅膀。

是金龜子。

可是，夏燒太夫無暇去追看金龜子的去向。因為在下一刻，繩索下的蟲麻呂應該會拋毬上來。夏燒太夫得在繩索上接毬，再將毬踢向上空。光就技術來說，並非難事，但表演者必須集中精神在毬上。若心有旁騖，不要說接毬了，恐怕連夏燒太夫本人都會從繩索上掉落。

然而，毬沒有拋上來。

夏燒太夫首次往下看，看見蟲麻呂的模樣很怪。

蟲麻呂右手抱著毬，正在跳一種很奇異的舞蹈。

他雙腳踏著奇異步伐，左手正不停拍打自己的身體。不，應該說，看似一面在拍打，一面在趕走某物。

難道是金龜子——

夏燒太夫暗忖。

因為他看到蟲麻呂四周發出金龜子翅膀顏色的亮光。然而，更令人不解的是那發光的物體不只一個。

兩個……

三個……

四個……

不，數量更多。

而且，事情不僅如此。

蟲麻呂四周還有其他蟲在飛舞。

一樣是昆蟲。

這回是蟬。

之後，甚至連蜻蜓、蝴蝶都在蟲麻呂四周飛舞。而且，昆蟲的數量在眨眼間驟增。

蚊子、飛蛾、蒼蠅、蜜蜂——這些昆蟲不停增加數量，群集在蟲麻呂身上。數量多得根本沒辦法趕走。

本來在繩索下擊鼓的青蟲也停止動作。

「這、這些壞蟲！為何群集在我身上……」

蟲麻呂拋下毬，雙手在半空拍打。可是，昆蟲數量不見減少。

青蟲也擱下鼓，跑到蟲麻呂身邊。

「青蟲，幫我趕走這些蟲……」

蟲麻呂雖如此說，但蟲子數量實在太多，即便多了青蟲一人也無濟於事。

在四周觀看蜘蛛舞的人群察覺有異，均望向蟲麻呂和青蟲兩人，卻無法上前幫忙趕蟲。

夏燒太夫跳下繩索，跑到兩人身邊。

「這有點不妙，非同小可。」夏燒太夫說：「我們馬上離開這兒。」

「嗯。」

蟲麻呂和夏燒太夫兩人拔腿就跑。

青蟲跟在身後。

三人跑至鴨川堤防，再往下游奔馳。

總算甩掉跟著他們的蟲子了，三人一面奔跑一面趕走身上的蟲。

好不容易停止奔跑時，蟲麻呂擦著額上的汗珠問：

「到底怎麼回事!?」

「不知道。你到底怎麼了？」

夏燒太夫環視四周。

「我剛才看著你表演的蜘蛛舞，想說，應該要拋毬了，正在估量拋毬的時機時，突然有蟲飛到我面前。我伸手想趕走，結果又飛來別的蟲。等我回過神來時，已經是剛才那種情況了……」

蟲麻呂還未全部說完，耳邊再度響起嗡嗡聲。

是金龜子。

金龜子飛到蟲麻呂的肩膀。

蟲麻呂伸手趕走金龜子時，又響起「嗡」一聲，這回是蜜蜂飛過來。

「唔！」

不一會兒，四周已聚集了無數蟲子，而且數量漸漸增多。

「怎麼回事，這……」

蟲麻呂呻吟道。

四

「今天是第三天。再這樣下去實在受不了，所以我只能不請自來。」夏燒太夫說。

「可能有人在某處施行邪惡咒法，讓我們遭災遇禍。」

「你做了壞事？」道滿問。

「壞事做太多，根本搞不清到底是為了哪一件。」夏燒太夫揚起一端脣角。

「說的也是。」

「我們本來認為，既然是咒術，那我們也施法把咒趕回去，結果毫無效果。」

「所以就來找我？」

「是的。我們做的壞事太多，實在想不出到底是誰打算報復我們，但是，只有一件事明顯猜得出來。」

「是太秦寺吧……」

「是的。因為我們到處打聽太秦寺祭祀的神到底是何方神聖，可能是這件事惹火了對方。」

「很有可能。」

「您願意跟我去嗎？」

「嗯，走。」

道滿說後，站起身。然後，俯視光君問：

「你打算怎麼辦？」

「我也去。」

光君點頭，繼而站起身。

五

光君順著六条大路西行。

道滿在一旁並肩而行。

夏燒太夫走在前面不遠處。

三人已經進入西京。

一些瓦頂板心泥牆倒塌的宅邸，或任其荒廢的貴族宅邸漸次映入眼簾。

蟬在夏日陽光中鳴叫。

「你覺得蟬叫聲怎樣……」

道滿突然發問。

「什麼意思？」

「我是說，你聽到蟬叫聲時，內心有何感覺……」

「蟬叫聲……」

「蟬在土壤中生活了六、七年，好不容易才爬出地面，之後每天那樣叫著過日子，活了七天或十天便會死去。這期間，它們只是那樣叫著，再配對，生子，死去，最後，屍體還會被螞蟻抬走……」

「這又怎麼了？」

「你不覺得很可憐嗎？」

「唔……可憐嗎……」

光君沉默了一會兒，看似在傾聽四周的蟬鳴，接著問：

「必須為它們感到可憐嗎？」

「也不是必須。只是，我認為，我們人類終究也和那些蟬差不多……」

「是……」

「假如你不覺得那些蟬很可憐，那麼，你對人類也不會萌生憐憫。你具有這種天性。」

「我確實具有這種天性。」

「嗯。」

「過去也有別人對我這樣說過。」

「誰？」

「前些日子我去造訪的六条夫人……」

「原來如此……」

「這樣不好嗎？」

「好啊。當然好。既然你天性如此，那就沒必要改變。蟬生來就是蟬，要是認為它們那種活法不好，等於叫蟬否定自身是蟬的事實。」

「我是蟬嗎？」

「當然是蟬。你是蟬，我也是蟬……」

道滿說至此，走在前面的夏燒太夫突然止步。

他站在一座圍牆坍塌的荒廢寺院前。

「是這兒……」

夏燒太夫自圍牆坍塌處進入寺院。

道滿和光君跟在後面隨之走進。

圍牆內是一片高及腰部的草叢。

光君站在悶熱的草叢中。

不遠處的前方可見屋頂崩塌的正殿。

三人撥開草叢走向正殿。

不一會兒，即來到正殿前。

眼前有一道塌落了一半的階梯，階梯延伸至環繞正殿四周的沿廊。

夏燒太夫踏著幾乎已腐朽的階梯，登上沿廊。

其次是道滿，最後是光君，三人均登上沿廊。

站在沿廊上一看，首先令人大吃一驚的是沿廊上有數不盡的蟲。

螞蟻、金龜子、蜜蜂、蟋蟀、蒼蠅，這些昆蟲密密麻麻地群集在沿廊，數量多得甚至看不見沿廊的木板條。

土牆上也群集著昆蟲。蜈蚣混在昆蟲中連成一大串爬行，蜘蛛也在爬行，此光景確實非同小可。

在空中飛舞的蟲更是多得無以數計。獨角仙[2]和鍬形蟲[3]在空中發出很大的嗡嗡振翅聲飛舞。

另有大小不一的蟾蜍。

日本錦蛇[4]、虎斑游蛇[5]、蝮蛇等蛇類，在昆蟲群中爬行。

道滿望著此光景，發出津津有味的叫聲。

「哦……」

走進正殿一看，舉凡地板、牆壁、天花板，全被密密麻麻的昆蟲填滿，青蟲則居於中央。

---

2 原文「甲蟲」、「兜蟲」（かぶとむし，kabutomushi），學名*Trypoxylus dichotomus*，廣義為金龜子科（Scarabaeidae）兜蟲亞科（Dynastinae）甲蟲之俗稱。

3 日文中指鍬形蟲科（Lucanidae）有大顎者。

4 原文「青大將」（あおだいしょう，aodaisyou），學名*Elaphe climacophora*，會在人類住宅或倉庫中生活，可捕食老鼠。

5 原文「山楝蛇」（やまかがし，yamakagashi），學名*Rhabdophis tigrinus*，又稱竹竿青。非毒蛇，卻具有毒液，被咬傷時有可能致命。

地板上豎立著四根竹子，上面擱著一塊木板，青蟲正是站在這塊木板上。
她在上面用赤竹[6]枝趕走群聚過來的昆蟲。
蛇雖然能爬到竹子上，但頂上被木板遮住去路，因此無法爬到木板上。
但是，橫梁上有時會有蛇噗通一聲掉落。
蛇落下後，青蟲就用赤竹把蛇撣至地面。
青蟲腳邊有一團小丘。
那是昆蟲群聚形成的小丘。大小剛好和人橫躺在地面那般，其上聚集著一大群蠢蠢蠕動的昆蟲。
那些昆蟲發出的臭氣，令人感覺如同被摑耳光。不過，即便別過臉，臭氣依舊不減。
「呵！呵！呵……」
道滿大笑。
「這……真令人受不了……」
他伸出紅舌舔了一下嘴脣。
「真是一種奇觀吶……」
光君在道滿一旁喃喃自語，嘴角如常浮出微笑。
雖然有三、四隻昆蟲飛來，停在光君身穿的白色狩衣上，光君卻視若無睹，毫

---

6 原文為「笹」（ささ；sasa），指一部分禾本科（Poaceae）竹亞屬植物。在日本一般指比竹子小，包鞘不會從莖脱落者。包括赤竹屬、華箬竹屬、大明竹屬、青籬竹屬等部分植物。

不介意。

他似乎被眼前的光景迷住了。

「青蟲，蟲麻呂，我帶道滿大人來了。」夏燒太夫說。

「噢……」

自青蟲腳邊的昆蟲小丘內發出一聲叫聲，昆蟲小丘驀地隆起。

「道滿大人，您能不能幫我解決這個……」

昆蟲小丘內傳出蟲麻呂的聲音。

「這個嘛……」

道滿歪著頭，繼而問光君：

「你認為這是怎麼回事呢？」

光君定睛凝視著正殿內部和昆蟲小丘四周，過一會兒才開口說：

「看不見……」

「嗯，確實看不見。」道滿道。

「看來既非惡神附身，也非有人故意施法所致……」

兩人說「看不見」，指的是妖物。

兩人都看不出有任何妖物附在蟲麻呂身上。

「你也這麼認為嗎？」

「是。」

道滿望向昆蟲小丘，說：

「蟲麻呂，你聽到了嗎？」

「聽到了……」

「那麼，我們得離開這兒，要開跑嘍……」

「跑到哪裡為止？」

「跑到大堰川[7]為止。」

「遵命。」

昆蟲小丘發出應聲後，站了起來。

小丘頂端露出蟲麻呂的臉。

「你們按照我剛才吩咐的，快去準備……」

道滿說後，夏燒太夫走出正殿。

沒多久，夏燒太夫雙臂摟著一滿懷的草再度回來。

草中升起一縷青煙。

他看似在外面點燃了火。

夏燒太夫將手中點了火正在冒煙的草拋在地面。

煙霧逐漸在正殿內瀰漫，昆蟲為避開煙霧，漸次逃開。

---

7 流入京都盆地以南的桂川古稱「葛野川」。秦氏於六世紀左右於桂川修築堰堤（葛野大堰）。這些堰堤完成時，古來的葛野川便改稱大堰川。後嵐山周邊與其上游稱大堰川，下游以南稱桂川。

蟲麻呂終於脫下身上的昆蟲群，站在地板上。

「差點喘不過氣來……」

他吐出一口氣，隨即用袖子遮住嘴巴以避開立即群集過來的蟲，再吸了一口大氣。

被蟲麻呂脫下並拋在腳邊的東西，是雙層的麻袋。

蟲麻呂從木板上昆蟲群聚的布袋往下跳。

六

「呼……」

蟲麻呂在大堰川堤防的草叢中，安心地吐出一口大氣。

昆蟲已經不再群集過來。

一行人在一棵古老柳樹下。

頭頂傳來蟬叫聲。

柳樹下有樹蔭，大概離河川近，風很涼快。

「我感覺好像重新活過來了。」

蟲麻呂用右手梳理濕潤的頭髮。

他全身赤裸。

臉部、肩膀、胸部、背部都濕透了。

蟲麻呂跑至大堰川後，立即跳進河中，在水中脫掉身上的衣服，用河水洗了全身。

他用河底的泥巴擦拭身體，並挖掉本來塞在耳孔以防螞蟻爬進去的泥土。

此刻，他總算從河中爬起來登上堤防。

「應該是引蟲藥……」道滿低語。

「引蟲藥？」光君問。

「可能被人噴上或塗上會吸引昆蟲的藥劑……」

「吸引昆蟲？」

「昆蟲啊，會彼此發出吸引對方的味道。那味道，人類聞不到，只能說是一種味道……」

「……」

「一般說來，它們的味道只能吸引同類昆蟲，但我們也能製出吸引所有昆蟲的藥水。應該是這類藥水吧……」

「可是，這回不僅昆蟲，連蟾蜍和蛇都群聚過來……」

「蜈蚣和蟾蜍聚集的目的是打算吃那些群聚的昆蟲。蛇聚集來的目的，是為了吃那些打算吃昆蟲的蟾蜍……」

「原來如此……」光君點頭。

「可是，到底是在何時，又在何處被塗上這類藥水呢？」夏燒太夫問。

「你有這類記憶嗎……」道滿反問。

「有……」

蟲麻呂用力搖晃著胯下的大陰莖。

「哪時？」夏燒太夫問。

「你跳上繩索那時。有個人撞上我的背……」

「是嗎？」

「我回頭一看，對方是個七十出頭的老頭子……」

蟲麻呂開始描述當時的情景。

那時，有個身穿破爛窄袖便服的老頭子站在蟲麻呂面前。

「是你們先撞上的，你要小心點……」

老頭子如此說。

什麼!?

蟲麻呂內心暗叫，但由於四周有觀客，何況夏燒太夫正準備開始表演蜘蛛舞。

「抱歉。」蟲麻呂回道。

「你要小心點，千萬要小心，千萬要小心……」

當時那老頭意有所指地笑著如是說。

「大概是那時吧，我的衣服被噴上或塗上藥水……」

蟲麻呂邊回想邊說。

「應該是吧……」道滿答。

「果然是……」

蟲麻呂全身赤裸地吐了一口口水，再舉起右拳擦拭嘴脣。

「可是，為什麼？」

「難道是太秦寺……!?」光君道。

「大概吧。」道滿點頭。

「確實嗎？」夏燒太夫問。

「對方說，是你們先撞上的……這句話的真正意思應該是指你們到處打聽、到處試探這件事吧……」

「那，對方所說的『千萬要小心』也就是指……」

「是警告你們要是繼續查下去，會更危險的意思吧。」

「原來是這麼回事……」

蟲麻呂恍然大悟般地微微點了兩次頭。

「算了。我去吧。」
「道滿大人？」
「看來，一開始就應該由我出面比較好。我直接去問對方，事情或許會進行得比較快……」
道滿望向光君，以眼神詢問：「你打算怎樣？」
目前，葵之上的身體狀況已穩定下來。
道滿在葵之上的被褥四周結了結界，任何神祇或邪鬼都無法隨意闖進。夜晚時分，光君雖然仍可以看見結界外的黑暗中有妖氣或類似妖物的影子在動，不過，也僅此而已。
葵之上只是繼續沉睡著。
因此，光君今天才能將葵之上託給惟光和侍女們照顧，再隨道滿出門。
但是，儘管葵之上只是陷入沉睡，她日復一日消瘦衰弱下去卻也是事實。畢竟附在葵之上體內的東西仍未出來。
「能不能讓我奉陪……」光君問。
「你要一起來，當然更好。比起我一個人去，要是對方聽聞源氏大將也要前往，應該無法婉拒的，是吧……」
道滿說畢，咯、咯、咯地笑出。

巻九

太秦寺

一

天花板附近有格子窗，窗口斜斜射進陽光。

亮光剛好照在那尊佛像的臉部及上半身。

那是尊金光閃閃、肢體優美的佛像。

是尊右足擱在左大腿上，半跏趺坐的彌勒菩薩像。右肘擱在右膝上，右手食指尖和大拇指尖合成一個圓圈，輕鬆伸出的中指停在看似觸及又看似沒有觸及的右頰之處。

地點是——太秦寺，亦即蜂岡寺[1]的繪堂中。

其他另有藥師如來、阿彌陀如來、明王像等，但唯獨這尊菩薩像的四周似乎飄蕩著特殊的空氣。

這尊佛像完全欠缺人類所有的鮮血溫度、肉體味道之類的特色。一般說來，無論任何佛像，其肢體中或多或少都會殘留著雕刻者的心意與願望，這尊佛像卻完全沒有。

宛如一尊以「彌勒菩薩」之名浮在虛空中的，純粹觀念性的存在。

光君站在佛像前，注視坐在陽光中的佛像。

光君平時總浮在嘴邊的微笑，和佛像嘴邊浮出的那絲似有若無的微笑，有點相

1 廣隆寺的別稱。

似。

假如這尊菩薩帶著活人的肉體和鮮血、骨頭現身這世上，大概就是具備如光君那般的肢體和表情，存在於這人世吧。

蘆屋道滿站在光君一旁。

蜂岡寺住持忍海身穿黑色僧袍，站在道滿身邊。

繪堂中只有此三人，沒有其他人。

因為忍海於事前摒退所有人，並吩咐：

「直至我們出來為止，任何人都不能進來……」

「您覺得如何……」忍海問光君。

「太美了……」

光君嘆息著低語。

「可是……」

光君說到此，又閉嘴。

「怎麼了？」忍海問。

「不，我只是覺得，倘若這位神祇是人，不知會是什麼樣的人。」

「人？」

「是。」

從歷史觀點來看，佛陀釋迦牟尼是人。原名悉達多・喬達摩，是生於釋迦族王族家的王子。此人因悟道而成為佛陀——亦即成佛，但即便他成為佛，佛陀釋迦牟尼是人這點，終究是不變的事實。

至於菩薩，是針對成為佛陀前之存在的稱呼。換句話說，悉達多・喬達摩在悟道成佛之前，是菩薩。

也就是說，菩薩之存在本為人。

可是——

佛陀釋迦牟尼雖然是人，但大日如來佛——或者說其存在，卻並非人。

人們稱呼統率宇宙根本原理的存在為大日如來，但是，大日如來既沒有生為而人的史實記載，也沒有留下任何傳說性的故事。換言之，大日如來是一種哲學性的存在。

就此意義來說，彌勒菩薩也是一種哲學性的存在。

據云，佛陀釋迦牟尼入滅後，經五十六億七千萬年時光，彌勒菩薩將出現於此世，救濟眾生。這期間，菩薩一直在所謂「兜率天」之處修行。

為何要在五十六億七千萬年後才出現呢？

這和彌勒菩薩在兜率天的壽命有關，並與兜率天的時間單位有關。

彌勒菩薩在兜率天的壽命是四千年。

兜率天的一日相當於人世的四百年。

若按此方式計算，就得將四百年乘以三百六十倍，再乘以四千。

得出的數字正是五億七千六百萬年。

不料，「五七六」這數字經過世世代代的傳授，變成比較好記的「五六七」，再演變為五十六億七千萬年。

總之，這是段極為悠久的時光。幾乎等同於無限。

光君當然明白這段時光的知識。

他明白眼前這位菩薩存在於幾近無限的時光中，卻又特意如此問。

「我只是想，這位神祇到底有無動心的一刻……」

「這話怎麼說？」

「例如，這位神祇觀看了花，爾時，他到底會不會萌生花很美的感覺呢……」

「……」

「花，正因為會謝，人們才會感覺花很美。凡有性命之物，正因為都會走向死亡，人們才會對其生出愛憐吧？只有人才能覺著美，只有人才能生愛憐，因為人本身也在走著同一條生、老、病、死的路，因此人才會賞花、惜花，不是嗎……」

道滿呵、呵、呵地笑起。

「你說的花，我聽起來像在述說女人……」

「是嗎？」

「嗯，聽起來像是在說女人。」

忍海聽了兩人的對話，開口說：

「聽著兩位大人的對話，我覺得彷彿是在聆聽說法。」

忍海是位和藹可親的老頭子。

無論他開口說話或默不作聲，總是瞇著雙眼露出微笑。

「事前，我聽說源氏大將想觀看這尊佛像，今日才打開此繪堂，卻萬萬沒想到竟然可以聽到這些話……」

光君是先帝之子，這是眾所周知的事實。

是這個國家的皇子。

具皇子身分的光君說想觀看寺院裡供奉的佛像，當然沒有任何寺院敢拒絕。

忍海說後，道滿呼呼輕笑，接著望向光君說：

「具有那種容貌的人，無論觀看花，或觀看人餓死的屍骸，大概也如此刻一樣面不改色吧。我說的對不對……」

從道滿的表情看來，他的言外之意似乎是在對光君說：「你的容貌和這尊佛像很像。」

「可是，我無力拯救人……」

「任何人都無力拯救人。無論佛陀……」道滿望向忍海，接道：「或異國神祇……」

忍海依舊面帶笑容。

「異國神祇嗎……」

忍海重複了道滿說的話。

道滿將視線移向彌勒佛，低聲說：

「夏四月庚午朔己卯日，立廄戶豐聰耳皇子，為皇太子……」

這是《日本書紀》卷第二十二〈豐御食炊屋姬天皇〉——記載推古天皇[2]事蹟裡的一節。

內文記載，廄戶豐聰耳皇子——亦即被後世人稱為「聖德太子」之人物，在這天成為皇太子。

「這有什麼關係嗎？」

「聽說，建造此寺院時，廄戶皇子賞賜了這尊佛像給秦河勝大人……」

「那是好幾百年前的事了……」

「此寺院別稱太秦寺，為何會有這種別稱呢？」

「據說，是因為往昔秦酒公[3]在納稅時，上繳堆積如山的絲綢，因此蒙受御賜『禹豆麻佐』之姓，後來此地地名變成太秦[4]，於是此寺院也就別稱太秦

---

2 日本第三十三代天皇（在位五九二—六二八年），亦首位女天皇。諡號豐御食炊屋姬尊，即位之初立侄兒聖德太子為太子，總攝朝政。

3 傳說秦氏之祖為五世紀初自朝鮮渡海而來的弓月君，自稱秦始皇子孫，率一百二十縣人民至九州，至五世紀末雄略天皇治世，弓月君後代秦酒公率領秦族人發揮土木、養蠶、機織技術而大興。

4 日文中「禹豆」（uzu）音同「太」，「麻佐」（masa）音同「秦」。

寺……」

「寺內有祭祀木嶋坐天照御魂[5]的神社吧……」

「是。」

「那兒有口『元糺之池』，池中有個小島吧？」

「有。」

「島上是不是有個三柱鳥居？」

「是。」

三柱鳥居——又稱三鳥居，是在三根柱子上各自擱著橫木，同時面向三方向的鳥居。

從正上空看下來，三根橫木剛好形成三角形。

「很罕見的鳥居。」

「是的……」

「這座木嶋神社境外，是不是另有座大酒神社[6]？」

「是。」

「聽說『大酒』也可以寫成『大避』[7]。神社內祭祀的是塊大岩石吧？」

「是。」

「此地本為賀茂之地。後來讓給秦氏……賀茂一族人原本祭祀的也是岩石

---

5 即「於木嶋鎮座之天照御魂神」之意。「天照御魂神」即天照大神。該神社即為「木嶋坐天照御魂神社」，位於廣隆寺附近。神社東側祀奉紡織祖神，又稱「蚕之社」。秦氏便是在此地一帶引進製陶、養蠶、紡織等技術。

6 位於京都市右京區太秦蜂岡町，古時位於廣隆寺內，為太秦地區秦氏總鎮守，供奉秦始皇、弓月王、秦酒公。傳說大酒大明神為秦氏祖先神，《太秦廣隆寺後緣起》載：「大酒大明神者，秦始皇之祖神也，仲哀天皇御宇，弓滿王來朝而奉渡之，神驗無雙。」

7 日文中「大酒」與「大避」發音皆為「oosake」。

吧？」

「我也聽說是這樣……」

「岩石是石神。石與宿同音，所以是宿神。我們操縱的式神，原本也是宿神的一種。宿神是日本國最古老的神祇吧？」

「您說的話，很有趣。」

忍海依舊面帶笑容。

「皇后懷妊開胎之日，巡行禁中，監察諸司。至于馬官，乃當廄戶而不勞忽產之……」

道滿再度念誦《日本書紀》裡的一節。

內文意思是，穴穗部間人皇女[8]在懷孕期間，撞到馬官馬廄之戶門，當場產下聖德太子。

「也因此，眾人都稱該皇子為廄戶皇子……」

「這是眾所周知的事……」忍海道。

「這位廄戶皇子為了在這個國家推廣新神祇——佛，竭盡他的智識與精力。」

「這也是眾所周知的事吧。」

「事實真僅是如此嗎？」

「什麼意思？」

---

8 ?—六二二年，欽明天皇第三皇女，異母兄用明天皇之后，聖德為其與用明間之長子。

「廏戶皇子竭盡心力推廣的宗教，真的僅是佛教嗎？」

「……」

「您知道景教[9]嗎？」

「沒聽過……」

「是祭祀異國神的宗教。」

「是嗎？」

「據說唐國有祭祀這位神祇的寺廟。」

「是嗎？」

「您知道那寺廟的名稱嗎？」

「不知道。」

「叫太秦寺。和這兒的太秦寺同字。」

「那真是……」

忍海仍面帶笑容，只是，笑容看似黏在嘴脣，僵住了。

「道滿大人，您這句話的意思，該不是想說這寺院裡祭祀著景教的神祇吧……」

「我正是這個意思。」

道滿的黃色眼眸發出亮光。

9 即唐代正式傳入中國之基督教聶斯脫里派，亦東方亞述教會，源於今敘利亞。景教教會於唐貞觀十二年（西元六三八年）受唐朝廷資助，在長安義寧坊修建寺院（教堂），當時被稱為「波斯寺」，即後之「大秦寺」。

「這……」

「秦氏一族本就信仰景教，秦河勝大人是不是請求聖德太子允許他們信仰此神祇呢……」

「怎麼可能……」

「聽說，景教神的神子出生在馬房……」

景教，亦即基督教聶斯脫里派。

「而且，聽說信仰該神子的信徒都會禮拜十字。因為十字正是那位神子的象徵……」

道滿望著忍海，這回第一次凝望良久。

「這、這，我真不知該怎麼回答……」

「剛才我提到的三柱鳥居，您認為象徵什麼呢……」

「象徵什麼呢？」

「其一，象徵此地固有的古老宿神。其二，表示對佛陀的敬意。另一正是象徵景教……」

「您的分析很有趣，但光憑這點不能證明……」

「從上空觀看三柱鳥居，形狀呈三角形……兩個三角形合起來，便是……這是信仰景教母神的古代王陀毘泥[10]的徽紋……」

---

10 即大衛王日文音譯，中文舊譯「大闢」，以色列古代國王。

「不，這是我們日本國自古以來就存在的籠目紋[11]吧。」

「聽說，用景教信徒的原始語言來解釋的話，『太』表示光，『秦』表示賞賜……」

「……」

「您忘了嗎？我名叫秦道滿，我也是流有秦氏一族血脈的後裔……」

道滿看似很愉快地筆直望向忍海。

「忍海大人呀，您知道一件事嗎？」

「什麼事？」

「無論任何神祇，在祂們進入新國度時，都會改為各式各樣的名字，再和當地的古神相依為命……」

「……」

「高野山聖地之所以祭祀著丹生之神——丹生都姬[12]，是因為空海和尚自唐國引進新神大日如來，為了讓大日如來依附在當地古神身上，才建造了這兩座神社……」

「……」

「在這太秦之地建造祭祀古代宿神的大酒神社，也是基於此道理……」

「哼……」

11「籠目」為連續花紋，象徵以竹等材料編成的籠之網目，有除魔效果。從此連續花紋切下一部分形成之家紋為「籠目紋」。

12又寫作「丹生都比賣」，傳說是創造日本國之伊井諾、伊井冊神之子，也是天照大神之妹「稚日女尊」。又傳說中國春秋時代吳越相爭，吳受越驅趕，繼承吳皇室血統之姊妹遠渡倭國，為大日女姬與稚日女姬，教導人民種稻、使用金屬、開疆闢土，傳至後世便為天照大神與丹生都姬。

「大酒神社祭祀的神體是讓新神依附的宿神，所以取名為摩多羅神……」

「哼，哼……」

「大酒神社於何時舉行牛祭呢……」

「哼……」

「這位神祇在牛祭當天，會騎在牛背現身吧？」

「沒錯……」

「帝釋天[13]是守護佛法的神祇，但其實祂原本是天竺的因陀羅神……」

忍海的嘴邊早已失去始終掛著的笑容。

「這太秦之地所祭祀的真正神祇，是彌勒佛，也是摩多羅神……而此寺院表面看似祭祀賀茂神祇，其實真正祭祀的是景教的神祇……」

「您有什麼證據可以證明此事嗎……」

「證據就在這兒啊。」

「這兒？」

「正是這個……」

道滿將發光的黃色眼眸移向眼前的彌勒菩薩像。

「為什麼這尊佛像是……」

道滿沒有立即回答。

---

13 帝釋天，梵名Śakra，又稱帝釋，即因陀羅（Indra）。原為印度教神祇，主管雷電與戰鬥，後為佛教所吸收，成為佛教護法神。

他再度將視線移向忍海。

「這位彌勒佛也是在世界各國流浪了數千年，改過無數次名字……」

「哼……」

「在天竺……祂的梵語名稱是梅呾利耶[14]……」

「……」

「在更遠古、更西方的國家，祂是被稱為密特拉、密多羅的太陽神。另一稱呼是密羅，與佛教結合時，便改名為彌勒。密特拉神的供品正是牛。」

聽道滿如此說，忍海無言以對。

「據說景教經典記載著，景教古信徒禮拜黃金仔牛……」

「……」

「密特拉神……亦即密多羅神，來到太秦之地後，變成摩多羅神。而摩多羅神也正是彌勒神。有關太秦寺隱藏的主佛彌勒菩薩的傳說，應該另有一段演變為騎牛之神——大威德明王的過程，但這段過程被刪掉了。為何呢？因為大威德明王神沒有景教神的任何象徵。但這位彌勒佛有……」

「唔……」

忍海低聲叫出。

「廄戶皇子允許你們信仰景教。但皇子只允許你們在這個國家的陰影內信仰景

14 梵文Maitreya之音譯，現代學者從語言學分析，認為彌勒可能與古老印度－伊朗宗教系統之契約神「密特拉」（Mitra），以及印度古老神祇「密多羅」（Mitra）有關，有人還進一步認為他們與彌賽亞（Messiah）的音義相似。

教。當時皇子很需要你們的……不，應該說我們秦氏一族的智能與力量。因此，秦氏一族和廄戶皇子協力建立了這個國家。而廄戶皇子為表示暗地允許秦氏一族信仰新神，才賞賜這尊彌勒佛給秦氏一族……」

道滿嗤笑。

「我們的神祇也是生於馬房……當時的秦氏大概如此誆騙了皇子吧。忍海大人，您說是不是呢……」

「這尊彌勒佛有……有什麼景教象徵……」

「我剛才不是說過了？景教神祇的象徵是十字……」

忍海聽了道滿這句話，臉色大變。

「您看。」

道滿指著彌勒佛。

他指的地方正好是佛像的右足擱在左腿上的交叉處。

「這兒不正是象徵景教神祇的十字嗎……」

道滿還未說完，忍海便發出叫聲。

「啊！」

忍海用雙手覆住臉，說：

「你，你怎麼連這個都……」

「我剛才說過了嘛，我名叫秦道滿。雖然生於播磨，但我也是秦氏一族的後裔。難道您認為我這些年都是白活的嗎？我本來就對我們秦氏的神祇深感興趣。前些日子還潛入坂越的大避神社[15]，偷看了古書卷。我在各個地方得知了各種事……」

「你說這些話裡頭的事，有些連我們都不知道。既然如此，你為何還來找我們？快說！是打算恐嚇我們嗎？你到底想要什麼？絲綢？黃金？還是權力……」

「呵呵。」

道滿露出黃牙嗤笑。

「真無聊。你說的東西，我道滿都不需要。這些都是我過去捨棄的東西……」

「那，那你想要什麼？」

「因為發生了一件連我這道滿也無法解決的事。我是來拜託你幫忙……」

「要我幫忙什麼事!?」

「在我說明此事時，應該自然而然會出現各式各樣的古神……」

道滿說到此，頭頂上方突然傳來「喀」、「喀」、「喀」的低沉笑聲。

光君抬頭望去，看到頭頂上方的橫梁上盤踞著一團類似黑影的東西。

是那個——

光君暗忖。

15 神社位於兵庫縣赤穗市坂越，面向坂越浦而建，祭祀大避大神（秦河勝），坂越灣中之生島為該神社神域，島上有秦河勝之墓。

看到黑影，光君立即想起一件事。

正是幾天前的夜晚，自阿哇哇十字路口歸去途中遇見的黑影。

那黑影輕飄飄地浮在半空，隨即落到道滿和光君面前。

「道滿，你終於來到此地……」

對方發出泥土煮滾般的聲音。

是個身穿黑色神人服的男人。

二

「服侍大酒神的神官中，有人聽說過『隱祝』這名稱，指的是你嗎……」道滿問。

「道滿，原來你已知道『隱祝』這名稱……」

「今天是第一次見到。」道滿看似很高興。

服侍神祇的神職有各式各樣的稱呼。「主神司」、「宮司」、「彌宜」、「神人」、「祝」……等等。

其中，「神人」和「祝」是雜役。有時「神人」會手持武器，成為僧兵。

「祝」是負責祓除罪孽或潔淨汙穢的職務，另一稱呼是「放」，在所有神職中，地位比彌宜低，算是下級神官。

與「祝」相近的詞是「葬」，由此可知，他們負責的工作不僅喜事，也包括一切人們忌諱的物事。

是和人的死亡有關的職務。

附帶一提，「放」[16]毆打吊在樹上的屍體以趕走惡靈，換句話說，「祝」的職務是守護神祇與人類，驅逐所有汙穢、惡靈和魑魅魍魎。

「你叫什麼名字？」道滿問。

「道滿呀，你以為身為隱祝的人會報出名姓嗎？」男人答。

那男人看上去約五十多歲。

「我們在阿哇哇十字路口見過面吧？」道滿問。

對方沒回答。

對方把手藏在黑衣內側，彎著腰凝視道滿，或許他手中藏有某種武器。

「你化為老頭，在我們咒師之一身上要弄了引蟲的技倆吧？」

隱祝男人依舊沒有回答道滿的發問。

「忍海大人，乾脆殺掉這些傢伙，丟給狗吃……」隱祝男人說。

「你殺得了我!?」道滿揚起嘴角。

「要不要試試看……」

16日文中「祝る」、「葬る」、「放る」發音都是「はふる」（hafuru）。

此時，隱祝男人的身體看似逐漸在膨脹。

這時——

「不行吶……」

淡漠的聲音響起。

開口的是光君。

什麼!?

隱祝男人望向光君。

「你們想在這兒打打殺殺，其實也無妨，只是，能不能再等一會兒。」

聲音毫無怯意。

光君面帶笑容望著隱祝男人。

笑容清澄。

光君的沉著態度，似乎令現場一觸即發的溫度暫時冷卻下來。

「為什麼……」隱祝問。

「你們若打起來，我會被捲進去……」

「你已經捲進來了。我說要殺掉的人，也包括你在內……」

「你殺不掉。」

「怎麼說……」

「我真沒想到，這世上竟然有人認為能殺掉類似道滿大人這樣，成天面對妖物的人物……」

「你是說，我殺不掉道滿？」

「是。」

「既然如此，你何必阻止……」

「我不得不阻止，如果你們在這兒打打殺殺起來，萬一讓你死去的話……」

「會怎樣？」

「我便無法得知我想知道的事……」

「什麼!?」

「隱祝大人，如果讓您死去，那麼，即便忍海大人還活著，他大概也不會回答我的任何問題了。」

「你到底想問什麼？」

「有關你們的神祇之事。」

「你說什麼!?」

「我本來是為我妻子的事前來，不過，這問題先且擱下，我對兩位大人提及的話題深感興趣……」

「是嗎……」

「在解決我妻子的問題前，我想先知道一件事：你們祭祀的神祇，到底是什麼樣的神呢……」光君問。

隱祝喀、喀、喀地笑出聲。

「我以為你會求我饒你一命，沒想到你竟說想知道我們的神祇……」

「是。」

「道滿，你今天帶來的男人真怪……」

隱祝至今內心的緊張情緒，似乎平緩下來了。

「假如你打算殺掉我們，能不能請你在動手前，先告訴我，你們祭祀的神祇到底是誰……」

「哎呀，事情變得很奇怪。我正是為了隱瞞我們神祇的真面目，才打算殺掉你們，可是，你現在話中之意，似乎想讓我們主動說出我們的神祇的事……」

「正是如此。」

光君毫不猶豫地答。

「唔……」

隱祝舉起右手，用指尖搔著頭。

「忍海，這事怎麼辦……」隱祝問。

「我也不知道該怎麼辦……」

忍海也一頭霧水。

道滿則面帶笑容望著眼前的一切。

「嘖！」

隱祝咋舌，露出苦笑。

「好吧，我就告訴你，忍海，可以嗎……」

隱祝改變對忍海說話的語調。

「唔，嗯。」

忍海也情不自禁地點頭。

「源氏大將大人呀，你想問什麼，盡管問吧……」

隱祝下定決心似地說。

三

「你們的神祇，有名字嗎？」

光君首先如此問。

「當然有……」

隱祝答。

「在唐國，不，在這個日本國也一樣，我們的神祇都被稱為阿羅訶。有時也稱為『耶和華』。」

「若向那位神祇禮拜，祂會為我們做些什麼呢……」

「會讓我們在天國重生……」

「天國？」

「嗯。」

「這麼說來，是任何人都可以重生嗎？」

「並非任何人，但就某種意義來說，應該也是任何人……」

「意思是，只要神祇看中，無論任何人都可以重生嗎？」

「是的。」

「那該怎麼做，才能讓神祇看中呢？」

「信仰。只要衷心皈依神祇，遵守教規，向神祇禮拜，任何人都可以……」

「原來如此……」

光君點頭，繼而問：

「話說回來，那個所謂的天國，到底是什麼樣的地方呢？」

「是個好地方。」

「怎麼個好法呢？」

「那兒沒有痛苦。只有喜悅，只有善人……」
「那兒有美女嗎？」
「當然有。只要在天國重生，任何人都能成為俊男美女。」
「有戀愛嗎？」
「我第一次聽到有人問這種問題……」隱祝笑道。
「有戀愛嗎……」光君再度問。
「不知道。」
「那麼，有酒嗎？」
「你的問題很有趣。」
「有酒嗎？」
「不知道。」
「既然如此，那個天國是不是類似阿彌陀如來將會帶我們前去的極樂淨土呢……」
「喂，忍海，這位大人在向我們挑起宗教論爭辯……」
隱祝望向忍海道。
「你向他說明何謂極樂淨土吧……」
忍海聽後，如此答：

「極樂淨土和天國是同一個地方……」
「同一個地方？」
「我們有部祕藏經典。經典上記載著此事。」
「什麼經典？」
「是你們不知道的經典。我們不能說，你們也不用知道。」
忍海說到此，道滿插嘴。
「是《世尊布施論》[17]吧？」
「你、你怎麼知道經典名!?」忍海驚叫。
這部《世尊布施論》是傳自唐國的景教漢譯經典。
後世，親鸞[18]將在西本願寺的經堂讀到這部經典。
「始布施若左手施勿右手……」
道滿歌唱般地低聲念誦。

然始布施，若左手布施，勿令右手覺……[19]

內文如此。
「看飛鳥亦不種不刈亦無倉坑……」

17 現為京都西本願寺珍藏。

18 一一七三年—一二六三年，日本鎌倉時代初期僧侶，淨土真宗創始人。

19〈馬太福音〉第六章第三節：「你施捨的時候，不要叫左手知道右手所作的。」

道滿繼續道。

你們看天上的飛鳥，既不種，也不收，也不積蓄在倉裡……[20]

這是《新約》裡〈馬太福音〉中「登山寶訓」[21]一節。

「這是世尊在山上對門徒教誨時說的……」道滿道。

「你在哪裡看到的!?」

「我潛入坂越的神社那時，在裡面讀到這部經典。」

「什麼!?」

「這部經典中提到的世尊，指的不是阿彌陀如來。不，也可以說是阿彌陀如來。忍海大人，您說是不是呢……」

「……」

「這位世尊是景教的神祇……不，應該說是神的兒子吧……」

「祂既是神，也是神子……」隱祝說。

「聖父、聖子、聖靈，為同一本體。」忍海加了一句。

「您是說，祂是聖父的聖子……」光君問。

「嗯。」忍海點頭。

20〈馬太福音〉第六章第二十六節：「你們看那天上的飛鳥，也不種，也不收，也不積蓄在倉裡，你們的天父尚且養活他。你們不比飛鳥貴重得多麼。」

21〈馬太福音〉第五章到第七章，耶穌在山上所說的話，被認為是基督教徒言行的準則。

「既然是聖子，那祂應該有生祂的母親吧……」
「有。」
「既然父親是神祇，那祂的母親也應該是神祇吧……」
「不，祂母親不是神祇。母親只是在體內懷了聖子而已，她是人類。也有人視這位母親為神祇，但我們不是……」
景教門徒忍海說。
「聖父，聖子，聖靈……原來三柱鳥居其實是指這三者？」
聽道滿如此說，忍海答不出話。
「大避神社，也可以寫為大辟神社。陀毘泥在大唐也可以寫為大辟。這應該不是偶然吧。」
道滿說。
「阿彌陀是光神，阿羅訶也是光神，太秦則是天賜的光之意……」
「……」
「寺內有口井，名叫伊佐羅井，這是『一賜樂業』[22]的意思吧。景教經典中，是不是記載著最初祭祀阿羅訶神的人，是一賜樂業的民眾呢……」
道滿無聲地揚起嘴角，露出黃牙。
「道滿大人……」光君出聲呼喚。

22 「伊佐羅井」日文發音為「i sa ra i」。「一賜樂業」是希伯來語「以色列」的古音譯，也是古時遷徙至開封的猶太人自稱，日文發音「i su ra e」，「一賜樂業教」便指猶太教。

「什麼事？」

「道滿大人曾說過，這世上沒有阿彌陀的極樂淨土。」

「嗯，確實說過。」

「既然極樂淨土和天國是同一個地方，那麼，所謂天國，不是也不存在嗎……」

「不存在。」

「原來如此……」

光君點頭，一副恍然大悟的表情。

「你的看法呢？」

「我嗎……」

「無論淨土或天國，你認為它們存在嗎……」

「我想，說不存在比較……」

光君說到這裡打住，輪流望著道滿、忍海、隱祝三人。

「說不存在比較能夠讓人心服……」

光君笑出。

「不過，比起這點，另一件事實在令人費解，你們剛才說的那些事，為什麼必須不惜殺人也要隱瞞到底呢……」

光君一臉認真地問。

「因為隱瞞過一次……」

忍海開口。

「既然隱瞞過一次，我們就必須隱瞞到底。我們這寺院是以推廣佛教教義為名，在此地存續到今日。萬一大眾得知自己在這兒合掌禮拜的其實不是佛，而是景教的神……」

隱祝代替忍海接著答。

「朝廷將不再庇護寺院，這寺院也將以欺騙朝廷與民眾的罪名，一口氣被廢，到時，我們秦氏一族有可能遭放逐。萬一真發生這種事，秦道滿呀，你也別妄想自己能保平安無事……」

「你別小看我！」

道滿雙眼炯炯發光。

「我連此刻都不保性命了。事到如今，我還有什麼好害怕的……」

道滿哈哈大笑。

「道滿啊，你來此寺院的目的不是為了大笑吧……」隱祝問。

「嗯。」

「你剛才說，你有事想問我們？」

「對……」
「你到底想問什麼？」
「神。」
「神!?」
「沒錯。」
「你不是說，神不存在於這世上嗎？」
「我沒說神不存在。我是說，極樂淨土不存在。」
「哼。」
「我對你們的神和天國，一點興趣都沒有，也無意向別人說出這寺的祕密。要不然，我怎麼可能明明知道這麼多，卻沒有說出半個字呢……」
「你想知道什麼事？說吧。」
「坦白說，我現在陷於困境。」
「像你這種妖物，也會陷於困境嗎……」
「當然會。我剛才不是說過了，我遇到連我都無法解決的問題。不，好像不能說陷於困境，應該說遇到令我費解的問題。我很不滿，所以才來請你們幫我想個辦法。」
「道滿，這還真是難得殊勝。」

「呵呵。」

「到底怎麼回事？」

「我是來問你們有關異國神的事。我想，你們對異國神的知識應該了解得比我更詳細……」

「既然如此，從一開始，你親自來問不就好了……」

「我這不是來了嗎……」

「你來之前，不是派了一些無聊人士來刺探我們嗎……」

「我只是打算在我親自來之前，多掌握一些這寺院的弱點……」

「你這狗屎老頭……」

「承蒙誇獎，我很高興。」

「說吧。」

「嗯。」

道滿點頭，轉頭望向光君，再將視線移至隱祝。

「這男人的妻子，目前陷於很危險的處境。」

「唔……」

「我正是來求你們幫我解謎……」道滿說。

四

「原來如此……」

聽完道滿的說明，隱祝說此話時，斜斜射在彌勒菩薩的陽光已逃至東側，只剩擱在左大腿上的右腳尖還在發亮。

從格子窗進來的不只是陽光，也混有蟬聲。暮蟬[23]的澄澈叫聲在繪堂內迴響。

「你要我們解開謎題嗎……」

「是的。」

謎題有兩道。

第一道謎題是：

　在地底迷宮深處的黑暗中，獸頭王用黃金杯喝著黃金酒在哭泣……這是什麼？

第二道謎題是：

23學名*Tanna japonensis*，中文學名「日本暮蟬」，日文名「茅蜩」、「秋蜩」、「日暮」（ヒグラシ；Higurashi），蟬科（Cicadidae）。

可憐的王在其中哭泣，悲嘆解不開緊緊的結。到底誰才能解開這結呢？

「有關這個，我想起幾件事……」忍海低語。

「什麼事？」光君問。

「是與古代眾神和王有關的事。這些古代眾神和我們的神祇是不同神，不過，雙方都和牛有關，而且，雙方都和獸頭王或皇子有關……」忍海答。

「對了，正是那個故事。」

隱祝點頭。

「長久以來，我們的神和這些眾神始終在爭鬥。因此，我們知道並記載了不少這些異教神的故事，直至今日，仍牢牢記得……」

忍海仰頭望向窗口射進的陽光。

「牛和獸頭王，黃金，還有太陽神……」

忍海說完，閉上雙眼。

隱祝望著光君和道滿。

「你們從這兩道謎題追溯至牛頭天王——黃泉之王素戔嗚尊，乘牛的大威德明王，同樣乘牛的摩多羅神，最終來到我們這裡，實在很厲害……」

隱祝感慨萬千地低語。

「我們確實是一面祭祀佛，另一面又祭祀我們的神。我們借用祭祀這塊土地之神的賀茂一族之力，在大酒神社祭祀賀茂神，其實真正祭祀的是我們的神。對我們來說，要同時祭祀我們的阿羅訶神、佛教的彌勒佛，以及身為賀茂的神宿神摩多羅神這三尊神祇，並非難事。反正我們本來就將聖父、聖子、聖靈這三尊視為一體，一直祭祀至今日……」

「這點不用再說明了。你快告訴我們，你剛才提到的那些對你們來說是異教神的故事吧……」道滿說。

「好的……」

忍海睜開雙眼點頭。

「那就先說第一道謎題，我能想起的是以下的眾神故事……」

之後，忍海開始講述如下故事。

五

「我要講的，是比唐國以西天竺國更西邊的王國的故事……」

忍海說。

「在那西方大海，有個祭祀海神的島國。據說，國王的皇子是牛頭人身……」

在那個王國，每年都要殺一頭公牛獻給海神。

某年——

國王祈求海神，從大海得到一頭打算當作供品的白色公牛。可是，國王很喜歡那頭白色公牛，遂將其據為己有，用另一頭公牛當作供品獻給海神。

海神大怒，對國王下了詛咒。

結果，皇后愛上了牛，而不是人。

皇后愛上白色公牛，不分晝夜地和白公牛性交。之後，生下一個牛頭人身的皇子。

這位牛頭人身的皇子，天生是個大力士，經常不分青紅皂白對別人施暴，因此國王不得不設法解決此問題。

國王命著名建築師建造了一座凡進去就無法再出來的地底迷宮，再將牛頭人身的皇子關進迷宮。

但是，國王不得不給皇子吃食。然而，這位皇子的食物竟然是年幼的童男、童女。於是，每隔九年，國王就送七對童男、童女給這位牛頭人身的皇子當食物。

某天，有位俊美劍士來到此王國，以拯救公主為藉口，利用一個線球進入迷宮，殺掉這位牛頭皇子，平安無事地出了迷宮——

故事大致如此。

六

「原來如此，確實是描述住在迷宮裡的牛頭王的故事……」

道滿點頭。

雖然故事中的主角是皇子，是國王之子，但和謎題中的獸頭王相通。

「不過，即便這就是謎題的答案，我還是想不通對方為何向我們出了這種謎題……」

「用黃金杯喝著黃金酒在哭泣……這點也想不通。」光君說。

「另一個故事呢……」道滿問。

「這個故事和緊緊的結有關……」隱祝答。

「緊緊的結……可憐的王在其中哭泣，這和剛才那故事好像也相通……」

光君似乎想起某件事，開口說。

「是嗎……」

隱祝望向光君。

「換個角度來看，繫緊的結也可以解釋為那座迷宮。謎題問我們，到底誰才能解開這結？我想，對方的真正意思可能是在問：到底誰才能走出那座迷宮。我覺得，第一道謎題和第二道謎題或許是同一道……」

「有道理，確實有可能。不過，在討論此問題之前，我先講述有關結的故事。因為時代太久遠，哪些是真實，哪些又是傳說，已經很難證實，答案在遙遠的時間彼方。總之，所謂神話故事，都會對應時代而改變內容，甚至連故事中的國王和眾神也會改頭換面……你們要先理解這點，再聽我講述內容。」

隱祝如此說後，繼而敘述起以下的遠古眾神故事。

七

離唐國非常遙遠的某西方大地，有個歷史悠久的國家。

但是，這個國家沒有國王。

只有一個自古以來便傳流下來的神諭。

神諭內容是：

「第一個乘牛車出現的人即是國王。該人會把牛車繫在神殿前，並打下一個任何人都無法解開的繩結。」

某天，有名貧窮農夫乘著牛車前來。

那名農夫和獨生子一起來到這個國家後，把車轅繫在神殿柱子上。

當時，農夫用的是以撕碎的燈臺樹[24]樹皮搓成的繩索。

人們立即上前打算解開農夫將牛車繫在柱子的繩結，無奈沒有任何人能解開。

「這位大人正是我們的國王。」

於是，該農夫成為該國的國王。

此時，神又下了新神諭。

內容是：

「能解開此繩結的人，將成為世界之王。」

之後，那位農夫國王帶來的兒子成為第二任國王。

第二任國王在位時——

據說，眾神中有一老神因喝了過多的葡萄酒，醉倒在國王的庭院中，睡著了。

第二代國王熱情地迎進這位老神，連續十天十夜都以美酒美食殷勤款待。

這位老神回到神的宮殿後，另一位拜老神為師的神祇，為了感謝國王，向國王說：

「王啊，我很感謝你。你有什麼願望，儘管說。我會成全你的願望……」

國王回答：

24 學名*Swida controversa*，日文名「水木」（ミズキ；mizuki），山茱萸科（Cornaceae）落葉喬木，樹高十至十五公尺。

「您可以讓我接觸到的所有東西都變成黃金嗎……」

「當然可以。」

國王如願以償。

只要國王觸到庭院的樹木，樹木便會變成黃金樹；觸到花，花也會變成黃金花。

觸到成串的果實，果實即化為黃金果。

國王很高興。

然而，他只高興了一會兒。

因為國王用餐時，觸到食物，該食物就會變成黃金；想喝葡萄酒時，酒也會變成黃金酒。

無論國王想吃什麼，都會變成黃金，若想喝酒，酒亦會變成黃金酒，導致國王既不能吃也不能喝。

國王哀嘆不已。

「啊，到底有沒有辦法讓我恢復原狀呀……」

最後，國王終於再向神祇哭訴求救。

「你只要去某某河，浸在河水裡，應該即能恢復原狀。」

國王按照吩咐去做，將身體浸在河中，上岸後，果然恢復了原狀。

另有一次——

這位國王被邀請去監督太陽神和牧神的音樂比賽。

牧神吹蘆笛，太陽神彈豎琴。

雙方的演奏都很優美，但是，當裁判的山神認為太陽神的豎琴較優，判定太陽神為勝者。

在場的眾神也贊同，只有國王不服。

「我覺得牧神比較優美……」

國王如此說。

太陽神聽了這句話後，大怒。

「你的耳朵是廢物。你沒有必要擁有人類的耳朵。」

於是，太陽神把國王的耳朵變成了驢耳。

八

「原來如此……」

道滿傾耳靜聽隱祝的描述，當隱祝閉上雙脣時，點頭低聲道。

「將這兩則故事合起來，便是謎題的答案嗎？」

「我不是這個意思。我是聽了你們說的有關謎題鬼的事，然後想起這兩則故事而已……」隱祝答。

「我還是無法理解……」

光君開口。

「假如這是答案，這裡頭到底有什麼意義呢？謎題鬼又為何給我們出了這樣的謎題呢……」

「是啊……」

道滿同意光君說的話。

「黃金杯和黃金酒……」忍海喃喃自語。

「對了，我還有一件事沒說……」

隱祝似乎又想起某件事。

「什麼事？」光君問。

「剛才說的那則繩結的故事，後世出現了一個人，解開了那沒有任何人解得開的繩結……」

「是誰？」道滿問。

「是來自西方的一位年輕大王。這位大王用自己的劍一刀斬斷了那個繩結。結果，這位大王果然如預言所說的那般，成為世界之王……」

「哦，原來用劍斬斷了繩結……」

道滿佩服地叫出聲。

「倘若，謎題鬼知道你們剛才說的這些故事，又故意向我們提出那樣的謎題，那麼，是不是表示謎題鬼和太秦寺或大酒神有因緣呢……」

光君一副仍陷於思索的神情。

「難道是我們的神……」

忍海還未說完，隱祝即插嘴道：

「長期以來，我們一直共同祭祀著大酒神和我們的阿羅訶神，或許，大酒神已明白自己是阿羅訶神的宿神兼後戶神，但是……」

隱祝說到此便打住。

「但是什麼……」道滿問。

「但是，我們的大酒神有必要附在這位男子的妻子體內，向你們提出那種謎題嗎……」

隱祝說的很有道理。

「道滿大人……」

光君一本正經地開口。

「當初道滿大人到底因何想到要來此地的太秦寺呢？現在您應該可以說出理由

了吧……」

「這個嘛……」

道滿轉動著炯炯有神的黃色眸子，望向彌勒佛。

陽光早已自彌勒佛的腳尖隱遁，在地板投下格子窗的影子。

「我當然有理由……」

道滿看似在對彌勒佛說話。

「什麼理由？」

「我在謎題中聞到一股奇妙的味道。」

「什麼味道？」

「異國味道……」

「異國……」

「樂音也是如此吧？凡是從異國傳進來的東西，無論傳至天竺或唐國，甚或日本國，縱然土地改變，曲調裡總會留下一股異國風味吧……」

「例如《蘭陵王》[25]之類？」

「是的。」

「……」

「忍海大人……」

---

25 日本雅樂曲目之一，別名《蘭陵王入陣曲》、簡稱《陵王》，屬「渡し物」（外來音樂）中的「左方」（唐樂），舞樂曲。典故來自北齊高長恭因長相過度秀美，遂戴凶惡面具殺敵。曲中殘留濃厚中國風味。

道滿突然轉頭望向忍海。

「什麼事？」

「比叡山講堂有尊這麼大的……」

道滿伸出右掌，停在腹部高處，掌與地板平行。

「大威德明王像，那尊佛像原本是不是在這兒的……」

「你真清楚……」

「果然如此……」

「那是我們命本寺的佛像雕刻師，按照空海[26]阿闍梨[27]自唐國帶回來的佛像外形雕成的。」

「哦……」

「正如我們把彌勒佛當作十字神禮拜那般，我們本來也打算將大酒神社的摩多羅神安座在寺院內祭祀，可是，因為找不到合適的佛像，後來得知明王也乘牛，於是製作了一尊明王像，當作摩多羅神安座在寺內祭祀。」

「那尊佛像為何轉移至比叡山呢？」

「往昔，圓仁[28]大阿闍梨在叡山建造了常行堂，那時，大阿闍梨對我們說，他需要一尊後戶神。」

「這事很有趣……」

---

26 七七四－八三五年，日本佛教真言宗開山祖師，被敬稱為弘法大師與遍照金剛。八〇四年為遣唐使留學僧入唐。

27 梵文為 Acharya，原為古印度教之導師，後為佛教採用，作為出家眾對其師長的名稱，與和尚、喇嘛意義相近。

28 七九四－八六四年，日本高僧，日本天台宗三祖，諡號慈覺大師。

29 西元八五一年。

30 Mahākāla，或音譯為摩訶迦羅、瑪哈嘎拉等。本是婆羅門教濕婆（即大自在天）的變身，後為佛教吸收成為護法神，密宗中是專治疾病之醫神。藏傳佛教認為大黑天是毗盧遮那佛（大日如來）降魔時呈現的忿怒相。

31 梵語為Śāriputra，佛陀十大弟子之一，號「智慧第一」。

常行堂——天台僧為修常行三昧所建的堂舍。以阿彌陀如來為本尊，九十日為期，在四周一面念佛一面迴轉。為此修行，圓仁於仁壽元年[29]建設了常行堂。

「其實也可以用彌勒佛或大黑天[30]當後戶神，不過，聽說往昔釋尊在說法時，來了一萬名叛徒打算妨礙說法，那時舍利弗[31]演出六十六番物真似，平息了這場騷動[32]。所以我認為或許申樂神比較適合，因而前來請教……」

忍海以抑揚頓挫的聲音如此說，好似圓仁在當時正是與他說的話相同似地。

地點在天竺祇園精舍——

據說釋迦如來在此說法。

古籍記載，有一天，提婆帶了一萬名叛徒前來，各個手持綁著幣帛的樹枝和矮竹葉，邊狂舞邊大叫地妨礙釋迦說法。

這時，釋迦如來的弟子阿難[33]、舍利弗、富樓那[34]三人，準備了鼓、笛之類的樂器，當場表演了六十六番申樂（物真似）。結果，一萬名叛徒受吸引，全體安靜下來，觀看這六十六番申樂，釋尊才得以順利完成說法。

圓仁說的正是這段記載。

「申樂神的代表是摩多羅神。而摩多羅神正是此寺院的神。我想勸迎摩多羅神到我們的常行堂，不知你們有沒有什麼好主意……」

---

32 此傳說見於日本能樂集大成者世阿彌最重要著作《風姿花傳》，該書謂此為天竺此道之始。

33 梵語為Ānanda，佛陀十大弟子之一，號「多聞第一」，佛入滅後證阿羅漢果。

34 梵語為Pūrna，佛陀十大弟子之一，號「說法第一」。

據云，圓仁當時如此說。

然而，大酒神社的宿神摩多羅神——其神體是一塊大岩石。

「我們不能割開岩石分給大阿闍梨……」

忍海說。

「於是，我們想到一個好辦法。就是把安置在彌勒佛一旁的大威德明王像，送給圓仁阿闍梨當作後戶神。」

既然摩多羅神是乘牛的神祇，同樣乘牛的大威德明王也可以比作摩多羅神，移至常行堂作為後戶神……

再說，太秦寺本來就一直把這尊大威德明王當作摩多羅神祭祀。

「當時你們也說出這件事嗎？」道滿問。

「這我就不知道了，畢竟那是一百數十年前的事，當時的住持到底有沒有說出此事，我也不大清楚……」

總之，圓仁答應了，感激萬分地將大威德明王勸迎至比叡山。

「原來如此，我總算明白了……」

「明白了什麼事？」光君問。

「明白我們之前猜測的答案可能是錯的。不，恐怕是猜錯了……」

「猜錯了什麼？」

「總之，謎題的答案既不是牛頭人身的迷宮王子，也不是耳朵變成驢耳的國王。不過，光是明白這點，也算沒白跑這一趟。不，或許也可以說，我是為了確認我們的答案是錯誤的，才特地前來這兒……」

「難道說，道滿大人一開始就另有其他答案……」

「也可以這麼說……」

「是什麼答案呢？」

「現在最好先不要說出，現在嘛……」

「那，何時可以說出？」

道滿不理光君的提問，道：

「我們回去吧……」

「回去？」

「我是說，我們的事情辦完了，必須趕快回去。接下來，你將會忙碌得很。」

「為何我將忙碌得很？」

「因為你必須表演六十六番物真似。」

「物真似!?」

「忍海大人，隱祝大人，我們要回去了，你們不反對吧。或者，你們仍打算殺掉我……」

「道滿，你別吵。我已經打消殺你的念頭。你要感謝那位年輕人……」隱祝說。

「嗯……」道滿點頭，「走吧……」

說畢，道滿轉身，邁開腳步。

九

當天傍晚——

光君拜訪了頭中將。

見到頭中將時，光君立即說：

「摒退眾人。」

頭中將馬上摒退左右，此刻，只有光君和頭中將兩人相對而坐。

光君神色不變，白皙的肌膚，清澄的雙眸，紅唇依舊帶著若有似無的微笑。只是，他全身裹著一層類似靈氣的氛圍，這點倒異乎尋常。

光君全身本來就散發著一種既輕緩卻又冰涼透徹，類似鋒利刀刃特有的光芒，但至今為止，他從來沒有把這刀鋒部分朝向四周人。但是，此刻的他——看似已自刀鞘拔出那把刀刃，並將刀尖朝向外側。

「我妹妹發生了什麼事嗎!?」頭中將問。

妹妹，指的是光君的妻子葵之上。

「她倒是一如既往……」光君答。

夜間的黑暗逐漸逼近庭院。

蟬聲已停止，庭院的樹木和草叢中發出初秋的蟲鳴聲。

雖然已近掌燈時分，卻因為摒退了所有人，屋內沒有亮光。

頭中將在這種昏暗之中問：

「到底什麼事？」

「我想拜託你一件事。」

「什麼事？」

「你一定要答應。因為只有你能幫忙……」

「你先說你想拜託什麼事……」

「我想拜託你在明天夜晚去一趟比叡山……」

「比叡山!?」

「和我妻子一起去。」

「你說什麼!?」

頭中將大叫，這也難怪。

因為葵之上的病狀若真如光君所說，一如既往的話，根本無法前往比叡山。

何況，葵之上懷有光君的孩子。

「用步輦搬運。不是要讓她走路。」

「話雖這麼說……」

「拜託。只有你能幫忙。」

光君說。

卷十

常行堂之宴

一

比叡山——

常行堂。

四周是柳杉[1]林。

常行堂孑立在樹林中。

在深濃的黑暗中。

黑暗寬闊得如大海，然而常行堂比四周的黑暗更漆黑，盤踞在黑暗大海的海底。

後門那邊——

佛堂後面有一小塊廣場。

整座佛堂外側都環繞著雨廊[2]。

佛堂正面的雨廊設有階梯，後面的雨廊也設有階梯。

階梯下的泥地上擱著一座較一般為長的步輦，其上仰躺著一名女子。女子身上雖然蓋著被子，卻明顯可以看出隆起的腹部頂著被子。

看來女子是懷胎了。

掛在樹梢上的月亮在小廣場投下影子。

---

1 學名*Cryptomeria japonica*，日文名「杉」（スギ，sugi），柏科（Cupressaceae）常綠喬木，日本特產之針葉樹。

2 日文名「濡れ縁」，是會淋到雨的沿廊，通常以竹製成利於水漏下。

廣場四隅燃著篝火。
熊熊的火焰搖來晃去，在整片黑暗中，只有廣場勉強有亮光。
只是，正因為有亮光，反倒令四周的森林看起來益發漆黑。
光君站在女子仰躺的步輦前。
一旁是頭中將、蘆屋道滿、惟光，以及青蟲、蟲麻呂和夏燒太夫。
眾人在陽光仍殘留於西方上空的傍晚時分，聚集在此地。
光君於事前命比叡山的僧侶皆不准接近廣場。
頭中將因緊張而表情僵硬。
惟光則雙膝顫抖不已。
青蟲面無表情，即使借火焰的亮光看去，夏燒太夫和蟲麻呂兩人也均顯得面無血色。
只有道滿，脣角浮出笑容。
光君若無其事地注視著步輦上的女子。他那雙透明得好似看得見鮮血顏色的紅脣，如常地掛著若有似無的微笑。
「或許一開始就應該這樣做，可是，沒頭沒腦就叫你做的話，你大概不會答應吧……」道滿低語。
「是……」光君點頭。

「我也是去了太秦寺後，才下定決心舉行這場祭典……」

道滿伸出紅舌舔了一下嘴唇。

「只要平安無事完成這六十六番，宿神就會現身吧……」光君低聲道。

「據說，古時的廄戶皇子仿照佛典故事，命秦河勝在大內紫宸殿前演出六十六番物真似。那時，以此為祭祀祝禱，宿神現身了。萬一你妻子體內的宿神不知道這段故事……」

「那就表示萬事皆休了。」

「哼。」道滿輕哼一聲。

六十六番物真似的演藝用具早已備齊。

古琴[3]。

琴[4]。

和琴[5]。

高麗笛[6]。

笙。

箏[7]。

篳篥。

琵琶[8]。

---

3 日文名「琴の琴」（きんのこと，kin no koto），長約一二〇至一二五公分，面板一般為桐或杉，底板為梓或楠，七弦，無琴柱，面板上有十三個琴徽，演奏時左手指按弦右手指撥弦。

4 日文中狹義的「琴」（こと，koto）指日本箏，廣義指弦樂器總稱。也有說「琴」指無琴柱，「箏」指有琴柱者。

5 長約一九〇公分，多以桐木製。六弦，使用楓樹枝分岔處為琴柱，演奏時左手以指，右手持約七公分、以牛角或鱉甲製成的「琴軋」（撥子）撥弦。

6 日本雅樂樂器之一，竹製，六孔，長三十六公分，內徑九公分。自朝鮮傳入。

龍笛。
鼓。
各式各樣的樂器都有，另外又準備了配合樂音舞蹈時所用的裝束。
還有，毬……
「我們開始吧……」光君低語。
「好。」
道滿說畢，捧起毬。

二

砰！
砰！
蟲麻呂擊鼓的聲音響起。
節拍恰恰好。
可以令人自然而然地興起想踢毬的興致。
光君讓自己的心靈合著鼓聲節拍，不知不覺中，內心的雜念便已消失，肉體逐漸趨於澄淨。

---

7 指日本箏，日文名「箏」（そう，sou），長約一八〇公分，十三弦，琴柱皆可移動，可依需要移動琴柱位置以調音。演奏時以拇指、食指、中指戴上指撥以撥動琴弦。
8 指日本琵琶，七至八世紀時由中國傳入日本，至今仍保持唐制，演奏時用扇形如銀杏葉的撥子撥弦。

「開始了！」

道滿雙手捧著毬，舉向半空。

「呀卡！」

道滿伸腳把毬踢向上空。

原來道滿負責開毬。

一丈五尺——

鞠漂亮地升上半空，往光君那方落下。

「喔！」

光君用右腳接住毬，踢向上空。

毬落下時，光君再度大叫：

「阿哩！」

接著又用右腳把毬踢向上空。

一丈五尺——

毬漂亮地升向半空，又落下，光君再度大叫：

「呀卡！」

繼而用右腳把毬踢向半空。

踢毬的節奏剛好和蟲麻呂的鼓聲相和。

砰！

砰！

砰！

鼓聲持續響起。

光君和著鼓聲，不斷叫著：

「喔！」

「呀卡！」

「阿哩！」

他不停用右腳接毬，再把毬踢向半空，之後再接毬，又踢向半空。

毬也不斷漂亮地升向半空。

當毬升向天空，在上方瞬間靜止的那一刻，看上去像是另一個月亮。

踢毬時，那種感覺向光君襲來。

正是那種不知何物的「東西」，在黑暗中群集過來的感覺。

來了。

又是它們。

光君暗忖，原來只要踢毬，它們就會群聚過來？

起初只是氣息。

彷彿黑暗在黑暗中凝結，那些「東西」一點一點地群聚過來。它們本來就是一些普通人看不見的、類似氣息的東西，但光君看得見它們。

那三個類似猴子的童子也出現在群物中。

秋園。

夏安林。

春楊花。

正是那三個毬精。

氣息繼續群聚過來。

它們都在黑暗的森林中望著這邊。

有長著雙翼的。

有外形像一塊木板的。

有長得像杓子的。

有嘴巴像鳥喙的。

有長的。

有短的。

有爬行的。

有步行的。

有蹲坐的。

有站立的。

有飄浮的。

有用兩隻後腳走路的狗。

有小和尚。

有鳥首狸身的。

有人面蜈蚣。

有長著蜘蛛腳的人頭。

會走路的魚。

頭上長角的女子。

妖鬼。

所有精靈及其他「東西」，接二連三地群聚在黑暗中擠成一團。

而且，它們都屏氣凝神地觀看著光君踢上半空的毬。

其中，外貌如赤子的天一神也在場。

頭中將和惟光當然都看不見這一切。

但他們似乎仍感覺到異樣氣氛。

兩人都感覺到在此地，某件非同小可的事正在發生。

而且彷彿在證明此事般，頭中將和惟光的脖子的毛都倒豎起來。

毬轉著圈，升向月空。

接下來，毬飛向遠方。

光君在地面急奔。

滑到毬落下的地點。

「喔！」

用右腳接毬。

是延足。

就是用肩膀接住落下的毬，再讓毬落至背部，接著一面轉身一面踢毬。

歸足。

即用胸膛接毬，再讓毬順著身體的腹部、腰部、大腿、膝蓋、小腿滾動，最後等毬落到鞋子那瞬間，再往上踢。

傍身毬。

翻跟斗。

將篝火當作車，奔進火中再翻身。

光君表演了十多種踢毬特技，一次也沒有失敗，再將鞠踢回給道滿。

此時，青蟲已手握龍笛站在光君面前。

光君接過龍笛，將吹孔貼在脣上。
月光中，順溜地滑出一條發出青色燐光的蛇。
那條蛇在月光中飛舞。
蛇一條接一條從笛子中出現，在月光中升向天空。
光君的身體與笛音一起化為朦朧發光的蛇，逐次溶化於天地間。
青蟲的雙眸淌出兩行淚。
「這真是……」
站在道滿身旁的蟲麻呂低聲道。
「太美了……」
蟲麻呂一副陶醉的表情。
「我就算在今晚死去也無怨無悔……」
「呵……」
道滿笑出，卻沒有開口回話。
吹完龍笛，青蟲又遞出古琴。
光君坐在地面彈起古琴。
鈴！
古琴響起。

鈴、鈴、鈴、鈴。

每逢弦音響起，群聚在四周的那些「東西」都會「噢」地發出無聲的讚歎。

接著是嘆息聲。

風，騷動個不停。

群聚過來的那些「東西」，各自接觸到比鄰的「東西」時，均不約而同黏在一起，融為一體。

融為一體的「東西」開始乘風流動。

琴。

和琴。

高麗笛。

笙。

篳篥。

琵琶。

鼓。

光君依次變換樂器，不停地演奏。

天地也和樂音呼應。

整座山發出嘹亮的鳴響。

所有「東西」都融為一體。

那「東西」開始迴轉為漩渦。

《廣陵》[9]。

《仙神歌》[10]。

《相夫戀》[11]。

光君演奏完二十多首曲子。

其次是舞蹈。

已經換上衣服的頭中將走出來，開始舞蹈。

青蟲吹龍笛。

蟲麻呂擊鼓。

夏燒太夫彈琵琶。

曲子是《柳花苑》[12]。

頭中將舞畢時，光君已換上衣服。

接下來是《春鶯囀》[13]。

據說是唐太宗譜成並編舞的曲子。

本來是四人、六人或十人舞蹈的曲子，此刻只有光君一人在曼舞。

光君的手在月光中翩翩。

---

9 即古琴名曲《廣陵散》，「散」為「曲」之意。相傳東漢末年流行於廣陵（今江蘇揚州）之民間樂曲。描寫戰國聶政刺韓王故事。在日本見於平安時自中國傳入之《琴操》。

10 唐樂太食調，又名「仙遊霞」，相傳隋煬帝命白明達作成。

11 唐樂平調。本為「相府蓮」，原曲詠晉丞相王儉邸中蓮花，因「相府」音通「想夫」，遂成女思慕男之戀歌。

12 唐樂雙調。本名「柳花怨」，相傳桓武天皇時遣唐舞生久禮真藏所傳。四人女舞，中古後舞已廢絕。

13 唐樂壹越調。相傳唐太宗作，又傳高宗聞鶯聲命白明達作成。

他優雅地踏著大地，詢問地神。

「是何方神祇？」

之後，光君再宣告。

「醒來吧。」

光君每踏出一步，該處即會開出花朵，花瓣翩翩飄舞。

接著是《青海波》[14]。

光君臉上戴著鳥兜[15]，髮簪野菊，腰佩長刀。

身穿青海波花紋袍服，露單肩，是擺動袖子表現波浪反覆起落的二人舞。

《太平樂》[16]。

《蘭陵王》。

《海仙樂》[17]。

《迦陵頻》[18]。

《酣醉樂》[19]。

《喜春樂》[20]。

舞蹈途中，夏燒太夫加入。

也就是說，往昔，阿難、舍利弗、富樓那三人在祇園精舍中表演時所扮演的角色，此刻由光君、頭中將、夏燒太夫三人扮演。

14 唐樂盤涉調。最流行的雅樂曲。雙人舞。

15 日本古神樂用的裝束之一，面具兼帽子，多用華麗絲綢製成，呈雞冠頭或鳳凰狀。

16 唐樂大食調。四人舞，描述鴻門宴上項莊項伯之劍舞。

17 唐樂黃鐘調。又名「海青樂」，相傳日本仁明天皇命大戶清上作成。

18 唐樂壹越調。又名「鳥之樂」，四人童舞。描述神鳥迦陵頻伽於祇園寺供養日降臨，妙音天奏此曲。

19 高麗樂壹越調，四人舞，現舞已廢絕。

20 高麗樂黃鐘調，相傳隋煬帝時陳肅公作，又傳奈良大安寺安操法師作。四人舞。

光君舞了十多首曲子。

光君的體力逐漸消耗，疲憊不堪。肉體應該已超越了負荷極限，卻仍酣醉般在舞蹈。

愈是疲憊，光君的身體愈是輕盈地在月光中浮蕩。

天空在迴轉。

星子在移動。

舞蹈完畢，現場只剩光君一人。

光君單獨一人站在月光中。

其次是唱歌。

是和著樂器高唱的歌。

在光君發出的歌聲中，黑暗也發出嘎吱響聲。

歌聲與樂音重疊，樹林的沙沙響聲也在伴奏。

到底唱了幾首呢……

光君的聲音早已嘶啞。

卻依舊繼續唱著。

光君已經失去自己在唱歌的自覺。他只是如樹梢隨風搖動時發出聲響那般，肉體在天地之間對著黑暗不停鳴響而已。

寂寞人兒啊
走夜路行船旅　旅之空
旅之宿
鬱蔥林中山寺誦經聲
相思相愛男女無奈分離……[21]

唱完此歌，光君閉口。
樂音也停止。
「還剩一首……」
道滿的聲音響起。
還剩一首……
到底還剩哪一首沒唱呢？
光君在歌唱途中差點失去思考能力。
不，應該說，他自我的存在似乎已完全溶化於天地間。
原來，所謂演藝（物真似）就是這種感覺？
所謂蹋毬就是這種感覺？
演奏音樂就是這種感覺？

---

21 民間流行歌，收錄於《梁塵秘抄》（後白河法皇於平安末期編纂之大眾歌謠集），在平安時代貴族間也很流行。

舞蹈就是這種感覺？

唱歌就是這種感覺？

讓自己的存在消失於蹋毬中。

讓自己的存在消失於樂音中。

讓自己的存在消失於舞蹈中。

讓自己的存在消失於歌曲中。

每次蹋毬，每次演奏，每次舞蹈，每次歌唱，就會一點一滴地削去自己的身心，捨棄在天地之中……

不，不能說是捨棄。

是溶化。

所有在內心動搖的感情，無論悲哀或喜悅，都會與毬、樂、舞、歌一起消逝於遠方。

難道，連自己本身……

不，自己仍存在於此。

自己正站在此地。

可是，自己此刻站在此地一事，又何等虛幻。

仰頭往上看，可以看見星子。

風吹著。

在這天地之間，只有自己單獨一人。

「還剩一首……」

聲音傳來。

到底還剩哪一首？

光君已無法理解其意。在黑暗中群聚的那些「東西」，此刻已融為一體，在光君四周形成漩渦。

漩渦發出隆隆響聲。

難道自己也是它們的一部分？

光君覺得自己似乎毫不費力便能溶化進那些「東西」之中。

若是如此，那該是多麼輕鬆啊。

光君感覺很溫暖。

有人在哭泣。

聽起來像是女子的哭聲。

四周只有光君一人。

單獨一人。

原來自己浮在宇宙的虛空中。

是那個夢嗎？

難道自己此刻又做了那個偶爾會夢見的夢？

溫暖的虛空，感覺很舒服。

光君覺得此地應該正是自己的居所。

自己是「東西」。

是「妖物」（物之氣）。

既是萬物根源的「東西」，亦是萬物棲宿的「東西」。

啊，原來不僅自己如此。

天地萬物不都和自己一樣，以同樣形狀、同樣方式存在於這世上嗎？

到底是誰懸浮在這天地之間？

到底是誰在這溫暖的虛空中哭泣……

「你又想和它們一起玩耍嗎？小心你回不來……」

有人在呼喚自己。

是誰的聲音呢？

「還剩一首……」

又聽到這句話。

難道母親的胎內是這種感覺？

其實自己很想一直待在這裡。

倘若自己過去遇見的女子或邂逅的女子，都具有自己需求的東西，那麼，每個女子確實都具有這種溫暖感覺，自己需求的其實只是這種感覺……只要有這種溫暖感覺就好了就好了這種溫暖感覺很舒服不要再叫我了我只要這種溫暖感覺這種舒服的溫暖感覺溫暖的這種感覺其他都不要到底是誰這樣想呢是自己這樣想嗎是自己嗎自己嗎嗎嗎嗎應該是自己吧自己吧啊啊啊啊……

這時——

最後的歌曲響起。

正如擱置在天地間幾千年的天鼓，自然而然響起那般——

「嗚哇嗚哇嗚哇……」

光君口中突然發出聲音。

不是語言。

是聲音。

是嬰兒剛出生時，對宇宙發出的第一聲。

那是對這個天地首次顯示自身存在的聲音。

那聲音還未具任何意義。

卻包含了一切。

是象徵混沌的聲音。
日後將遭遇的所有感情、喜悅或悲哀，非喜悅者或非悲哀者，所有酸甜苦辣，或酸甜苦辣以外的一切感情，都包含在此聲音中。

嗚哇嗚哇嗚哇嗚哇嗚哇!!

聲音延伸至天空。
那聲音並非歌曲，卻也是歌曲之一。
沒有在唱，卻正是歌。
光君的容貌極度扭曲變形。
變成嬰兒容貌。
光君用盡全身力氣，竭盡聲量地大喊。

嗚哇哇哇哇哇哇哇哇哇哇——————
啊啊啊啊啊啊啊啊啊啊啊——————
啊啊啊啊啊啊啊啊啊啊啊啊……………

溶化了。

「東西」在光君頭上轟隆旋轉成漩渦。

爬行的東西，步行的東西，不爬行的東西，飄浮的東西，獨眼的東西，三隻眼的東西，類似杓子的東西，跳躍的東西，不跳躍的東西，步行的狗，人頭蜈蚣……一切都溶為一體。

而且，連天一神也不例外——

東西和東西之間已無任何區別。

人和石頭同類，石頭和草同類，草和風同類，風和蟲同類，蟲和樹木同類，樹木和樂器同類，樂器和肉體同類，肉體和心靈同類，心靈和人同類。

啊啊啊啊啊啊啊啊……………

如此，光君終於唱完最後一首第六十六番。

此刻，光君再度呱呱墜地。

接著——

光君看見了。

看見宿神——

翁，出現了。

三

翁坐在階梯中段的其中一級。

是位嬌小如猿的老頭。

頭上戴著唐式頭巾，身上穿著淺黃色狩衣。

「好，好……」

那老頭──翁，開口說。

笑瞇瞇的老頭，既是宿神，也是摩多羅神，是所有精靈之王。

「有才者當褒之，凡生物當祝之。眼淚即便會墜地消逝，亦當慶賀之……」

聽到這句話，光君才發覺眼淚滑下自己的臉頰。

「您是……」

「我正是你應該看見的『東西』。你此刻看見的『東西』，正是我……」

翁的身體搖晃了一下。

輪廓在瞬間模糊不清。

在回復原形的剎那間，他的頭變成山豬頭，其次又變成牛頭，之後再回復為老頭面貌。

光君不清楚是此翁自身在變幻外形，還是自己內心浮現的形象瞬間投影在翁的外貌上。

「你的願望是什麼……」

翁問。

「是點石成金的力量嗎？或，是一把能斬斷無解之結的利劍呢……」

翁的身體再度搖晃了一下，他的外形有一瞬間變成乘牛的彌勒佛，接著又回復為老頭外形。

「我想知道答案……」

「答案？」

翁重複了一遍光君的話。

「答案總是存在於問題中。當你提出問題時，你便已經知道答案了……」

翁如此說。

「躺在那兒的人是我的妻子……」光君說。

頭中將咕嘟嚥下一口唾沫。

惟光則咬緊牙根，仔細聆聽自己的主人和翁的對話。

夏燒太夫、青蟲、蟲麻呂三人則默不作聲。

只有道滿抱著胳膊，津津有味地望著光君和翁。

光君深知眼前此翁，應該是連天一神也包含在內的存在。

「女人本身本來就是一道大謎題。是一道沒有任何答案的謎題……」翁說。

「這女子體內潛藏著某種『東西』，那東西在腐蝕這女子。到底是什麼東西附在這女子體內呢……」

「我剛才不是回答了嗎？當你提出問題時，你心中已經知道答案了……」翁笑道。

他的容貌又在變化。

變成佛陀。

「在地底迷宮深處的黑暗中，獸頭王用黃金杯喝著黃金酒在哭泣……這是什麼？」

「可憐的王在其中哭泣，悲嘆解不開緊緊的結。到底誰才能解開這結呢？」

佛陀笑著。

「你已經知道答案了……」

翁的容貌又回復原狀。

「賀茂祭那天，我從山上神移至下賀茂神社時，當時所有在場的人當中，只有那孩子看見了我。可以說，是我喚醒了那孩子，也可以說，是那孩子自己覺醒了……」

「啊——！」

光君大叫。

「噢……」

接著用雙手罩住自己的臉。

「你看……」

翁的面貌變成嬰兒，嬰兒的面貌又變成光君，之後，又回復為老翁面貌——

「唉，得知一切者哀，得見一切者痛。不過，這正是人的宿業……」

搖晃……

翁的身體在搖晃。

之後，翁消失蹤影。

微風中，只有搖晃的篝火仍在燃燒。

四周響起火星子爆裂的聲音。

在爆裂聲中，傳來另一種低沉的聲音。

是光君的嗚咽聲。

四

「怎樣？你知道答案了嗎……」

道滿挨近問。

聲音溫柔得一反常態。

光君抬起臉。

「是，我知道答案了……」

光君平靜地答。

「那是我本身。我也是所有眾神和所有動物的同類。在迷宮哭泣的獸頭王，以及能解開緊緊纏結的人，都是我。可憐的王，指的是我。而且……」

「你終於知道了……」

「是。」

光君點頭。

「道滿大人一開始就知道答案了吧……」

「不是一開始就知道答案。我本來覺得很奇怪。去了一趟太秦寺後，我才逐漸認為，或許答案正是如此……」

光君走向步輦。

他伸出手掌，貼在仰躺在步輦上昏迷不醒的女子身上。

「噢，噢，請妳原諒我。這一切都是我的錯……」

光君向女子說。

接著，他將手掌溫柔地貼在女子隆起的腹部。

「吾兒啊，吾兒啊，原來在這胎內、在這子宮內哭泣的人是你，是吾兒你呀。原來是你附在這女子體內，打算諫諍我這個為人之父……」

光君說。

「所謂迷宮，指的是你棲宿的子宮。所謂黃金酒，指的是羊水。你如此費盡心思向我求救，我卻沒有察覺……」

光君將臉頰貼在腹部。

「原來你也看得見。原來你和我一樣，天生就看得見。賀茂祭那天，宿神，亦即翁，從山上化為風下山時，你在你母親的胎內看見了他。是那起車爭事件喚醒了你。那尊神是山豬頭，他察覺到你看見了他，而且把你喚醒了。你在你母親胎內，始終以你母親的悲哀感情為糧食而活著，然後你詛咒我這個父親，打算和你母親一樣讓我痛苦。但是，你一面讓我痛苦，卻一面向我求救。你，正是我。是具有這一國之王血脈的後裔。想到你今後該如何面對你與生俱來的此種特殊力量，我就很心痛……」

光君抬起貼在腹部的臉頰，朝著仍存在於胎內的那可憐的孩子細說。

「解不開的結，指的是你的心。我來當那個解結的人。不，我必須為你解開那結。我，必須為我自己解開那結。直至今日、直至此刻，我也像你一樣，始終在母親的胎內哭泣。我，正是你……」

「好了……」

道滿的聲音響起。

光君回頭，發現道滿站在眼前。

「你還記得我們的約定嗎？」

「約定？」

「我們不是約定好，當問題解決時，你願意被我吃掉嗎？」

「我想起來了……」

光君點頭時——

葵之上突然睜開眼睛，抬起上半身。

她睜大炯炯發光的雙眼，望著光君。

「還有最後一道謎題。」

葵之上揚起左右兩端脣角笑著。

「一身，二心。這個還未取名的妖物，該怎麼辦？」

葵之上歪著頭。

「你知道嗎？」

說完，淚珠從葵之上的雙眼落下。

「就這麼辦。」道滿答。

道滿從懷中取出一顆白色小圓珠，正是之前讓死在鴨川河灘的那男人握住的珠子。

他將圓珠擱在葵之上的腹部上。

結果，白色圓珠沉入葵之上的體內。

接著，道滿伸出雙手貼在葵之上的腹部。

「以羅伊！以羅伊！拉馬撒巴各大尼？拉馬撒巴各大尼[22]……噢，我的神，我的神，為什麼離棄我，為什麼離棄我……」

道滿說畢，抬起雙手，在半空合掌。

「還未取名的妖物，正是此胎內的嬰兒……」

道滿邊說邊鬆開雙手，雙手間出現一個散發紅光的圓珠。

他將那顆圓珠拿到嘴邊，一口吞下。

「我按照約定，已經吃掉你……」

「您做了什麼事？」

---

22 引自《新約》〈馬太福音〉第十五章三十四節，耶穌被釘在十字架上時所說的話，亞蘭語，為當時猶太人通用語言。「以羅伊」指「我的神」，「拉馬撒巴各大尼」指「為什麼離棄我」。

「我吃掉了這孩子的因果。如此，這孩子出生後就不會像你那樣，將只是個普通孩子……」

道滿「喀」一聲吐出圓珠。

圓珠已恢復原本的白色。

道滿將圓珠藏入懷中。

「這趟旅程很有趣吧……」道滿說。

「是……」

光君輕輕地點頭。

終卷

一

六条宅邸——

光君和御息所相對而坐。

庭院早已吹起秋風。

「其實妳早已知道真相了吧？」光君問。

「是……」

御息所點頭。

「我附在尊夫人身上時，看見了。我看見尊夫人和令郎在尊夫人體內哭泣……」

「那妳為什麼不對我說呢……」

「我打算……」

御息所說到此，頓住不語。

「打算什麼……」

「打算讓您痛苦。此外，我再告訴您一件事：您似乎還未察覺，其實讓令郎附在自己體內的人，是您的妻子，也就是尊夫人。是尊夫人……」

「我也認為是如此……」

光君邊說邊起身。

「換句話說，妳和我的妻子不約而同懷有一樣的想法，就是打算讓我痛苦，是吧……」

光君垂下眼簾，背轉過身。

風，吹在跨步離去的光君背後。

是秋風。

御息所的啜泣聲，乘著摻雜菊香的秋風，不停追隨在光君背後。

二

葵之上產下光君的孩子後，香消玉殞了。

產下的孩子是個普通孩子，取名為夕霧，在光君過世後，成為左大臣。

（完）

後記

不好意思，這是部傑作

一

很早以前，我就對《源氏物語》深感興趣。

這是日本最著名的長篇小說——眾人皆知。至今為止，有不少鼎鼎大名的作家將之翻譯成現代白話文。

往昔有与謝野晶子、谷崎潤一郎、円地文子，近期有瀨戶內寂聽、田辺聖子、林真理子等人翻譯。

可是，這部眾人皆知的小說，到底有多少人全部讀完呢？

話說我自己曾挑戰了幾次，結果，每次都半途而廢，無法讀到最後。

也因此，當我接到「能不能寫部《源氏物語》？」的委託時，我坦白向對方說：

「其實我從來沒有讀完《源氏物語》。」

再說，我沒有信心。

這是部我無法勝任的小說。

何況我本來就不擅長描寫女性。

不料，對方竟說：

「那有什麼關係？世間一般讀者或許都認為這是部戀愛小說，但是，這部小說其實寫的是『物』。是『妖物』的『物』，是我們一般人稱呼妖鬼時所用稱呼的『物』……請您寫的正是關於此『物』的小說。」

換句話說，對方的意思是，這部小說的主題最適合夢枕獏來寫。

聽了對方的話，我恍然大悟，逐漸有點心動，真不知該說我很容易上鉤，還是該說我很喜歡被人戴高帽子——

「那，我考慮一下。」

於是我如此回答。

我心想，或許這正是上天賜予的機會，讓我讀完整部《源氏物語》的機會。

剛好那時我預計出國半個月，所以便隨身帶著《源氏物語》出國。人一出國，總會很懷念日語。我的計畫是：當我懷念起日語時，乾脆趁機讀讀《源氏物語》。

然而，不知是我的錯，還是《源氏物語》的錯，總之，這回再度半途而廢了。

說起來，這部小說的登場人物沒有名字。

很多地方人稱皆不明，若以現代人的眼光看去，這點就故事而言是一種缺失。

讀者無法移情於主人翁光源氏。

不僅如此，有時真想賞他幾個巴掌。

光源氏生性輕浮，像隻蝴蝶到處飛來飛去拈花惹草，這本來是他自己的事，可是，讀著讀著，我卻萌生一種想命他乖乖跪坐，好好教訓他一頓的感情——喂，你這樣做，對嗎？

不過，即便是這樣的我，也不得不承認，這部作品的文章風格確實令人著迷。

例如，那段有名的第一行文章——

「話說往昔某朝天皇時，後宮嬪妃甚多，其中有一更衣，出身並不高貴，卻蒙聖眷。」

文章的節奏很好。

讀起來很舒服。

這到底是怎麼回事呢？

我有時也會想：平安時代和現代不同，男女價值觀念當然也相異。活在現代的讀者，或許不能以現代人的眼光，自以為是地對光源氏說教。

唔……還是不明白。

我猶豫來猶豫去，最後下了決定。

「啊，這個故事，我無從下手。」

這是我的結論。

我見了責編，老實向他舉起白旗。

之後，我和委託人湊巧有機會在大阪見面，我正想向他說我已放棄時，對方竟先發制人地問：

「《源氏物語》怎麼樣了……」
哎呀，難道責編沒轉告這件事嗎？
我一臉狐疑地望向在場的責編，以眼神問：
「到底怎麼回事？」
他卻不肯和我正眼對視。
我變成孤軍一人，四周沒有任何戰友。
事情變成這樣，也就無法可施了。
「我寫。」
我下定決心，如此回答。
「不過，內容會變成怎樣，我可不管哦。反正我用我自己的方式寫，寫出來後，到底會不會成為《源氏物語》，我就不能保證了……」
「那當然，你愛怎麼寫就怎麼寫，隨你便。」
既然對方這麼說，於是我就寫了《源氏物語》——正是這部小說《源氏物語祕帖—翁》。
總結說來，我很慶幸自己寫了。
因為這部小說是精采傑作。

二

但是，雖然我決定動筆寫，卻也無法抹消我沒有讀完《源氏物語》的事實。

我到底該怎麼辦？

我受託的工作當然不是將《源氏物語》譯成現代白話文。而是以《源氏物語》為題材，寫出一部嶄新的小說。

況且，我的工作本來就已經很多，如今還要塞進這部《源氏》，並在一年內完成。

我向住在京都的O氏和H氏徵求意見。

「老實說，我從來沒有讀完《源氏物語》。」我說。

「我也沒有讀完。」

「我也沒讀完啊。」

兩人都對我說出親切得令人感激到幾乎掉淚的話語。

我想，O氏和H氏一定都讀完了《源氏物語》，只是為了激勵我，才說出那種話。

「我索性去讀《源氏物語》的入門書，然後假裝我全部讀完了……」

「哦，這主意不錯。」

「贊成。」

聽兩人這樣說，於是我馬上去讀之前早已買了一堆的入門書。

結果，我發現原來有很多各式各樣的《源氏物語》學說，有人主張作者並非一人，而是由好幾人協力寫成，其他另有多種不同說法，換句話說，《源氏物語》在學術界根本沒有任何定說。

書中又描述，大部分讀者在讀至第十二帖〈須磨〉時，都會在此受挫而中止閱讀，因而出現所謂「須磨折返」[1]現象。

原來如此，原來如此。

不過，雖然這幾本入門書給了我勇氣，卻沒有給我創意。

這時，剛好有機會和藤本由香里[2]小姐見面，我向她提起這件事——

「不是有漫畫版的《源氏物語》嗎？」

由香里小姐說。

「啊！」

我不禁叫出聲。

對呀，對呀。

原來我竟忘了大和和紀小姐畫的少女漫畫版《源氏物語》。

「哎呀，妳說的沒錯。我忘了這件重要的事。」

---

1 日文為「須磨帰り」，源氏物語全書五十四卷，〈須磨〉卷正好位於中段第十二卷，描述源氏左遷離開京都。過去由於本書太過困難，讀者常常讀到此卷就放棄。

2 一九五九年生，作家，原出版社編輯，漫畫評論家，明治大學國際日本學部副教授。對於女性的性別論有特出研究，出版許多少女漫畫評論著作。

「我寄給你吧。」

由香里小姐的話真能振奮人心。

然後——

過幾天，整套十三卷的《源氏物語》果然送到我家。

而且，這套漫畫裡另有原著中沒有的源氏和六条御息所的熱戀情節。

如此，我才總算讀完翻譯成現代白話文的漫畫版《源氏物語》。

藤本小姐，謝謝妳。

三

基於上述原因，我好不容易才開始動筆寫自己版的《源氏物語》——《源氏物語祕帖—翁》。

我最初就說過，這是部很傑出的故事。

因為那個蘆屋道滿會出現在書中。

蘆屋道滿權充導遊角色，和光源氏兩人在京都進行古代史之旅。

古埃及、希臘、唐國——既然環遊神話之旅的導遊蘆屋道滿飾演梅菲斯特這個角色——當然，光源氏就得飾演浮士德博士這個角色。

附在葵之上體內的謎題鬼出的謎題：「在地底迷宮深處的黑暗中，獸頭王用黃金杯喝著黃金酒在哭泣……這是什麼？」

這道謎題很有意思吧？

為了解謎，道滿和光源氏兩人進行一趟神話之旅。

這是部傑作。

想想，也有道理。

如果光靠我自己的創意寫小說，我一定不會想到要去寫一本《源氏物語》。

正因為有人萌生「想讓夢枕去寫源氏」的想法，這部小說才會誕生。

有生以來，我第一次用別人的創意寫了小說，卻萬萬沒想到，竟會寫出這種傑作。

哎，寫這本小說時，每天都很有趣。

雖然很辛苦。

但這真的是一部傑作。

二〇一一年一〇月十七日

於四國——

附錄

《源氏物語》簡介

《源氏物語》作者為日本平安時代宮廷女官紫式部。全書由五十四帖構成，長達百萬字，成書年代咸認是在西元一〇〇一至一〇〇八年間，有世界最早長篇寫實小說之稱。《源氏物語》開啟了日本文學「物哀」（即睹物生情）的時代，其重要與家喻戶曉之程度，相當《紅樓夢》之於中國。有許多著名能劇皆取材自《源氏物語》，如《葵上》、《半蔀》、《野宮》等。

《源氏物語》為虛構，卻切實反映平安時代宮廷與貴族生活。小說描述某低階嬪妃（桐壺更衣）深受桐壺帝破格寵愛，生下一皇子，皇子三歲時，更衣因身體孱弱又受人嫉恨，香消玉殞。該皇子天生容貌姣麗、聰明絕頂又多才多藝，天皇恐其擔任太子缺乏外戚後盾，任親王則令他人生篡位之慮，遂降為人臣，賜姓「源」，令其遠離皇位之爭。因其才貌皆舉世無雙，故有「光君」之稱，為「光源氏」之由來。傳說光源氏此一角以嵯峨天皇之子左大臣源融為本。

光君幼年時，有高麗相士來日，礙於不能進宮之規定，遂將光君祕密送至鴻臚館偽裝成保護者右大弁之子，令其相面。後桐壺帝聽說先帝四女美貌宛如桐壺更衣再世，遂迎娶之，是為「藤壺女御」。藤壺極受寵愛，後為中宮（皇后）。光君聽聞藤壺神似自己早逝生母，與之親厚，不料埋下日後與繼母譜出亂倫之戀之因，兩人並生下第三任天皇冷泉帝。

左大臣與三条大宮（桐壺帝同母妹）間有一獨女「葵之上」，另有一子「頭中將」，才貌堪比光君。光君成年禮後即迎娶葵之上為正妻，並與頭中將親密交好，頭中將則迎娶當時右大臣（桐壺帝中宮弘徽殿女御之父）之女四之君為正妻。

「空蟬」故事出於本書第二帖〈帚木〉及第三帖〈空蟬〉。其原為中納言兼衛門督之女，嫁與伊予介為繼室。與光君短暫交往，卻因羅敷有夫，且深知兩人身分差距，堅決拒絕光君求愛，留下薄衣一件如蟬蛻殼後離開，故名之。

第四帖〈夕顏〉一開始，便敘述光君與六条御息所正暗通款曲。六条御息所因住六条京極附近而得名，為桐壺帝同母兄弟、前東宮太子之妃，太子死後寡居，後與光君來往，卻相當在意年紀大過對方。此時光君乳母（惟光之母）因病暫時出家，光君往訪，一女子居於隔鄰，是為「夕顏」，原三位中將之女，頭中將妾室，兩人有一女玉鬘，因正室四之君嫉妒，夕顏母女離去，隱居於此。光君與夕顏遂互隱身分往來，某日光君攜其往別苑幽會，深夜夕顏卻受女性靈魂襲擊而死。

本書故事主要導火線「車爭」為發生在第九帖〈葵〉之著名事件。當時桐壺帝遜位，弘徽殿女御之子（前述光君異母兄）繼位為朱雀帝，光君與藤壺之私生子立東宮（後冷泉帝），以當時晉升大將之君的光君為保護者。藉此時，原賀茂齋院退休，弘徽殿女御之女（光君異母妹）「女三宮」被選為新齋院。六条御息所與前東宮間之獨女（後秋好中宮，又稱齋宮女御）則被選為新伊勢齋宮，六条御息所與光君情事為世人風聞，光君又見冷待，故欲隨女往伊勢赴任。當此新氣象時，故賀茂祭較之前盛大，光君又受命參與，眾人爭睹，導致車爭。

朧月夜（右大臣六女，弘徽殿女御為其長姊，四之君為四姊）在與光君有私情之下，受安排為朱雀帝尚侍（女官，后妃候選人），頗受寵愛。在第十帖〈賢木〉中描述朧月夜仍與光君舊情未了，兩人私通被右大臣發現，導致第十二帖〈須磨〉中光君左遷前往須磨海濱。故「須磨折返」也有光君日後將從須磨回京復官之意。

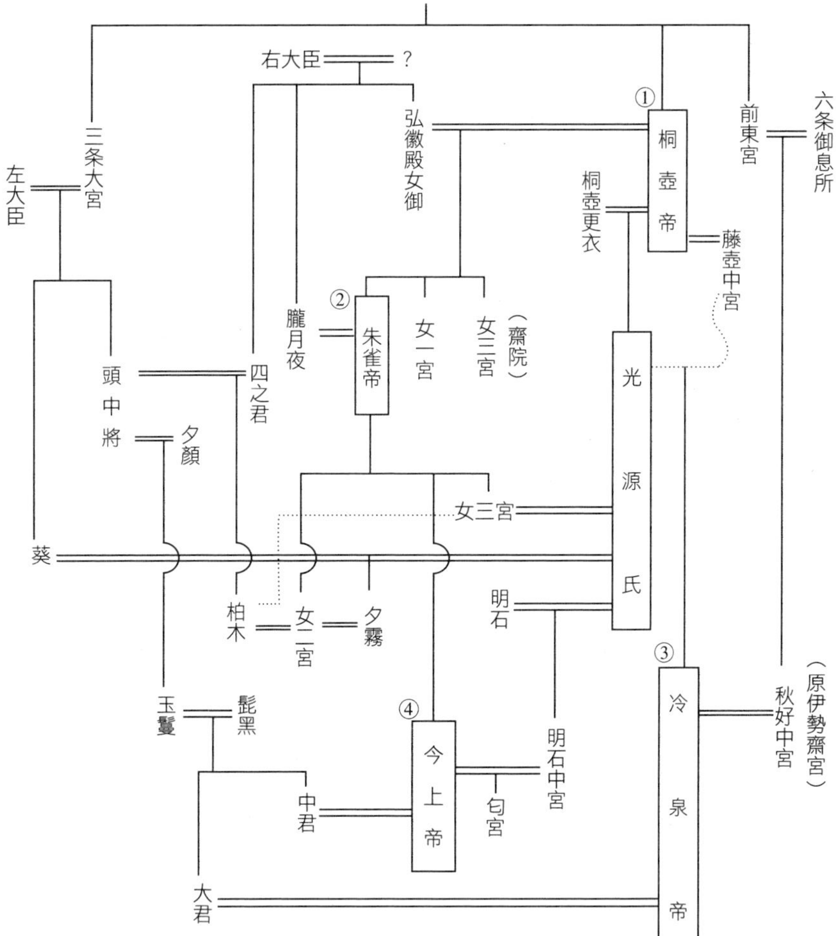

※柏木與朱雀帝之女「女三宮」私通所生之子「薰」即為〈宇治十帖〉主角。

═ 婚姻關係

— 血緣關係

…… 有子嗣的私通關係

○ 編號為任天皇之順序

《源氏物語》人物關係圖

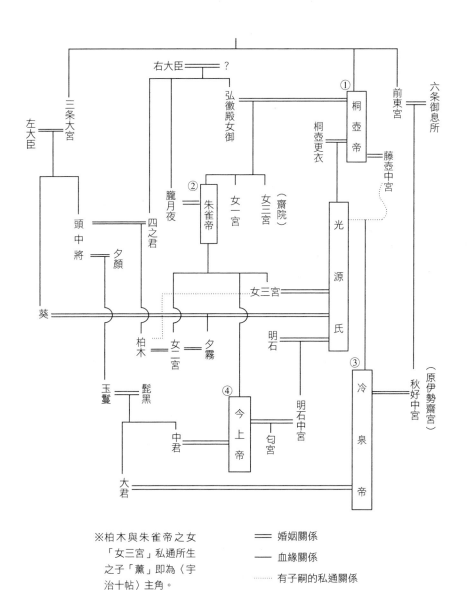

推薦導讀

當「陰陽師」遇上《源氏物語》

陳明姿

夢枕獏早已因一系列的「陰陽師」而聞名遐邇，這次的《源氏物語祕帖—翁》又因巧妙地融入了「陰陽師」、《源氏物語》及能樂的三要素，而呈現出與以往作品相異的樣貌。

本書所取材的《源氏物語》成立於平安時代，至今已歷經千餘寒暑，卻仍保有極高的文藝價值。它雖是一部具連貫性的長篇物語，卻因內容豐富、故事多樣，因此每段故事仍具有獨特的風彩。六条御息所生靈殺人的物語也是作者紫式部遨翔於多彩的平安時空的想像力所編織出來的精采故事之一。身為故東宮太子未亡人的六条御息所深情又專一，她自始至終都為光源氏的多情而苦惱，那天她為抒解內心的煩悶前去觀賞賀茂神社的祓禊行列。雖然刻意低調，裝扮素雅，卻仍被光源氏正室葵夫人的家丁識破，於爭車位時將她的座車推擠至葵夫人侍女座車之後，甚至因用力過大，還把她的座車擠壞，六条御息所因此既無法觀賞祭典，又無法回府，陷入進退維谷的窘境，自尊心甚強的她羞惱嫉恨交加，回到府邸之後，心情始終無法平靜，最後魂魄竟然遊離出身，化成生靈前去殺害葵夫人，這段故事最引人深思之處在於作者將生靈殺人事件與人心的愛執怨恨相結合，因此影響後世頗鉅，近代文學裡也不乏以此題材寫成的小說。但《源氏物語祕帖—翁》這部小說雖取材自這段物語，卻和原著風貌相異。當然夢枕獏並未曲解原意，當光君知道六条御息所的生靈附身於葵夫人的身上後，他特地前去探望她。夢枕獏在這部作品裡為了要讓現代人更能了解光君的多情，特地加入了下面這一段對話。

「剛才您說過，您對昨晚那人（指御息所本身）仍很鍾情。」（御息所問）

「是。」（光君答）

「那麼您對您的妻子不鍾情嗎……」（御息所問）

「我當然對她很鍾情。我對我的妻子，當然也很鍾情…」（光君）

「那麼，其他人呢？」御息所問，並一一道出所謂「其他人」的女子名字。

「是。」光君點頭，「妳說的人，我對她們都很鍾情。」

這是原著所沒有的一段對話，但作者藉由這小段對話巧妙地將光君的多情及六条御息所苦惱的原因詮釋出來。

另外，夢枕在該故事裡亦加入了能樂裡的「鬼」故事，當眾人努力降伏附身於葵夫人身上的不明「物氣」時，道滿法師呼了一口氣，突然看見一隻巨大的左手抓住葵夫人的頭髮往上提，光君於是拔起長刀，朝著抓住頭髮的巨手砍去，巨手當然被砍傷了。這幕很自然地讓人想起能樂中的「羅生門」，據聞平安時代羅生門一帶經常出現鬼手擾民，某夜，當那隻鬼手再出現時，被源賴光的手下渡邊綱砍斷。此後鬼手便不再出現，欲殺害葵夫人的巨大鬼手被光君砍傷的這段，明顯融入了「羅生門」的情節，然而這裡的鬼手主人卻具有令人難以憎恨的情由。六条御息所的生靈被光君砍傷後，她用自己的鮮血在天花板寫下了：「吾魂在虛空亦悲嘆亦徘徊，願郎君結前衫角繫我遊魂」。這首和歌在原著裡是由生靈借葵夫人之口吟詠出來，而非用鮮血寫出來。然而夢枕做了這樣的改寫後，更能讓讀者感受到六条御息所難以從愛執泥沼中自拔的痛苦。

夢枕對光君的外形也有他獨自的詮釋，紫式部的原著形容光君容顏似玉，舉世無雙，當時的朝鮮相士也因其外貌光輝耀眼，而稱其為「光君」，然而究竟有多美，讀者只能各自想像，夢枕則藉由相士的眼及心對光君的外形做出如下的描繪：

……但是，比起服裝，那孩子的白皙皮膚更令他看起來像個女童。……他的白……是那種透明得似乎可以看得見肌膚內的白色的白。

看到這一段，會令人的腦海裡自然浮現一位秀美脫俗，雪白得幾近透明的孩童身影。而且，他又加入了能樂的「翁」，相士在替那孩童看相時，似乎也看到了光君背後的那個「翁」，這個「翁」似有若無地存在於光君身上。平時不露臉，而當光源氏在比叡山的常行堂前舞得渾然忘我，與自然融為一體時，「翁」出現了，他與光君展開對話，解開其心中之迷惑。當光君豁然開朗後「翁」又消失了，這個「翁」與光君應是一體的。此外夢枕當然也替他加上陰陽師的特性——能看到一般人看不到的「它們」，也因此夢枕這部作品裡的光君充滿了神奇的色彩。

然而這部作品裡最精彩的部分，應該還是在解謎題的部分，《源氏物語》裡附身於葵夫人身上的各種「物氣」當中以六条御息所的生靈最頑強，最難以降伏，因此當六条御息所的生靈向光源氏招認讓葵夫人痛苦的罪魁禍首是自己時，這段故事也近尾聲了，但《源氏物語祕帖—翁》裡卻有一個比六条御息所的生靈更高深莫測的靈體。是神？是鬼？不得而知，那靈體雖不肯說出自己是誰，卻藉由葵夫人之口，先後拋出了兩道謎題：「在地底迷宮深處的黑暗中，獸頭王用黃金杯喝著黃金酒在哭泣……」以及「可憐的王在其中哭泣，悲嘆解不開繫緊的結，到底誰才能解開這結呢」。為了要解開這兩道謎題，光君在陰陽師蘆屋道滿的帶領之下，在京都進行一場古代史之旅。他們在這次的古代史之旅當中發現了什麼呢？比謎題的答案更迷人的應當是他們像偵探一樣的推理過程，夢枕的想像力、思考力確實令人折服，請各位在閱讀時，跟夢枕、光君、道滿一齊來推理吧！套句作者的話，這的確是部「很傑出的故事」。

（本文作者現為臺灣大學日文系兼任教授）于二〇一三年二月

繆思系列 023
陰陽師外傳：源氏物語祕帖－翁

作者／夢枕獏（Baku Yumemakura） 封面繪圖／滿腦袋
譯者／茂呂美耶
社長／陳蕙慧
總編輯／戴偉傑
編輯／王淑儀
行銷企劃／陳雅雯．尹子麟．洪啓軒．余一霞
封面設計／蔡惠如
美術編輯／蔡惠如
內文排版／綠貝殼資訊有限公司

讀書共和國集團社長／郭重興
發行人／曾大福
出版／木馬文化事業股份有限公司
發行／遠足文化事業股份有限公司
地址／231新北市新店區民權路108之4號8樓
電話／02-2218-1417
傳真／02-8667-1891
Email：service@bookrep.com.tw
郵撥帳號／19588272 木馬文化事業股份有限公司
客服專線／0800221029
法律顧問／華洋國際專利商標事務所 蘇文生 律師
印刷／成陽印刷有限公司
二版一刷 2020年6月
二版三刷 2023年6月
定價／新台幣340元
ISBN 978-986-359-801-5

歡迎團體訂購，另有優惠，請洽業務部（02）2218-1417分機1124、1135

國家圖書館出版品預行編目（CIP）資料

陰陽師外傳：源氏物語祕帖－翁／夢枕　著；茂呂美耶譯. -- 初版. -- 新北市：木馬文化出版：遠足文化發行, 2020.06
304面 ;14 X 20公分. -- (繆思系列)
ISBN 978-986-359-801-5 (平裝)

861.57　　109006426